"A MAIS EFICAZ DAS ORGANIZAÇÕES"

Editora Vida

Editora do grupo

Zondervan
HarperCollins

■

Editora filiada a

Câmara Brasileira do Livro

Associação Brasileira de Editores Cristãos

Associação Nacional de Livrarias

Associação Nacional de Livrarias Evangélicas

Associação Brasileira de Marketing Direto

Direção executiva
Eude Martins

Supervisão de produção
Sandra Leite

Gerência financeira
Sérgio Lima

Gerência de comunicação e marketing
Sérgio Pavarini

Gerência editorial
Fabiani Medeiros

Supervisão editorial
Aldo Menezes

Editorias

Obras de interesse geral
Obras teológicas e de referência
Obras para igreja e família
Obras em língua portuguesa
Obras infantis e juvenis
Bíblias

"O Exército de Salvação é, de longe, *A mais eficaz das organizações*. Ninguém nem sequer chega perto no que se refere a clareza de missão, capacidade de inovação, resultados mensuráveis, dedicação e maximização no uso do dinheiro."
— Peter Drucker

"A MAIS EFICAZ DAS ORGANIZAÇÕES"

Princípios de administração para o sucesso nos negócios

Tradução
Antivan Guimarães Mendes

Robert Watson
& Ben Brown

Vida

Título do original • *"The most effective organization in the U.S."*,
edição publicada pela
CROWN BUSINESS, divisão de
RANDOM HOUSE, INC.
(Nova York, Nova York, EUA)

■

EDITORA VIDA
Rua Júlio de Castilhos, 280 • Belenzinho
CEP 03059-000 • São Paulo, SP
Telefax 0 xx 11 6096-6814
www.editoravida.com.br

■

Todas as citações bíblicas foram extraídas da *Nova Versão Internacional* (NVI), ©2001, publicada por Editora Vida, salvo indicação em contrário.

Dados Internacionais de Catalogação na Publicação (CIP)
(Câmara Brasileira do Livro, SP, Brasil)

Watson, Robert A., 1928 -
"A mais eficaz das organizações" : princípios de administração para o sucesso nos negócios / Robert A. Watson, Ben Brown; tradução Antivan Guimarães Mendes. — São Paulo : Editora Vida, 2003.

Título original: The most effective organization in the U.S..
Bibliografia.
ISBN 85-7367-711-2

1. Eficácia organizacional - Estudo de casos 2. Exército de Salvação - Governo 3. Liderança - Aspectos religiosos - Exército de Salvação 4. Liderança - Estudo de casos 5. Sucesso em negócios I. Brown, Ben. II. Título. III. Título: Princípios de administração para o sucesso nos negócios.

03-2686 CDD-262.0796

Índice para catálogo sistemático

1. Exército de Salvação : Administração e governo 262.0796

Para minha mãe, Verdie Watson Heinz. Quando eu estava prestes a terminar este livro, minha mãe faleceu — ou, como dizemos no Exército de Salvação, foi "promovida à glória". Poucos dias antes de sua morte, na clínica de repouso onde estava, em New Jersey, minha mãe ajudou a embalar cestas de Páscoa para crianças carentes. Pelo profundo impacto que sua vida exerceu sobre muitas pessoas, até mesmo sobre meus irmãos e sobre mim, dedico este livro a sua memória e a seu ministério. Ela foi um exemplo grandioso do verdadeiro "espírito do Exército".

Sumário

Prefácio à edição brasileira

Sinto-me alegre e honrado em atender ao convite para prefaciar *"A mais eficaz das organizações"*, de Robert A. Watson e Ben Brown.

Sei por experiência própria da importância do Exército de Salvação. Há anos respeito e admiro seu trabalho. Quando criança, assistia aos cânticos de Natal que os membros apresentavam na prefeitura de Copenhague. Desde essa época, tive a oportunidade de ver essa instituição valorosa em ação por toda a Europa, nos Estados Unidos e, mais recentemente, na América Latina, sobretudo no Brasil.

Lembro-me com freqüência de um sargento do Exército que visitava todas as noites certo restaurante no centro de São Paulo. Sempre muito simpático, pedia com um sorriso no rosto dinheiro para os necessitados. Não havia cliente naquele restaurante a quem ele não pedisse ajuda. Ele tinha um apelido, "Jacaré", e todos o conheciam, amavam e respeitavam. Hoje, muita coisa mudou. O Exército, diante de um mundo em transformação, não recorre mais necessariamente a um único expediente para obtenção de fundos.

Recordo também com saudade e carinho alguns dos Natais na empresa que comando em São Paulo, a McCann-Erickson. Lá recebemos a visita de membros do Exército que entoam canções natalinas enchendo de alegria as pessoas, levando-as a refletir por um momento sobre o mundo, suas famílias, seus amigos e parentes, desafiando-as a imaginar uma maneira de tornar o mundo, nem sempre justo, um lugar melhor.

Esta é precisamente a missão do Exército de Salvação: tentar fazer as pessoas felizes, procurar dar a cada cidadão um momento de paz e de respeito, ajudando a quem precisa em momentos de dificuldade. Isso é algo que o Exército faz melhor do que qualquer organização do mundo, seja em que país for, inclusive no Brasil. Portanto, é para mim um prazer recomendar este livro a todos quantos queiram conhecer uma instituição de caridade do mais alto gabarito, cuja obra nos Estados Unidos, no mundo e no Brasil, é das mais eficazes.

O Exército de Salvação é uma organização séria, dirigida com profissionalismo por pessoas dedicadas e motivadas, gente com clareza de visão, encarregada das operações de uma organização eficaz onde cada centavo faz diferença e cujos resultados saciam a fome de incontáveis indivíduos necessitados, dando-lhes ainda o que vestir e um lugar onde se abrigar, ou quem sabe até um momento de felicidade em meio às tormentas da vida.

O Exército de Salvação é uma organização digna de toda a confiança, e o que não lhe falta é competência para liderar, conforme já demonstrou inúmeras vezes. Sem dúvida alguma a alma do Exército é algo que será para sempre admirado e respeitado. Ajudar as pessoas, servir aos necessitados não é tarefa fácil, por isso serão sempre admirados aqueles que se dispuserem a realizar essa obra tão árdua no mundo de hoje.

Portanto, vale a pena ler este livro, e com o Exército aprender os segredos da liderança eficaz. Vale a pena lê-lo, repito, porque o assunto é tratado de maneira prática: aqui você aprenderá que é possível servir as pessoas em qualquer cidade e em qualquer lugar do mundo.

Reserve um tempo para esta leitura, e aprenda com a magnífica experiência do Exército de Salvação lições que serão de enorme ajuda não só para sua empresa, mas também para sua vida pessoal.

JENS OLESEN
Presidente da McCann-Erickson do Brasil

Agradecimentos

Este livro nasceu de uma idéia de Joel Fishman e de Kevin Lang. Como editores responsáveis pelo projeto original, Joel e Kevin encarregaram-se de reunir os autores e representá-los durante dois dos três anos empregados na concretização desta obra. Este livro, portanto, também é deles.

Também é um livro de Peter Drucker, ainda que ele recuse o crédito de ter inspirado os autores, assim como recusa ter servido de inspiração a todos os que, mesmo temporariamente, interessaram-se um dia por teoria organizacional no decorrer da última metade do século XX. Esperamos tê-lo ajudado a justificar seu interesse pelo Exército de Salvação, bem como o tempo que passou conosco. É desnecessário dizer que os autores, como aprendizes que são das teorias de Drucker, assumem quaisquer falhas que possam ser apontadas aqui.

Graças ao talento editorial de John Mahaney, editor da Crown Business, soubemos preservar o foco de um original bastante ambicioso. John encarou com entusiasmo o projeto desde nosso primeiro encontro e ajudou-nos a depurar e a tornar mais viva nossa mensagem praticamente em todas as páginas. Jane Dystel e Miriam Goderich, da Jane Dystel Literary Agency, representaram os autores nos estágios finais e decisivos de preparação e publicação do original.

É claro que este projeto teria sido inviável sem a colaboração de homens e mulheres do Exército de Salvação — voluntários, funcionários e soldados, bem como oficiais — que nele se empenharam com a mesma disposição generosa que dedicam a outras áreas de sua vida. Não foram poucas as vezes que puseram de lado assuntos urgentes para nos falar de suas experiências e explicar seus programas de ação. Alguns aparecem nas páginas que se seguem. Muitos outros deram sua contribuição sem esperar nenhum tipo de reconhecimento. Esses são a verdadeira infantaria do Exército, cujo trabalho fiel e compassivo dia após dia se dá nas trincheiras das necessidades humanas.

Nossa inspiração decorre do exemplo de nossos patrocinadores financeiros, os quais "investem" no Exército com a mesma confiança que em outros negócios. Dos que depositam um centavo nas panelas de Natal até Joan Kroc, que destinou ao Exército mais de oitenta milhões de dólares, todos são considerados "acionistas" e "curadores".

Somos gratos também aos primeiros jornalistas americanos que detectaram o potencial do tema por nós desenvolvido nestas páginas: Susan Lee e Ashley Ebeling escreveram um artigo de fundamental importância na edição de 20 de abril de 1998 da revista *Forbes*, o que nos levou às primeiras discussões sobre um possível livro de negócios.

Embora fosse claro que este era um projeto de seu antecessor no comando nacional do Exército de Salvação nos Estados Unidos,[1] o comissário John Busby defendeu a idéia desde o primeiro momento de sua nomeação. Entre os que nos incentivaram e patrocinaram nossa causa na sede nacional do Exército

[1]O Exército de Salvação nos Estados Unidos compõe-se de quatro territórios: Central, Leste, Oeste e Sul, cada um com seu respectivo chefe territorial. No mais alto posto da organização nesse país, fica o chefe nacional responsável pela coordenação das operações dos quatro territórios por meio da sede nacional, além de representar o Exército de Salvação perante o governo federal americano. (N. do E.)

de Salvação nos últimos três anos, lembramos o tenente-coronel Paul Bollwahn, secretário nacional da Obra Social; o tenente-coronel Tom Jones, chefe do Departamento Nacional de Comunicações e Desenvolvimento; a tenente-coronel Marlene Chase, editora-chefe nacional e secretária de Literatura; o coronel Thomas C. Lewis, secretário-em-chefe nacional, e o major George Hood, secretário assistente nacional de Relações Comunitárias e de Desenvolvimento.

Fomos incentivados e apoiados neste trabalho por quatro chefes territoriais do Exército: os comissários Joe Noland, Lawrence R. Moretz, Raymond A. Cooper e David Edwards. Além desses, quarenta chefes divisionais levaram nossa mensagem às linhas de frente.

Em nossa caminhada fomos beneficiados pelos conselhos inestimáveis de experientes dirigentes de empresas e líderes do governo. Alguns aparecem com destaque no livro. Muitos outros, porém, tiveram sobre nós influência muito maior do que supõem. O general Colin L. Powell, cujo interesse pelo trabalho do Exército de Salvação e entusiasmo com que defende as causas da juventude e dos necessitados do mundo todo são fontes de grande inspiração, foi um dos primeiros a apoiar nosso projeto. Seu incentivo pessoal foi decisivo para o empenho necessário à consecução desta obra.

Além da liderança marcante e visionária como presidente do nosso Conselho Consultivo Nacional durante três anos, Steve Reinemund revelou-se uma fonte ininterrupta de incentivo e bênçãos. Ele é um desses líderes empresariais que acredita na mensagem a ser transmitida. Numa reunião com Steve pouco antes de sua nomeação para a presidência e direção geral da Pepsi, ele nos incentivou a despertar grandes expectativas. O que o mundo dos negócios precisa, disse Steve, não é de mais uma lista que nos ensine a ser melhores gerentes, e sim de algo que atinja em cheio a necessidade fundamental dos seres humanos, incluindo os que dirigem empresas e gerenciam outras pessoas, algo que dê sentido à vida. Portanto, devemos a Steve a inspiração para os parágrafos iniciais deste livro, em que estabelecemos nossos objetivos: o que está em pauta aqui é o significado da vida.

Donald V. Fites, que se aposentou recentemente como presidente e diretor geral da Caterpillar e hoje preside o Conselho Consultivo Nacional do Exército, contribuiu com seu conhecimento e entusiasmo desde o primeiro momento. Pudemos contar também com a vasta experiência de amigos preciosos como B. Franklin Skinner, H. Ross Perot, Edsel Ford II, Marlene Klotz Collins, Kurt Weishaupt e Robert Byers. Charles Brewer e os fundadores da revista *Fast Company* muito contribuíram para o nosso pensamento inicial, embora talvez não saibam disso.

O dr. Joseph Beckham, da Universidade Estadual da Flórida, amigo de longa data e especialista em obras sobre liderança, ajudou-nos a alicerçar nossas teorias na administração contemporânea. Charles Jimenez fez de sua casa, em Tampa, uma sede temporária para pesquisa e redação. As primeiras páginas do esboço inicial deste livro foram escritas sobre a mesa de jantar de Charlie, onde fizemos também as revisões finais.

Ao longo de todo esse esforço, os autores foram abençoados pelo companheirismo de suas mulheres e almas gêmeas: Alice Watson e Christine Gardinier. Alice passou horas no computador, contribuindo também com opiniões e a experiência de quem passou quatro décadas como oficial do Exército. Christine, que há trinta anos perdoa as distrações e o entusiasmo desvairado do marido escritor, mostrou-se — uma vez mais — dotada de paciência e entusiasmo à toda prova.

Robert, Carol e Charles, filhos adultos de Watson, demonstraram grande tolerância com o envolvimento dos pais no projeto e não somente ouviram com atenção as idéias que lhes foram expostas em cada estágio, mas também ofereceram perspectivas e contribuições valiosas que, de outra forma, jamais teriam vindo à tona. Pela ajuda e pelo apoio carinhoso que nos deram, humildemente agradecemos.

COMISSÁRIO ROBERT A. WATSON
BEN BROWN

Introdução

Senti-me motivado a escrever este livro durante os anos em que fui chefe nacional do Exército de Salvação nos Estados Unidos. Percebi na ocasião que era cada vez maior a curiosidade no setor empresarial acerca da missão e do modelo administrativo de nossa organização, bem como sobre o propósito dos nossos serviços e o histórico de sucesso que leva o público a nos apoiar de maneira tão generosa.

As pessoas ficam fascinadas quando tomam conhecimento da amplitude e da diversidade de nossas realizações e do entusiasmo com que somos apoiados pelo povo americano, seja com uma moedinha lançada por uma criança na panela vermelha na época do Natal, seja com uma oferta de oitenta milhões de dólares, como a que recebemos de Joan Kroc, viúva de Ray Kroc, fundador do McDonald's. Diversas entrevistas e artigos recentes têm tentando compreender o funcionamento do Exército de Salvação.

Em abril de 1998, depois de entrevistar a mim e minha mulher, Alice, e informar-se dos métodos organizacionais do Exército, a revista *Forbes* publicou um artigo que deve ter surpreendido àqueles que jamais haviam pensado em analisar nosso trabalho pelo prisma empresarial. Os leitores devem ter ficado bem intrigados com uma declaração anterior do dr. Peter F. Drucker, reproduzida no artigo da *Forbes*, em que ele se referia ao Exército de Salvação como "a mais eficaz das organizações dos EUA".

Jamais pensaríamos em fazer esse tipo de afirmação. Não é nosso estilo. Contudo, em face de tal endosso por parte do mais respeitado especialista em administração do mundo, sentimo-nos inspirados a contemplar nossas atividades por um ângulo relativamente novo. Achamos que seria importante estar preparados para responder às possíveis perguntas de vários líderes empresariais no momento em que tomassem conhecimento de nosso trabalho e da famosa avaliação que o dr. Drucker fez de nosso sucesso: de que modo desempenhamos nossas atividades com um quadro tão reduzido de oficiais/administradores? E como conseguimos realizar tal façanha durante tanto tempo quando muitas outras organizações com ambições semelhantes surgiram e desapareceram?

Essa curiosidade alheia inspirou-me a refletir pessoalmente sobre tais questões. Foi um exercício fascinante. Serviu para aprofundar minha crença na missão deste movimento, que tanto amo e ao qual de boa vontade entreguei minha vida. Graças a esse esforço de compreensão, vi crescer minha estima por nossos fiéis patrocinadores. Senti também reforçada minha forte convicção de que jamais devemos dar como certa essa confiança absoluta em nós depositada. Temos de nos guiar o tempo todo pela missão que nos propusemos realizar. Independentemente das mudanças inevitáveis das necessidades específicas das pessoas a quem servimos ou dos métodos que descobrimos para servi-las, nosso objetivo permanece inalterado e inviolável. Nós o proclamamos na Declaração de Missão que estampamos nas publicações do Exército, em nossos escritórios e nas salas de reuniões de todo o país:

> O Exército de Salvação, um movimento internacional, é um ramo da Igreja Cristã. Sua mensagem é baseada na Bíblia. Seu ministério é motivado pelo amor a Deus. Sua missão é pregar o evangelho de Jesus Cristo e suprir as necessidades humanas em Seu nome sem discriminação.

Nossa missão é ao mesmo tempo reflexo direto de nossa fé e promessa de desempenho. Nosso propósito é tê-la sempre em mente em todas as decisões que tomamos e em todos os projetos nos quais nos envolvemos.

Tem origem nas Escrituras. Cremos que a vida cristã, conforme ensinada e praticada por Jesus, pode ser resumida em duas ordenanças contidas na Bíblia: "... vão e façam discípulos de todas as nações, batizando-os em nome do Pai e do Filho e do Espírito Santo" (Mt 28.19). Essas palavras de Jesus, proferidas em seu último pronunciamento aos discípulos antes de ascender ao céu, instituem o conjunto das obrigações evangélicas do cristão.

A outra ordenança tem origem na narrativa bíblica do bom samaritano. Ao falar de nossas responsabilidades para com os famintos, os que têm sede, os que não têm o que vestir e outros necessitados, Jesus disse: "O que vocês fizeram a algum dos meus menores irmãos, a mim o fizeram" (Mt 25.40).

Nossa "teologia de serviço" constrói-se sobre esse duplo fundamento. Nos próximos capítulos, versaremos em detalhes sobre nossa forma de organização, tendo em mente essa dupla responsabilidade. Se o leitor desejar saber mais sobre as doutrinas que dão suporte a nossas convicções, poderá fazê-lo por meio da leitura das notas incluídas no rodapé das páginas desta obra. O que é importante ressaltar agora é: não separamos os dois aspectos de nossa missão — pregar e servir. Não servimos aos necessitados apenas com o objetivo de pregar para eles. Tampouco pregamos sem oferecer ao mesmo tempo nossos serviços sem nenhum tipo de preconceito. Para nós, trata-se de duas obrigações indissociáveis.

Há quem chame isso de ministério completo: sopa, sabão e salvação. Todavia, independentemente da forma que o queiramos caracterizar, esse ministério unificado de religião e obra social continua sendo a marca característica do Exército mesmo nesta era da informação.

A idéia deste livro pode ter-me ocorrido tarde; porém, as primeiras sementes foram plantadas anos atrás, na minha infância na cidadezinha de Goldsboro, na Carolina do Norte. Foi lá que minha família teve o primeiro contato com o Exército de Salvação.

Eu era um dos seis filhos de uma família pobre, cujo pai era alcoólatra e a mãe, vítima de estresse. Vivíamos os últimos momentos da Grande Depressão, uma época em que minha mãe andava desesperada atrás de comida, roupas e sapatos para os filhos pequenos. Restava-lhe apenas um fio de esperança; porém, era forte a sua fé. Ela estava determinada a todo custo a manter a família unida e a orar por força espiritual para seu marido. Por isso, como não havia mais ninguém a quem recorrer, sentiu-se cativada pelo Exército de Salvação, cujos membros lhe pareceram receptivos. Criou coragem e pediu-lhes ajuda.

Nem sempre as roupas doadas serviam perfeitamente nas crianças; às vezes eram modelos já fora de moda, mas ficamos imensamente gratos ao Exército. Minha mãe era muito criativa e sempre inventava pratos novos com os alimentos doados que recebíamos. Era perceptível a atmosfera de esperança e otimismo que tomara conta de nosso humilde lar. Éramos pobres, mas unidos por um vínculo muito forte de amor e determinação. Minha mãe sabia combinar de forma maravilhosa graça e coragem. Algo dentro de nós nos dizia que, com a ajuda de Deus — e do Exército —, tudo seria diferente.

Não demorou para que os oficiais (pastores) do Exército daquela cidadezinha da Carolina do Norte descobrissem meios para que sua intervenção no momento de crise se transformasse em apoio duradouro a nossa família. Minha mãe começou a trabalhar no Exército em período parcial, servindo às pessoas e a nós também. Durante todo esse tempo, o incentivo e o apoio espiritual que minha mãe recebeu do Exército fortaleceram imensamente sua fé em Deus e deram estabilidade a nossa família.

Meus irmãos e eu começamos a participar ativamente dos programas do Exército dirigidos aos jovens, programas que se pautavam sobretudo pela construção do caráter e pela mudança de vida. Quando eu tinha uns oito anos, numa das atividades de arte e recreação do Exército, comecei a perceber os primeiros lampejos do despertar espiritual em meu coração e mente juvenis. Foi quando tomei conhecimento pela primeira vez da maravilhosa promessa bíblica de João 1.12: "... aos que o receberam, aos que creram em seu nome, deu-lhes o direito de se tornarem filhos de Deus".

Foi um momento decisivo em minha vida. Tocávamos na banda, participávamos de atividades esportivas e de programas de recreação e, assim como nossa mãe, experimentávamos a alegria de ajudar aos outros. Aqueles anos brotaram em nosso coração o desejo de servir em ministério de tempo integral a esse movimento dedicado a ajudar as pessoas. Para grande alegria de minha mãe, todos os seus filhos tornaram-se oficiais do Exército de Salvação. Desde o primeiro contato com o Exército, numa época de desespero, a esperança, a ajuda e a cura que obtivemos tiveram um efeito que se estendeu a mais duas gerações.

Nosso pai e o irmão gêmeo dele ficaram órfãos aos doze anos. Hoje é fácil compreender por que o efeito anestésico do álcool pareceu-lhe um antídoto tão atraente diante da confusão, dos temores e das preocupações que lhe sobrevieram ainda jovem. Principalmente se levarmos em conta que ele teve seis filhos numa época em que as oportunidades de trabalho eram escassas. Não admira que meu pai buscasse de vez em quando a companhia de outros homens em torno de uma garrafa num terreno baldio de Goldsboro, tomado pelo mato alto e pela erva daninha conhecido como "poleiro da gentalha". Ali, num festival de mútua comiseração, bebiam até cair.

Deixando para trás minha infância, daremos agora um salto de cinqüenta anos. Na qualidade de chefe nacional do

Exército de Salvação, eu havia sido convidado a voltar a Goldsboro como preletor oficial do Jantar Cívico Anual promovido pelo clube de campo do município. Quando cheguei ao local do encontro, deparei com um envelope sobre a mesa no lugar que me fora designado. Vi que se tratava de uma carta escrita por uma mulher com quem eu estudara no terceiro ano primário. Junto da carta havia uma fotografia da nossa turma. Segundo ela, eu era o garoto sorridente bem no meio da primeira fila.

Olhei atentamente para aquele menino de macacão e camisa branca (provavelmente doados pelo Exército de Salvação) e vi que estava descalço. Havia apenas mais um menino sem sapatos naquela foto, cujas roupas eram exatamente iguais às minhas. Imagino que nós dois havíamos sido presenteados pelo Exército. Depois de informar aos demais convidados que aquela era a primeira vez que eu entrava no clube de campo da cidade, disse-lhes como me sentia feliz por saber que naquele momento o orçamento local do Exército era suficiente para fornecer sapatos a quem necessitasse!

No final da década de noventa, Alice e eu estávamos perto de nos aposentar da direção nacional do Exército. (Os oficiais casados participam de um mesmo ministério de equipe, embora continuem com suas responsabilidades individuais.) Foi então que dois executivos aposentados pediram-me que visitasse um amigo deles, muito conceituado profissionalmente, que estava na prisão por causa de crimes do colarinho branco. Ironicamente, ele havia sido enviado para uma penitenciária nas imediações de Seymour Johnson Field, em Goldsboro.

Tomei o avião em Washington com destino à Carolina do Norte. Chegando lá, aluguei um carro. Depois de uma visita difícil e significativa à prisão, segui um rito pessoal que venho repetindo ao longo dos anos sempre que surgem essas visitas nostálgicas a Goldsboro. Na volta para o aeroporto de Raleigh-

Durham, passei pelo "poleiro da gentalha", onde costumo parar às vezes para uma breve oração. Agradeço então a Deus porque, em seu poder, os viciados encontram ajuda. Aproveito também para refletir sobre o profundo impacto do Exército na vida de minha família.

Numa dessas ocasiões, eu estava sentado em meu carro perto desse lugar triste quando um homem relativamente jovem saiu do meio do mato e começou a subir a rua cambaleando. Foi uma visão em que se combinavam de modo dissonante o passado e o presente. Quando dei por mim, ele já havia desaparecido. Desde esse momento me pego fazendo a mesma pergunta repetidas vezes: "Será que ele também estava lutando com as responsabilidades próprias de quem tem de cuidar de uma família numerosa em crise?". Os tempos mudaram, mas ainda há muita gente com o coração ferido neste novo milênio, tentando encontrar um caminho.

Devo ressaltar, com muita gratidão, que as orações de minha mãe por meu pai foram ouvidas antes do infarto fatal que o tirou de nós aos 56 anos de idade. Reconhecendo que a mudança verdadeira e permanente na vida de um homem vem de Deus e ocorre sempre de dentro para fora, antes de morrer, meu pai comprometeu-se pessoalmente com Jesus Cristo. Foi uma das inúmeras experiências que tive ao longo dos anos que fortaleceram minha convicção de que o Exército estava certo em preocupar-se com o indivíduo como um todo.

Ah, sim, em relação ao ex-executivo que visitei na prisão próxima a Goldsboro, ele sairá de lá em breve e, graças a um acordo firmado entre os tribunais, prestará serviço especial num dos Harbor Light Centers[1] do Exército como membro integrante de uma equipe de treinamento encarregada de ajudar

[1]Harbor Light Centers: centros de recuperação para drogados e alcoólatras. Acolhem também em seus programas os sem-teto e os pobres. (N.do T.)

as pessoas a descobrir seu "lado espiritual" e a encontrar um lugar construtivo na sociedade.

Mas por que compartilhar tudo isso? Em que isso se relaciona com os "segredos de liderança do Exército de Salvação"? Desejo sinceramente que este livro o ajude a compreender melhor o que nos move em nossa missão. Queremos que saiba mais sobre o propósito do nosso trabalho; porém, desejamos acima de tudo que você compreenda o espírito do nosso testemunho. Que princípios eternos e valores fundamentais são esses que fazem de nós o que somos e, na avaliação de Peter Drucker, transformou-nos na "mais eficaz das organizações dos EUA"? O que levou aqueles membros do Exército de Salvação na Goldsboro recém-saída da Depressão a ministrar à minha família com espírito sacramental, inspirando a mim e a tantos outros a levar uma vida marcada pelo testemunho e pelo serviço pleno de alegria?

Pensando em como responder a perguntas desse tipo, normalmente feitas por leitores que talvez não nos conheçam muito bem, sinto renovar-se em mim a admiração que tenho pelo "espírito do Exército". Quando uma organização se torna muito grande e serve a tantas pessoas, há sempre a tentação de seus responsáveis preocuparem-se de tal forma com a arrecadação de dinheiro e com a operação da máquina que acabam esquecendo-se do seu "primeiro amor". Entretanto, sinto-me feliz em poder dizer que há milhares de pessoas na família salvacionista espalhadas pelo país cuja satisfação maior consiste em servir ao próximo em suas necessidades humanas em nome de Cristo. Isso acontece porque entendemos que nossa missão só pode ser levada adiante por homens e mulheres, não por dinheiro e maquinário apenas.

É o comprometimento pessoal dos indivíduos com a missão da organização que permite realizar o trabalho. Em nosso caso, achamos que não basta modificar o ambiente e as circunstâncias de vida de alguém; é preciso orar, trabalhar e acreditar que haverá a mudança de seu coração. Não se trata tão-somente de uma mudança de perspectiva, mas, sim, de um novo direcionamento de prioridades e da adoção de um novo conjunto de princípios de vida. É uma transformação espiritual levada a cabo pelo próprio Cristo. William Booth, fundador do Exército de Salvação, acreditava que não bastava "tirar as pessoas dos cortiços", era preciso também "tirar o cortiço das pessoas".

Estou convencido de que os valores e princípios que nos conferem propósito e paixão podem ser transferidos para qualquer empresa ou local de trabalho. Isso em nada se relaciona com a religião organizada nem com denominações. O que está em pauta aqui é o que homens e mulheres têm no coração, bem como a forma que se relacionam com as pessoas a sua volta. É vivenciar os valores pessoais de tal maneira que a cultura em que vivemos e trabalhamos acabe por melhorar e tornar-se mais rica. Isso é bom para a comunidade e é bom para os negócios.

Por que, então, desejo tomar parte deste projeto agora que estou aposentado? Em grande medida, por causa do profundo impacto dos ministérios do Exército de Salvação em minha vida e na vida de minha família, e também por causa dos milhares de "troféus da graça" — vidas que vi mudar completamente ao longo de mais de quatro décadas de serviços prestados com alegria neste Exército tão generoso. Há, porém, outra razão. É minha esperança e oração que muitos dos que lêem este livro acolham as idéias nele contidas onde quer que vivam ou trabalhem.

Aquele garotinho que encontrou a Cristo e a misericórdia no Exército de Salvação, anos atrás na Carolina do Norte, é hoje um dos aposentados mais ricos da Flórida. Não em bens materiais, e sim em satisfação, pelo privilégio sagrado de um ministério que se estendeu por muitos anos e pelas oportunidades maravilhosas que teve. Dentre elas, a de poder testemunhar por meio destas páginas do poder do propósito do Exército, não somente na minha vida em particular, mas também na vida de todos os que desejam liderar organizações das quais possam sentir-se orgulhosos. Este é um livro do Exército de Salvação. Eu particularmente não receberei nenhuma parte das vendas. Contudo, continuo como sempre a partilhar dos abundantes lucros espirituais decorrentes de uma vida comprometida com a pregação do evangelho e com os desvalidos de todo o mundo.

"... a mais eficaz das organizações dos EUA"? Humildemente agradecemos a Peter Drucker o elogio a nosso trabalho. Essa confiança inestimável coloca-nos de joelhos em oração: "Deus, faze que sejamos dignos de tamanha confiança!".

COMISSÁRIO ROBERT A. WATSON
Chefe Nacional aposentado,
Exército de Salvação, EUA

O "negócio" do Exército de Salvação

CAPÍTULO UM

Queremos que este seja um dos livros mais importantes que você já leu. Ele trata do significado da vida.

Parece uma afirmação presunçosa. Contudo, levando em conta a missão do Exército e as necessidades que percebemos no mundo dos negócios, seria perda de tempo se disséssemos que estamos interessados em algo menos importante.

Que necessidades são essas?

Cremos que a mais importante de todas é a vinculação do indivíduo a um propósito maior que suas ambições materiais — ou as da organização a que pertence. Trata-se da necessidade de ter um conjunto de princípios diretivos, uma âncora de onde todo o resto flui.

É o único meio de dar sentido ao mundo. Só podemos ser felizes de verdade e produtivos com o passar dos anos se compreendermos que nossa existência tem um propósito maior e que é preciso trabalhar para que tudo o que fazemos na vida possibilite a realização desse propósito.

As pessoas geralmente falam da vida profissional, da vida familiar e da vida espiritual como se fossem setores distintos que, de algum modo, precisam estar em equilíbrio. Mas esse modo de ver as coisas não condiz com a experiência humana. Não podemos ser uma pessoa no trabalho, outra com os amigos e com a família e ainda outra em nosso relacionamento com Deus.

Somos, cada um de nós, uma única pessoa. Vivemos em um único mundo. Somos mais felizes e mais produtivos quando percebemos que todas as partes constituintes de nossa vida movem-se rumo a um mesmo propósito significativo e transcendente.

Não é preciso imaginar-se uma pessoa religiosa para crer nisso. Sabe-se disso intuitivamente. Essa idéia é confirmada por pesquisas da ciência social e pela psicologia clínica, disciplina esta cujo objetivo há muito tempo é promover a reintegração saudável dessas partes do ser humano e apoiar o restabelecimento de princípios e de relações com pessoas capazes de dar significado à nossa vida.

Pode-se fingir que essa necessidade de integração espiritual fica de algum modo suspensa quando estamos trabalhando. O coração, porém, nos diz exatamente o contrário. Os limites entre o "mundo dos negócios" e outros mundos em que os seres humanos labutam a existência são tão artificiais quanto a distinção que fazemos entre um e outro eu em nossa vida pessoal.

Todas as empresas são compostas por pessoas — gerentes, sócios, investidores, funcionários e clientes — que não abandonam suas necessidades e esperanças individuais quando se encontram reunidas em grupos. Podemos ter o título mais impressionante, o melhor salário possível, as prerrogativas mais generosas. Podemos desfrutar da mais alta estima entre nossos colegas e do respeito de nossos concorrentes. Mas, se não reconhecermos que nossos esforços estão voltados para algo maior e mais importante do que lucros trimestrais ou bônus anuais, se não houver em nós o sentimento de que deixaremos uma herança que não se limita ao dinheiro acumulado ou aos bens adquiridos, passaremos o resto da vida assombrados pela sensação de que nos falta algo.

Em nosso trabalho com a clientela do Exército de Salvação, notamos os aspectos patológicos desse abismo entre aquilo de que os seres humanos necessitam e o que quase sempre estão deter-minados a conquistar. Muitos dos que vêm a nós estão perdidos, desesperados. Já fizeram de tudo para preencher o vazio da vida. Embora nosso compromisso seja ajudar essas pessoas a enfrentar e a vencer os problemas com o álcool e as drogas ou com relacionamentos que não deram certo, o verdadeiro segredo de nosso sucesso consiste em fazer que elas aceitem a responsabilidade de integrar o coração, a mente e a alma num propósito transcendente. Ajudamos a restabelecer uma ligação.

Não são apenas os que nos chegam das ruas de uma vida de pobreza e privações que necessitam passar por esse processo. Eis como um de nossos assistidos começa sua história de reintegração:

> Às 3h30 de uma tarde de sábado, o Marine One, helicóptero militar que transporta o presidente dos Estados Unidos, levantou vôo do gramado sul da Casa Branca e seguiu para o oeste, acima da congestionada e caótica Virgínia. Ao longo da rota 236, o helicóptero sobrevoou o Centro de Reabilitação para Adultos do Exército de Salvação, semi-internato para homens que não conseguem abandonar o vício do álcool ou das drogas ou mesmo lidar com ele.
>
> Nesse exato momento, eu estava atravessando a rodovia em direção ao centro de reabilitação, onde morava. Quando ouvi aquele som tão familiar acima de mim, parei para observar e me senti envergonhado no mesmo instante ao pensar em como pude permitir que o álcool fizesse tamanho estrago em minha vida. Afinal, eu estivera algumas vezes a bordo desse helicóptero e de seu "colega" maior, o Air Force One. A vida agitada de

> funcionário da Casa Branca, com direito a inúmeras regalias, veio-me à lembrança imediatamente. "Como caem os poderosos!", pensei.[1]

São palavras de Bill Rhatican, ex-funcionário da Casa Branca nos governos de Nixon e de Ford. Depois de passar quinze anos tratando-se em diversas clínicas para alcoólatras, Rhatican foi parar em nosso centro de reabilitação em Annandale, na Virgínia, em 1996.

"Quando meu conselheiro contou-me que meu tratamento seria demorado, não esperava que me enviasse ao Exército de Salvação. Pelo que eu sabia, o Exército cuidava dos sem-teto e dos desamparados, os mesmos arruinados e marginalizados por quem eu passara diversas vezes quando me dirigia a alguma reunião importante. Eu ainda não havia chegado àquele estágio ou pelo menos achava que não."

Da perspectiva dos outros assistidos, Rhatican tinha tudo: emprego de prestígio, dinheiro e uma família encantadora; eles não tinham nada. No entanto, ali estavam todos juntos, cumprindo o mesmo programa, sofrendo as mesmas dores da transição e chegando às mesmas conclusões acerca do que lhes faltava na vida.

Para Rhatican, não se tratava de uma experiência menos dolorosa do que a vivida por pessoas provenientes de prisões ou de instituições para desabrigados. Uma vez ele voltou ao vício, violando as regras de sobriedade absoluta do programa, e teve de aguardar nova oportunidade de readmissão. Rhatican foi persistente e conseguiu, por fim, o que lhe fora impossível em todos os outros programas de que participara: manter-se firme e sóbrio.

[1]How the fallen have risen, *The Salvation Army War Cry*, 13 Jun. 1998, p. 4, e 27 Jun. 1998, p. 4.

O que ele encontrou nos outros homens participantes do programa, homens que estavam adiante dele no reconhecimento e no desenvolvimento da ligação espiritual, "foi serenidade e paz interior", diz Rhatican. "Eles tinham o que eu queria."

Não é preciso estar à beira do abismo para querer esse sentimento, nem é preciso chegar a tal ponto para compreender o que lhe falta na vida. Mesmo que esteja vivendo tudo aquilo com que sempre sonhou na vida profissional, mesmo que esteja desfrutando de muito sucesso material ou tenha conseguido evitar tudo o que pudesse colocar em risco sua saúde e destruir sua família, você sabe quando não está dando atenção a suas necessidades espirituais. Elas não esperam à beira do caminho enquanto você cuida de outros afazeres. Exigem sua atenção.

O Exército de Salvação é movido pela energia gerada por esse impulso fundamental que leva o ser humano a buscar a ligação espiritual. É assim que atraímos nossa clientela, mas não apenas ela. É assim também que atraímos nossos oficiais, leigos, funcionários, investidores e voluntários, porque há uma força que desperta em nós a necessidade de nos harmonizar com o propósito divino e também por causa das recompensas intrínsecas advindas dessa sintonia. Todos buscamos serenidade e paz interior. Nas páginas que se seguem, explicaremos como administramos uma organização transcontinental de dois bilhões de dólares que atende a trinta milhões de clientes com uma mão-de-obra que, pelos padrões materiais, é muito malpaga pelo volume de serviço que realiza. As recompensas que oferecemos são espirituais. Nosso "pagamento" é medido pelas oportunidades de envolvimento significativo em áreas desafiadoras e pela satisfação que sentimos na alma em servir aos necessitados. E, conforme demonstraremos, esse tipo de recompensa acaba sendo um dos ingredientes mais importantes — talvez o mais importante deles — na construção de uma organização eficiente.

Será que uma instituição de caridade pode de fato ensinar sua liderança a operar no "mundo real" dos negócios?

Se acreditarmos verdadeiramente que todos desejamos realizar o que há de melhor em nós, muito além de nossas preocupações materiais, e que as organizações que construímos são simples extensões de nossa aspiração, então a diferença entre as organizações com fins lucrativos e as sem fins lucrativos se limitará às políticas contábeis adotadas, em nada se relacionando com desempenho e efetividade. Conclusão: uma organização é sempre uma organização.

Para o Exército de Salvação, o método de serviço às pessoas centrado em princípios nada mais é que extensão natural da fé. Cremos ser esse o modo que Deus quer que vivamos e nos relacionemos com o próximo. É assim que nos organizamos. Mas você não precisa necessariamente acreditar em nossa palavra de que nosso estilo dará certo em qualquer organização. Os consultores de empresas e os professores que escrevem os livros mais conhecidos sobre o assunto e dão palestras sobre liderança nos mais importantes seminários chegaram às mesmas conclusões, porém por outro caminho: estudando o que os executivos e as empresas de maior sucesso têm em comum e convertendo em seguida esses pontos comuns em princípios de eficiência. O mais relevante entre as descobertas de todas essas análises é a correlação entre os altos níveis de sucesso e o compromisso de toda empresa com propósitos que transcendem o simples plano material.

Entre os "mitos" que seu estudo "pôs por terra", escrevem James C. Collins e Jerry I. Porras em *Feitas para durar: hábitos vitoriosos de empresas visionárias*,[2] há aquele segundo o qual "as empresas mais bem-sucedidas existem acima de tudo para maximizar seus lucros".

[2]Rio de Janeiro: Rocco, 1995.

"Ao contrário da doutrina apregoada pelas escolas de administração, 'a maximização da geração de valor para o acionista' ou a 'maximização do lucro' nunca foi a força propulsora dominante, tampouco o objetivo primeiro em toda a história das empresas visionárias [...] Sim, elas visam ao lucro, mas são igualmente orientadas por uma ideologia profunda — valores essenciais e o senso de propósito que vai além do mero ganho financeiro."

É por isso que os referidos autores afirmam que vêem "pouca diferença entre empresas com fins lucrativos e empresas sem fins lucrativos [...] [A] essência do que é necessário para construir uma instituição grande e duradoura jamais varia".[3]

Por que a surpresa quando compreendemos que os princípios pelos quais se pautam as pessoas e as organizações de sucesso são, na verdade, semelhantes, independentemente do modo que calculam seus lucros? No mundo único em que vivemos todos relacionados com Deus e com outros seres humanos em decorrência de nossas aspirações espirituais comuns, por que haveríamos de pensar que temos de sacrificar nossas necessidades espirituais para viver e trabalhar com maior eficiência? A verdade não seria justamente o oposto: a *única* maneira de viver e trabalhar eficientemente é parar de ignorar essas necessidades e começar a satisfazê-las?

Peter F. Drucker, talvez a mais famosa autoridade em administração do mundo, referiu-se ao Exército de Salvação como "de longe, a mais eficaz das organizações dos EUA". Ele não disse que o Exército era a organização religiosa mais eficaz nem que era a organização sem fins lucrativos mais eficaz. Não especificou; disse apenas que somos a *organização* mais eficaz.[4]

[3]Ibid.
[4]*Forbes*, 11 Aug. 1997.

O tamanho, a complexidade e a diversidade de operações do Exército de Salvação significam que vários dos desafios que enfrentamos diariamente não são muito diferentes daqueles que se colocam para qualquer outro negócio. O sucesso duradouro que alcançamos na realização de tudo isso com alto grau de eficiência indica que estamos no caminho certo. Analisaremos a seguir as estratégias do Exército à luz dos cinco critérios de eficácia mencionados por Peter Drucker. "Ninguém", diz ele, "nem sequer chega perto [do Exército de Salvação] no que se refere a clareza de missão, capacidade de inovação, resultados mensuráveis, dedicação e maximização no uso do dinheiro".

"CLAREZA DE MISSÃO"

O Exército de Salvação chegou aos EUA em 10 de março de 1880, quinze anos após sua fundação na Inglaterra por William Booth. A força expedicionária americana era composta por oito pessoas, um homem e sete mulheres. Seus principais bens consistiam de duas bandeiras do Exército e a convicção que compartilhavam com o general Booth de que o ministério para o qual haviam sido chamados requeria que se desse às condições físicas e sociais das pessoas necessitadas a mesma atenção que se dava à sua necessidade espiritual. Hoje sabemos que o Exército não precisava de nenhum outro capital naquele primeiro momento.

Três anos depois, a filial americana do Exército de Salvação havia expandido de Nova York para Nova Jersey, Connecticut, Pensilvânia, Indiana, Kentucky, Ohio, Maryland, Massachusetts, Michigan, Missouri e Califórnia. Em 1886, Grover Cleveland foi o primeiro presidente dos EUA a receber uma delegação do Exército de Salvação na Casa Branca. No final da Primeira Guerra Mundial, o Exército já era uma voz nacional conhecida a favor dos pobres e dos desamparados e contava com o apoio de diretores-presidentes (CEOs) de algumas das mais poderosas corporações, além de voluntários cujos bens materiais não eram muito superiores aos daqueles a quem serviam.

No momento em que escrevemos este livro, o Exército de Salvação aproxima-se de seu 121.º aniversário nos EUA. Continuamos operando com o mesmo nome e oferecemos a nossos "clientes" o mesmo "produto" duplo que oferecíamos há mais de cem anos. Nossa missão ainda é "pregar o evangelho de Jesus Cristo e suprir as necessidades humanas em Seu nome sem discriminação". Pense em todas as grandes empresas que caíram no esquecimento de lá para cá. De todas as empresas relacionadas no primeiro índice Dow Jones de 1896, apenas uma — a General Electric — ainda continua no mercado.

Com um volume de recursos financeiros quase nulo e uma equipe de oito pessoas em 1880, o Exército tornou-se nos EUA uma empresa com orçamento anual superior a dois bilhões de dólares e conta ainda com uma força de trabalho composta por oficiais, funcionários e voluntários que beira os 3,4 milhões de pessoas. Esses dois bilhões de dólares, informa a revista *Forbes*, "não refletem o valor efetivo da contribuição que proporcionam".[5] Se fôssemos mensurar o número de horas extras trabalhadas pelos oficiais e voluntários do Exército, diz a revista, "teríamos um negócio que se equipararia às maiores empresas arroladas no índice das quinhentas mais da *Forbes*".

O Exército de Salvação não cresceu e prosperou durante mais de um século, sobrevivendo à maior parte das outras empresas, ignorando questões práticas de administração. Pelo contrário, desde o início, na Inglaterra vitoriana, vimo-nos obrigados a desenvolver e a refinar nossos métodos de gestão a fim de dar o máximo do que temos para satisfazer as necessidades dos assistidos e as expectativas dos colaboradores.

[5]*Forbes*, 20 Apr. 1998.

Em termos essencialmente administrativos, os destinatários de nossos serviços são nossos clientes, e nossos apoiadores são investidores. A exemplo de qualquer outra empresa, o Exército tem de recrutar funcionários, treiná-los e conservá-los. Há uma propriedade a ser gerenciada. Há fluxos de receita a monitorar e custos a controlar. Temos uma marca a zelar. O Exército tem como objetivo, assim como qualquer empresa, gerar mais dinheiro do que arrecada a fim de expandir seus programas e conquistar um "mercado" cada vez maior de pessoas necessitadas.

Se nós e outras organizações sem fins lucrativos temos alguma vantagem sobre muitas empresas comerciais, isso deve-se ao fato de não sermos tão vulneráveis à tentação acerca da qual nos advertem os gurus da administração: os ganhos de curto prazo. Não que o dinheiro não seja importante para nós. O fato é que nunca é suficiente para fazermos o que precisa ser feito. Estamos sempre pensando no que fazer para conseguir mais dinheiro e em como gastá-lo de modo eficiente. Esse é um problema que sempre nos acompanhará. Todavia, não achamos que seja o maior.

Elaboramos estratégias, lançamos e aperfeiçoamos programas, recrutamos pessoas e avaliamos tudo o que fazemos procurando sempre relacionar com a pregação do evangelho de Jesus Cristo e com a satisfação das necessidades humanas em nome dele, sem discriminação. É bem simples. Se determinada proposta não se encaixa em nossa dupla missão, não nos interessa. Se algo em que estamos trabalhando começa a comprometer o aspecto evangélico ou de serviço de nossa causa, preferimos abandonar isso.

Na época em que atuei como oficial divisional no princípio da década de setenta, tendo sob minha responsabilidade trinta corpos (igrejas) do Exército de Salvação na grande Nova York, tínhamos um contrato de cem mil dólares geridos pelo município para o fornecimento de alimentos aos idosos do Harlem. O programa, que funcionava já havia muitos anos, previa que serviríamos almoço para cerca de cem pessoas por dia. Uma vez que várias dessas pessoas passaram a se conhecer por causa das refeições que faziam juntas, havia também um aspecto comunitário no programa além da questão do fornecimento de comida nutritiva aos idosos.

Um dia, dois representantes da prefeitura vieram procurar-me com uma nova interpretação do contrato. Sentiam-se incomodados com o vínculo entre o serviço que prestávamos e nossa missão religiosa. Não lhes agradava o fato de que o nome do Exército aparecesse estampado com destaque no centro de atendimento — que, por sinal, era nosso — onde as refeições eram servidas. Não queriam que orássemos antes das refeições. Ficaram mais alarmados ainda ao ver que um oficial do Exército de Salvação sentava-se com os idosos para acompanhá-los em seus hinos favoritos. Se quiséssemos continuar recebendo o auxílio financeiro da prefeitura, teríamos de parar com isso.

Atualmente, temos em todo o país cerca de 250 milhões de dólares em contratos anuais com agências privadas e públicas, em todos os níveis. Em muitos lugares, encontramos um modo de satisfazer os requisitos de separação entre igreja e estado sem com isso comprometer nossa missão. Mas aquela exigência particularmente nos obrigava a negar o que somos. Não podíamos aceitar.

Recusamo-nos a fazer as mudanças. A prefeitura desfez o contrato e providenciou outro local para o fornecimento das refeições.

O mais interessante é que a maior parte das pessoas a quem servíamos na região do Harlem preferiu continuar conosco. Queriam que o programa continuasse do jeito que sempre foi. Conseguimos então outra fonte de recursos para sustentar esse empreendimento em que combinávamos comunhão e alimento.

Esse enfoque específico na missão gera benefícios tanto do lado da receita quanto da despesa. As pessoas acreditam que faremos o que nos propusemos fazer; por isso contribuem generosamente. Durante oito anos consecutivos, até 2000, o Exército de Salvação ocupou o primeiro lugar no *ranking* anual de levantamento de fundos do *Chronicle of Philanthropy*.[6] Em 2000, arrecadamos um total de 1,4 bilhão de dólares, ou seja, mais que o dobro do montante doado a outras empresas da lista como, por exemplo, a Associação Cristã de Moços e a Cruz Vermelha.

Como se identificam de modo muito forte com nossa missão e com o histórico de nossas operações, as pessoas dispõem-se a trabalhar longas horas em troca de baixa remuneração ou a doar parte de seu tempo ou de sua preciosa especialidade para os projetos do Exército de Salvação. Isso vale para todos, desde oficiais de carreira do Exército a executivos de empresas que participam de nossos conselhos consultivos regionais e nacional.

A motivação financeira simplesmente não é um fator fundamental para o Exército de Salvação. Numa época em que altos exe-cutivos de grandes empresas ganham milhões de dólares por ano, além de bônus e opções de ações, os oficiais de alta patente do Exército de Salvação, responsáveis por milhares de pessoas e por um orçamento multimilionário, trabalham satisfeitos por apenas uma fração desses incentivos meramente financeiros. Em 1999, último ano em que trabalhamos como co-diretores-presidentes do Exército nos EUA, Alice e eu recebemos menos de 74 mil dólares, incluídos os benefícios tributáveis concedidos pelo Exército, como casa e transporte.

[6]Giving more: charitable contributions jump 13 percent, de David HO, the Associated Press, 29 Oct. 2000 (www.abcnews.go.com/sections/us/dailynews/philanthropy001029.html).

Podemos dizer com confiança que nenhum executivo americano foi mais ricamente recompensado — abençoado em todos os aspectos — com tantas oportunidades e relacionamentos.

Os voluntários, claro, são peça fundamental do nosso trabalho. Muitos assumem responsabilidades de oficiais do Exército, sobretudo em se tratando de serviços de emergência e de programas realizados periodicamente. Muitos não doam apenas o tempo, mas também contribuem com dinheiro. Os líderes que atraímos para o Conselho Consultivo Nacional, além de servir a causa gratuitamente, responsabilizam-se também pelo pagamento de suas despesas com viagens e hotel sempre que há uma reunião programada.

Jamais poderíamos desfrutar do apoio recebido das pessoas que patrocinam nossa causa nem poderíamos contar com a dedicação altruísta de nossa gente se não estivesse absolutamente claro para nós o que pretendemos como organização e se não nos sentíssemos responsáveis todos os dias por essas intenções.

"CAPACIDADE DE INOVAÇÃO"

Se sua missão é salvar o mundo, pessoa por pessoa, comunidade por comunidade, a diferença entre aquilo a que você aspira e aquilo com que tem de trabalhar faz da inovação uma tática de sobrevivência. Nossa única chance de sucesso depende de conseguirmos multiplicar os efeitos de estratégias criativas.

Quando nos reunimos com Peter Drucker para conversar sobre idéias para este livro, a primeira coisa que ele nos disse foi: "Vou chocá-los com o que vou dizer. Vocês se vêem como uma instituição de caridade — e não há dúvida de que há partes de suas operações que se enquadram nessa descrição. Para mim, contudo, vocês são capitalistas de risco.

"É verdade que vocês mantêm algumas operações de caridade, distribuição de sopa etc. Mas isso é uma parte bem pequena de seus programas. O forte do trabalho de vocês está na reabilitação. E isso nada mais é do que capitalismo de risco em sua forma mais genuína. O investimento que o Exército faz nas pessoas gera retornos incríveis."[7]

Quando alguém nos procura pedindo ajuda, nós o envolvemos num programa que não lida apenas com seus vícios ou com seus problemas de emprego ou de relacionamento. Queremos despertar no indivíduo a consciência de sua ligação com o propósito divino. Com esse despertar vem o reconhecimento da necessidade de servir aos outros. Estamos, portanto, recrutando futuros parceiros em nossa missão de longo prazo, enquanto cuidamos de suas necessidades pessoais de curto prazo.

Isso não significa que nossos assistidos nos "devam" alguma coisa pela ajuda recebida. Nossa esperança é que se dêem conta de que ajudar o próximo é fundamental para a retomada de seu vínculo com o Espírito e para recompor os fragmentos de sua vida organizando-os num todo gratificante. Quando se encara o trabalho dessa forma, como caminho de renovação espiritual, descortina-se todo tipo de possibilidade até nos desafios mais difíceis.

Aprendemos, por exemplo, que, para alcançar os melhores resultados em nossos programas de reabilitação para viciados em álcool e drogas, é preciso internar a pessoa durante um tempo. O problema é que quase sempre há escassez de leitos, e os pacientes são suscetíveis de recair em antigos hábitos se tiverem de esperar meses por uma vaga quando chegam a um de nossos centros.

Em 1994 criamos a Internação Voluntária Provisória (IVP), em Sarasota, na Flórida — programa que tem por objetivo envolver mais diretamente numa rede de serviços os pacientes à espera de vagas. Enquanto aguardam uma vaga, participam

[7]Entrevista de Peter Drucker aos autores.

do nosso programa dos doze passos, de nosso aconselhamento espiritual, além de contarem com ajuda para suas necessidades médicas, do mesmo modo que os residentes.

Observamos que, quando ficavam mais confiantes no processo de sua própria recuperação, os pacientes da IVP queriam fazer algo imediatamente para aplicar o que estavam aprendendo. Por isso, encontramos um jeito de poderem canalizar esses sentimentos em atividades que vão de ajuda em catástrofes até programas de embelezamento da cidade.

Os clientes da IVP uniram-se para cultivar canteiros de flores para enfeitar as mesas usadas nos programas de alimentação do Exército. Ajudaram também a reformar as casas dos residentes de baixa renda ameaçados de despejo por violações cometidas. Em 1995, alguns se uniram à equipe do Exército que trabalhou na área atingida pelo furacão Opal, servindo comida às vítimas da tragédia e aos que trabalhavam nos escombros. Hoje, ex-integrantes da IVP participam de conselhos dos sem-teto e de programas de alimentação comunitária.

Não podemos provar estatisticamente que teríamos perdido essas pessoas para o álcool e as drogas se não tivessem se envolvido com o programa da IVP. Entretanto, nossa experiência nos ensina que o retorno ao vício seria praticamente certo no caso de muitos.

A criação do programa IVP e sua incorporação à rede de serviços já existente exigiu muito pouco investimento extra de tempo e dinheiro. O que obtivemos com esse programa foi muitas vezes superior ao que investimos nele. É o sonho de qualquer investidor de risco.

É quase sempre assim que crescemos. Vemos as necessidades como oportunidades e os problemas como ativos futuros. Quando planejamos algo, pensamos sempre em seu possível efeito multiplicador. Conseqüentemente, seguimos o caminho do varejo e já contamos com mais de 1 600 lojas com itens a preços módicos. Providenciamos abrigo para uma população equivalente à de uma cidade pequena. São 65 mil, pessoas espalhadas por todo o país, que dormem sob o teto do Exército de Salvação todas as noites. Somos também especializados na área de serviço social em escala sem precedentes, atuando tanto em situações de tragédia, que requerem socorro imediato, quanto em centros de reabilitação, com programas permanentes para viciados em drogas e álcool.

Além dos serviços que nos tornaram mais conhecidos, oferecemos também consultoria jurídica em convênio com o estado para ex-prisioneiros em liberdade condicional ou sob *sursis*; creches para crianças e centros de convivência para idosos; esportes comunitários e programas de recreação; serviços médicos; formação e colocação profissional; acompanhamento de casos de pessoas desaparecidas; acampamentos de verão para crianças e visitação a pessoas internadas em diversas instituições.

Todos os anos, alcançamos de algum modo a vida de mais de 30 milhões de cidadãos — um em cada dez americanos. Temos mais de 9 mil unidades de operação e pelo menos um programa para cada município do país.

Somos capazes de reunir uma mão-de-obra de 3,4 milhões de pessoas. Todavia, mais de 3,3 milhões desse total é composto por voluntários, entre eles, mais de cem mil membros leigos — nossos soldados — que formam uma reserva de onde sairão nossos futuros oficiais. Dos restantes, 43 mil são funcionários, que diferenciamos dos 5 mil homens e mulheres que compõem o grupo de oficiais uniformizados, os membros mais conhecidos do Exército de Salvação.

Muitos de nossos funcionários, é claro, ocupam posições de liderança e são responsáveis por alguns de nossos programas de maior sucesso. Contudo, cabe ao grupo de cinco mil oficiais estabelecer e implementar padrões de princípios e desempenho. São eles que devem inspirar e liderar os milhões de que necessitamos para realizar pelo menos uma parte daquilo que nossa missão promete.

Isso significa que administramos todos os programas e fornecemos todos os serviços com apenas esses cinco mil. Não poderíamos dar um passo sequer sem os efeitos multiplicadores da inovação.

"RESULTADOS MENSURÁVEIS"

Nosso histórico mostra que cumprimos nossas promessas. Os indivíduos em liberdade condicional a quem damos assistência têm menos probalidade de voltar à cadeia. Os sem-teto a quem ajudamos costumam arrumar moradia e emprego com mais facilidade. Os viciados que participam de nosso programa de recuperação são menos propensos a recair no vício.

Vejamos apenas alguns exemplos. Na região de San Diego, Ed Lattaile, padre católico e PhD em psicologia clínica, chefia nossos programas de recuperação de alcoólatras e drogados. Nosso sucesso nesse setor é tão marcante que a Marinha dos EUA firmou conosco um contrato para que a unidade do Exército de Salvação dirigida pelo dr. Lataille treine seu pessoal na área de aconselhamento de viciados em processo de recuperação.

As estatísticas nacionais realizadas no segmento de programas de reabilitação indicam que somente 20% dos que ingressam nesses programas permanecem sóbrios e afastados do vício depois de um ano. Os estudos do dr. Lataille, porém, demonstram que o tratamento intensivo que oferecemos aos internos e nossas técnicas de aconselhamento podem fazer multiplicar nossos índices de sucesso. Num estudo sobre pacientes que participaram de nosso programa de internação temporária em San Diego durante dois anos e meio, 85% deles permaneciam sóbrios e afastados do vício na ocasião da entrevista. Com relação aos que haviam participado do programa durante um ano ou mais, 78% tiveram pelo menos um ano de sobriedade desde a conclusão do programa.

Em Chicago temos, há bastante tempo, um contrato que nos permite gerenciar um programa de transição realizado na fase anterior à liberdade de presos da penitenciária federal. Claudia Rowland, filha de um casal de oficiais do Exército de Salvação e ex-voluntária do Corpo de Paz, administra esse serviço. Em geral, trabalhamos com esses indivíduos de três a seis meses antes da concessão da liberdade condicional ou do *sursis*. Damos moradia, alimentação, aconselhamento, emprego e outros recursos para ajudá-los a voltar à sociedade.

Em 31 de dezembro de 2000, o programa gerenciado por Claudia havia cuidado de 608 residentes em transição. Noventa por cento completaram o programa com êxito; 95% conseguiram emprego no momento em que receberam oficialmente a liberdade e apenas 1% foi preso novamente por falta cometida durante o tempo em que se achava sob nossa supervisão.

É claro que é impossível mensurar tudo. Nem é essa nossa intenção. Nosso sucesso depende mais do que passa pelo coração de nossas pessoas e de quem ajudamos do que daquilo que lemos nos relatórios estatísticos. Mas adotamos a idéia de prestação de contas. Mesmo em atividades difíceis de quantificar, incentivamos a determinação de alvos que produzam resultados mensuráveis.

Quando éramos jovens oficiais, Alice e eu descobrimos quanto era importante nos reunir no outono com os membros de nossa congregação para o estabelecimento dos alvos do ano seguinte. Procurávamos garantir que cada alvo fosse específico, mensurável, factível e relacionado com nossa missão. Todos tinham de ter passos definidos e prazos determinados para realização. Alguns objetivos, naturalmente, visavam ao levantamento de fundos, *marketing*, melhorias de capital e outras preocupações próprias de atividades empresariais comunitárias.

Contudo, dávamos prioridade aos objetivos que se relacionavam a programas de prestação de serviços à comunidade.

Tínhamos reuniões quinzenais para acompanhar o progresso das atividades e fazer correções de curso. Na véspera de Ano Novo, divulgávamos com muita ênfase uma reunião aberta em que apresentávamos o "relatório da vitória" sobre as realizações do ano e anunciávamos os novos alvos para o ano seguinte.

À medida que éramos promovidos na carreira de oficiais do Exército, empregávamos esse mesmo conceito de criação, acompanhamento e comemoração dos alvos mensuráveis alcançados. Isso não apenas ajuda a organização a prosseguir com seus esforços, mas também lhe permite inspirar-se nas realizações alcançadas. Quando rodeados de desafios e importunados por falhas inevitáveis nesse ou naquele projeto, vale a pena observar o que funciona e por quê. Deseja-se que todos os associados e participantes da organização digam: "Veja, prometemos que faríamos isso e fizemos".

"DEDICAÇÃO"

Não é preciso passar muito tempo ao lado de um de nossos voluntários para se maravilhar com a paixão com que eles realizam suas tarefas no Exército. Eles se dizem inspirados pelo que vêem funcionar na vida daqueles que são o alvo do programa e pelo exemplo de nossos oficiais. Nunca é demais enfatizar o poder desse exemplo, que é na verdade o exemplo de Cristo seguido por aqueles de nós que comprometem a vida com o ministério e o serviço.

Frank Skinner, ex-presidente e diretor geral da BellSouth Tele-communications, é amigo de longa data do Exército. Um dos primeiros executivos a trabalhar conosco, Frank entusiasmou-se com a paixão contagiante pela missão que via em nossos oficiais. Em meados da década de sessenta, quando estava em plena ascensão profissional no setor de telecomunicações de Richmond, na Virgínia, concordou "por cortesia", diz, em reunir-se com a liderança regional do Exército. Terminado o encontro, Frank saiu "com uma lista de vinte a trinta tarefas".

Nos 35 anos que se seguiram, Frank contribuiu com os programas do Exército e foi membro de conselhos consultivos. Foi presidente do nosso conselho nacional no final da década de oitenta. Houve vezes, confessa Frank, em que o estilo de administração do Exército, cuidadoso e de consenso, bateu de frente com seu instinto de executivo habituado à tomada rápida de decisões. "No cômputo geral, porém", diz, "o Exército sempre teve essa habilidade maravilhosa de conseguir extrair o máximo da dedicação sincera de seu pessoal".

"Jamais encontrei gente tão alegre e solidária. É impossível trabalhar com eles e não perceber isso. Seria preciso ser cego, surdo e mudo."

Contamos com esse sentimento que irradia de nossos leigos, funcionários, das pessoas a quem ajudamos e de 3,3 milhões de voluntários. Tudo começa com o comprometimento total de nossos oficiais para com a missão que lhes foi confiada. São pessoas treinadas para ser não apenas administradores e conselheiros, mas também ministros ordenados. Os oficiais assinam um pacto, renunciando às distrações do mundo, como álcool, drogas e tabaco, direcionando todos os aspectos da vida para o exemplo de Cristo de compaixão e serviço.

Para evitar o desgaste resultante de profissões diferentes num mesmo lar, ambos os cônjuges devem ser oficiais. Isso significa que, antes de se candidatar ao oficialato, se o interessado for casado, o marido ou a mulher deve concordar em participar de um programa de treinamento. Os oficiais solteiros que querem casar-se devem escolher outros oficiais ou pessoas que concordem em vir a ser oficiais.

O pacto que os oficiais assinam é para a vida toda. Portanto, a passagem de um oficial do Exército de Salvação da ativa para a aposentadoria é, na verdade, apenas "uma mudança de função". Os aposentados são incluídos no total de oficiais do Exército. Os oficiais encontram-se hoje divididos da seguinte maneira: de um total de 5 326 homens e mulheres, 3 697 estão na ativa, enquanto 1 629 são aposentados.

Embora as pessoas de fora de nossa organização nos elogiem por fazermos os sacrifícios que tal dedicação requer, nós enxergamos isso de outro modo. Não é o que renunciamos que nos impulsiona e inspira aos outros, e sim o que ganhamos com isso: profunda realização pessoal — aquela alegria observada por Frank Skinner em seus amigos do Exército.

A história de Don Ross, um dos sete filhos de uma família cujo pai era alcoólatra, é um de meus exemplos favoritos de dedicação contagiante e recompensadora. Quando entrou na adolescência, no início da década de cinqüenta, Don "conheceu uma grande família de pessoas que se amavam" no corpo (igreja) do Exército de Salvação em Newark, Nova Jersey. Diz ele: "Enquanto meus amigos vagavam ociosos pelas ruas, ora na cadeia, ora fora, encontrei um grupo de adultos amorosos e impelidos por um objetivo específico. Esse grupo mostrou-me que a vida tem um propósito que vai além do simples ganho material".

Ross tornou-se jovem soldado, passando depois a soldado, que é como nos referimos aos leigos dedicados que integram a vida congregacional do Exército de Salvação e de onde saem nossos futuros líderes. Trabalhava para o Exército ao mesmo tempo que freqüentava a Universidade de Nova York. Mais tarde, ganhou uma bolsa que lhe permitiu graduar-se pela Universidade de Colúmbia. Quando lhe faltava apenas apresentar a dissertação para obter o título de PhD em letras clássicas, decidiu seguir outra carreira: advocacia. Formou-se em direito pela Universidade de Albany, depois foi trabalhar na General Electric, onde permaneceu os 27 anos seguintes. Ross tornou-se assessor jurídico geral da divisão de controle e distribuição elétrica da empresa.

Em determinado momento da carreira, ele supervisionou a aquisição de dez empresas européias para a GE e ajudou a integrá-las numa operação de 1,5 bilhão de dólares por ano. O quarto de século que passou na GE foi "divertido", diz ele. "Tive a oportunidade de lidar com grandes quantias, de transitar no meio de gente muito poderosa. Trabalhar na GE todos esses anos foi como fazer um MBA ao vivo."

Durante todo esse tempo que passou na empresa, Ross manteve laços estreitos com o Exército, perseverando como trabalhador leigo no corpo local de Connecticut. Em 2000, decidiu antecipar sua aposentadoria e dedicar o restante de sua vida ao serviço do Exército em tempo integral. Hoje é coordenador de serviços da área de Albany, em Nova York.

"Ter sido representante legal da General Electric foi motivo de muita felicidade para mim", diz Ross. "Contudo, aos 62 anos de idade, ninguém sabe quantos anos ainda terá pela frente no gozo pleno da saúde. E eu queria dar ao Senhor ainda algum tempo de qualidade.

"Vi a oportunidade de acrescentar o terceiro capítulo ao livro da minha vida. Primeiro, fui professor de letras clássicas; depois, advogado; agora é a vez do Exército de Salvação. O texto talvez seja um pouco diferente, mas o tema é o mesmo. Depois que se experimenta a alegria de ser cristão, tudo o que você faz é parte dessa alegria".

A carreira de Don Ross na GE possibilitou a ele e à família viver sem preocupações financeiras pelo resto da vida. Em seu novo trabalho com o Exército, ele não recebe salário e paga suas próprias despesas. Para muitos colegas de empresa de Ross, não há dúvida de que sua dedicação ao Exército ultrapassa o senso de dever. Ele, entretanto, prefere enfatizar o ganho que sua decisão lhe tem proporcionado. Quando tomou a decisão de iniciar o terceiro capítulo de sua vida, diz ele, "queria ser cheio do Espírito".[8]

"MAXIMIZAÇÃO NO USO DO DINHEIRO"

Fazemos de tudo para não perder muito tempo nem dinheiro em processos que não sirvam diretamente a nossos programas. De cada dólar recebido, pelo menos 83 centavos são encaminhados para atividades que beneficiem imediatamente as pessoas. Os outros dezessete fazem parte da infra-estrutura destinada ao financiamento de programas e ao sustento de nosso pessoal de linha de frente, cobrindo os custos administrativos e de levantamento de fundos.

Essa infra-estrutura não é de forma alguma pesada. Na sede nacional do Exército, em Alexandria, na Virgínia, por exemplo, mantemos uma equipe de menos de cem pessoas encarregadas da supervisão de operações em quatro territórios regionais, que vão de Maine à Flórida, da Califórnia ao Alasca, chegando até as ilhas do Pacífico. Praticamente a totalidade das ações, do dinheiro, das pessoas e da energia é direcionada para regiões e comunidades em que oficiais, leigos, funcionários e voluntários travam relações diretas diárias com as pessoas a quem servem.

A melhor forma de ilustrar como potencializamos o uso de nossos recursos é tomar o exemplo de um projeto em determinada cidade num período do ano. Nosso pessoal de Dallas administra um depósito de 14 630 m^2 utilizado como centro de armazenagem e de distribuição. Todo mês de dezembro, esse imenso espaço é utilizado para organização e distribuição de cerca de duzentos mil presentes de Natal para crianças necessitadas da região de Dallas. Os presentes — brinquedos, roupas etc. — são todos novos. São comprados por pessoas e

[8]Entrevista de Don Ross a Ben Brown.

empresas que atendem aos pedidos das crianças fixados em árvores de Natal nos *shoppings* ou encaminhados a cerca de 260 empresas da região participantes do programa.

O pessoal do Exército analisa as famílias para saber quais são as crianças necessitadas. Em seguida, montam-se as árvores — denominadas "árvores dos anjos" — tomando-se o cuidado de associar cada criança a um anjo doador do presente.

Durante o mês de dezembro, cerca de 3,5 milhões de dólares em presentes entram no depósito. São registrados, cotejados com os pedidos das crianças e colocados em sacolas individuais com o nome da criança. As prateleiras têm três andares e o comprimento de um campo de futebol. Quando a data da distribuição se aproxima, ficam repletas de sacolas com presentes.

O período de maior movimento é uma semana ou alguns dias antes do Natal, quando as famílias comparecem em horários predeterminados para pegar as sacolas de presentes de seus filhos. Imagine o desafio logístico dessa operação: duzentas mil unidades catalogadas, armazenadas e distribuídas em menos de um mês, concentrando-se a maior parte da distribuição nos seis dias em que as famílias comparecem ao local para pegar sua sacola de presentes. Nesse período, o Exército de Dallas cumprimenta e presenteia 180 famílias por hora. Seja qual for o parâmetro de comparação utilizado, não há dúvida de que se trata de uma operação logística fabulosa, não é verdade?

Agora pense nisto: o Exército de Dallas administra esse programa com apenas um oficial trabalhando em tempo integral. Em dezembro, esse gerente passa a ser auxiliado por cerca de quarenta funcionários destacados de outras atividades do Exército ou contratados em caráter temporário. Mas a verdadeira mão-de-obra são os voluntários, cem por dia, que chegam ao Exército por iniciativa própria ou vindos de muitas das próprias empresas parceiras do Exército nesse programa.

Embora muitos desses voluntários já participem há tempos do programa, pode acontecer que, em determinado dia, todos os cem sejam novatos trabalhando ali, treinados e supervisionados por uma equipe reduzida de funcionários. Poderia ser o caos, mas não é. A experiência é tão gratificante para muitos voluntários que os responsáveis pelo programa em Dallas têm listas de espera por uma vaga em determinados horários.

Se ampliarmos um pouco mais nossa visão, veremos que essa operação de distribuição realizada em dezembro é uma atividade *a mais* desenvolvida pelo Exército de Dallas, paralelamente a outros "negócios". Exceto a pessoa designada para trabalhar no projeto o ano todo, a equipe de tempo integral utilizada pelo Exército é proveniente de outros programas que continuam funcionando diariamente.

Em 1999, no Centro Social Carr P. Collins, em Dallas, oficiais, empregados e voluntários prestaram assistência familiar emergencial a 76 107 pessoas, serviram 515 mil refeições, ajudaram 164 783 pessoas a encontrar casa e supervisionaram 453 crianças em creches. Nos centros de reabilitação de adultos da região metropolitana, o Exército trabalhou com 2 185 homens que procuravam vencer o vício das drogas e do álcool. Os salvacionistas da região ajudaram a 9 629 vítimas de desastres, prestaram assistência a 12 347 prisioneiros e às respectivas famílias, localizaram 94 pessoas desaparecidas e ofereceram acampamento a 1 015 crianças.

Somente na cidade do Texas, o Exército de Salvação gera 23 milhões de dólares por ano. Trata-se de uma empresa com todas as preocupações típicas de qualquer negócio: pessoal, manutenção das instalações, transporte e gestão financeira condizente com o nível de receita gerado. Temos aqui a prova de que nossos oficiais e funcionários dão a devida atenção às boas práticas comerciais: desses 23 milhões de dólares, apenas 1,6 milhão — *7%* — destina-se às despesas gerais de administração, gerenciamento e levantamento de fundos.

Isso é uma visão geral, uma introdução a nossas intenções para as próximas páginas. Nos oito capítulos a seguir, apresentaremos os elementos essenciais do nosso enfoque. Não são os "8 hábitos das iniciativas espirituais de sucesso" nem os "8 passos para a felicidade organizacional". Tampouco são oito princípios de mesmo peso. São na verdade uma *grande idéia* e sete princípios inter-relacionados que fluem naturalmente dela.

A *grande idéia* é: *engaje o espírito*. Diz respeito à eterna questão acerca do "lucro" levantada por Jesus: "Pois, que adianta ao homem ganhar o mundo inteiro e perder a sua alma?" (Mc 8.36). O que fazemos e como fazemos é determinado por um propósito que transcende os relatórios trimestrais de lucros e brilha no rosto das pessoas participantes e nos programas implementados.

Os sete desdobramentos a seguir são princípios essenciais relacionados à *grande idéia:*

- **Envolva as pessoas em seu propósito.** Se você não consegue explicar de maneira convincente como o que faz atende às necessidades humanas, está flertando com o fracasso na vida e nos negócios.
- **Vista a camisa.** Assumindo a responsabilidade de prestar contas de suas ações e tornando pública sua disposição de ser testado de acordo com padrões preestabelecidos, você reforça sua credibilidade, inspira seus funcionários e amplia seu mercado potencial.
- **Aprenda a ouvir para liderar.** Sem retorno — retorno incentivado com sinceridade e posto em prática de modo convincente —, a organização fica cega ao que precisa para sobreviver às forças da mudança.
- **Delegue responsabilidades e compartilhe os lucros.** Quando você investe poder e responsabilidade reais em seus melhores trabalhadores, sustentando-os com os me-

lhores métodos disponíveis, todos acabam adquirindo a imparcialidade emocional necessária à obtenção de resultados.

- **Organize-se para improvisar.** Não somente se deve aceitar a inevitabilidade da mudança, mas também é preciso estar atento às formas em que ela obriga as adaptações e recompensa a inovação.
- **Aprenda a agir com ousadia.** As pessoas e as organizações só crescem assumindo riscos — riscos calculados, sim, mas que mesmo assim trazem consigo a possibilidade do fracasso e a oportunidade de aprender com ele.
- **Não se esqueça da alegria.** Visto que são muitas as evidências de que as pessoas trabalham com mais afinco, por mais tempo e com mais criatividade quando se sentem motivadas pelo prazer intrínseco do trabalho que desempenham, os administradores devem fazer de tudo para deixar bem claro o valor das tarefas realizadas e para promover a alegria na realização delas.

Ao longo deste livro, daremos muitos exemplos tirados da história do Exército e de programas atuais. Daremos também exemplos extraídos do mundo empresarial para mostrar como os líderes de empreendimentos bem-sucedidos, mesmo os que nenhuma relação têm com o Exército de Salvação, agem em conformidade com muitos dos mesmos valores por nós defendidos.

A intenção deste trabalho é dar sugestões práticas, meios de aplicar algumas de nossas estratégias. Uma vez que muito do que temos a dizer relaciona-se com a formação de organizações numa perspectiva mais ampla e mais centrada em princípios, sua real utilidade é inspirar. Na verdade, queremos falar sobre o sentido da vida.

O que todos precisamos é ter sempre em mente que certos valores transcendentais ainda se aplicam — e sempre se aplicarão — ao mundo real. Não podemos ser felizes nem eficientes, nem chegar perto do que desejamos ser realmente, se não integrarmos esses valores a tudo o que fazemos. Precisamos ser incentivados — tanto pelo exemplo quanto por qualquer outra coisa — a agir com base no que sabemos ser certo e ter fé no que sabemos ser a verdade.

Consideraremos este livro um sucesso se funcionar como antídoto contra o pessimismo. O pessimismo é um transtorno paralisante e nocivo ao espírito. O engodo que traz consigo é ser ele a reação adequada às evidências do mundo real.

Pode-se ouvir a voz do pessimismo em toda empresa que não deu certo. Claro que o mundo seria melhor se as pessoas agissem com compaixão umas para com as outras, se todos dissessem a verdade, se nossos empreendimentos se orientassem pelos valores espirituais, não pelos materiais. Não é assim, porém, que o mundo funciona. Para sobreviver, para ser bem-sucedidos, temos de ser os primeiros em tudo. É preciso acumular bens, ter expectativas menos ambiciosas e não confiar em ninguém.

Nosso sucesso, nosso histórico de crescimento por mais de um século, oferecendo o mesmo "produto" a um "mercado" em expansão global, é nosso argumento contrário a essa idéia.

Como indivíduos, os salvacionistas em nada chamam a atenção — são semelhantes a qualquer pessoa que encontramos na rua. Não são mais inteligentes nem mais fortes, nem possuem mais recursos que as demais pessoas. Duas características nos distinguem e ambas são acessíveis a qualquer pessoa: abertura para a graça de Deus e determinação de mostrá-la por meio do serviço ao próximo.

Acumular bens? Nós os gastamos na tentativa de alcançar cada vez mais pessoas.

Ter expectativas menos ambiciosas? Estamos no mundo para salvá-lo.

Não confiar em ninguém? Nossos melhores clientes — e futuros parceiros — são os viciados em drogas, os presos, os fracos e os miseráveis.

Se esse tipo de compromisso é sinal de ingenuidade de nossa parte, então Deus nos abençoou exatamente por isso, mesmo se levarmos em conta apenas as pequenas bênçãos que qualquer gerente mais linha-dura não hesitaria em reconhecer. Sobrevivemos e prosperamos por mais tempo do que qualquer outra empresa americana. Fomos chamados de "a mais eficaz das organizações dos EUA" pelo teórico da administração mais famoso do mundo. Seja qual for o método de avaliação utilizado, nossos trabalhadores são muito mal-remunerados. Entretanto, não apenas atraímos e conservamos empregados por toda a vida, mas também dispomos de 3,3 milhões de voluntários, muitos deles indivíduos de destaque em suas comunidades e no país, desejosos de doar recursos e tempo dos quais jamais poderíamos dispor e tampouco contratar. Todos os anos, temos o privilégio de servir a trinta milhões de pessoas, muitas das quais têm a vida transformada diante de nossos olhos.

Cremos que nosso mundo *é* o mundo real. É tão cheio de esperança quanto de dor. Tudo o que temos de fazer é abrir os olhos e deixar que sua realidade nos liberte o coração.

CAPÍTULO DOIS

Engaje o espírito

De que modo os funcionários de sua empresa reagiriam ao seguinte anúncio classificado:

Procuram-se indivíduos e casais para dois anos de treinamento intensivo. Os candidatos devem arcar com as próprias despesas, usar uniforme durante o exercício da profissão, sobreviver com apenas uma fração do que receberiam se trabalhassem em outro lugar, passar a maior parte do tempo com viciados, sem-teto e com outras pessoas em situação desesperadora.

Os aprovados serão submetidos a expedientes longos, em geral em ambientes não-hospitaleiros e, de tempos em tempos, em locais perigosos.

O serviço reúne as responsabilidades próprias de pastor de cidade do interior e de assistente social urbano. Conhecimentos médicos contarão pontos a favor do candidato; o mesmo aplica-se à prática contábil. É importante que os candidatos saibam dirigir caminhão, organizar apresentações de marionetes, tocar pistão, montar equipes de basquete, cantar com afinação, negociar compra e venda de imóveis, cozinhar para centenas de pessoas e pedir dinheiro nas ruas da cidade e em salas de diretoria de empresas.

Alguém se habilita?

Por mais estranho que possa parecer, o Exército de Salvação atrai muita gente que atende a essas qualificações. Em nossos cursos de cadetes nos quatro colégios (seminários) territoriais de formação de oficiais, temos jovens recém-saídos do ensino médio e gente que abandona profissões lucrativas no meio da carreira. Na verdade, o percentual de cadetes com mais de trinta anos vem aumentando, o que pode significar duas coisas. Primeira, a missão do Exército de Salvação encontra eco em muitos corações além da tradicional barreira da idade — o mesmo se aplica a sexo e classificações étnicas. Segunda, pelo menos algumas oportunidades que oferecemos transcendem as disponíveis até mesmo a indivíduos com alto grau de formação e experiência, os quais dão mais valor a nosso "pacote especial de recompensas".

É o caso, por exemplo, de Dorothy McBride. Seus pais são oficiais aposentados do Exército de Salvação. No início, Dorothy investiu suas energias na formação superior e no campo militar, conquistando um MBA e um PhD em administração de empresas ao mesmo tempo que exercia suas atividades na Força Aérea Americana. Em 1991, era tenente-coronel, com 21 anos de serviços prestados à Força Aérea, quando decidiu, aos 42 anos de idade, tornar-se oficial do Exército de Salvação. A cerimônia de aposentadoria na Força Aérea ocorreu numa sexta-feira de 1991, na véspera do Dia do Trabalho. Dorothy passaria a ser cadete de outro exército. Com um uniforme diferente, ingressou na quarta-feira seguinte no Colégio de Cadetes do Território Leste, em Suffern, Nova York.

No momento em que redijo estas linhas, a ex-tenente-coronel da Força Aérea é capitã do Exército de Salvação e oficial de educação do colégio de cadetes. A mudança de uniforme foi natural, segundo ela. "É apenas um trabalho em outra direção. Como militar, temos a oportunidade de servir ao país como um todo. Eu queria poder servir mais diretamente às pessoas. No Exército de Salvação, realizamos um trabalho que nos permite atingir tanto o objetivo religioso quanto a meta de satisfazer as necessidades humanas."[1]

Cindy-Lou Drummond e a amiga Martha Jenson também estão de mudança por motivos semelhantes. Ambas são médicas na faixa dos quarenta anos de idade e sempre foram leigas ativas no Exército de Salvação, em Lancaster, na Pensilvânia, onde trabalhavam com pacientes vítimas de AIDS e de outras doenças graves. Em 1995, as duas amigas saíram de licença e passaram três semanas numa missão médica em Zâmbia.

Ninguém diria que eram profissionais destituídas de paixão espiritual ou de abnegação. No entanto, ambas decidiram que queriam ficar mais próximas do coração do trabalho do Exército de Salvação; por isso decidiram ser oficiais. A dra. Drummond e a dra. Jenson vão ingressar em um de nossos colégios de cadetes, onde são oferecidos cursos com duração de dois anos. As duas vão trocar um estilo de vida confortável e clientela fixa por salários de subsistência e desafios típicos de quem está na linha de frente do Exército de Salvação. A exemplo da capitã McBride, essas médicas vêem a transição como natural e plena de oportunidades.

"Estou apenas aperfeiçoando um talento que já tenho", observa a dra. Drummond. "Espero que a combinação da medicina com o ministério do Exército de Salvação não apenas ajude as pessoas a se recuperarem fisicamente, mas também as direcione para o conhecimento salvador de Jesus Cristo."[2]

A atenção com que nossos oficiais e funcionários realizam o trabalho e a atração que os voluntários sentem pelo Exército

[1]Entrevista de Dorothy McBride a Ben Brown.

[2]An ordained career move, *Priority* (Revista do Território Leste do Exército de Salvação), Mar.-May 2001, p. 11-4.

em nada se relacionam com a lealdade a um chefe ou com a obrigação de um número determinado de vendas no trimestre. Não se consegue esse tipo de dedicação simplesmente prometendo abonos mais polpudos ou opções de ações. Essas pessoas precisam tirar algo mais dessa experiência, um pagamento em outro tipo de moeda. Mesmo sem saber ainda o nome dessa experiência, você precisa reconhecer — em razão do escopo e da diversidade de nosso trabalho — que se trata de algo poderoso.

Em nosso jargão, os salvacionistas são "chamados" ao serviço. Esse chamado vem de Deus, por meio de Jesus Cristo, seu Filho. O modelo de serviço é o exemplo de compaixão e de amor sem preconceito deixado por Cristo. Jesus curou os enfermos, consolou os aflitos e estendeu o perdão aos que haviam tropeçado. Quase sempre ia ao encontro dos pobres e dos feridos no próprio lugar em que viviam e trabalhavam, não onde lhe parecia mais cômodo recebê-los.

Na última ceia, Jesus lavou os pés dos discípulos, simbolizando com isso a atitude de serviço que ele esperava dos cristãos: "Eu lhes dei o exemplo, para que vocês façam como lhes fiz" (Jo 13.15).

As Escrituras são claras acerca de nossas responsabilidades uns para com os outros: devemos alimentar os famintos, dar de beber aos que têm sede, vestir os nus, visitar os doentes e os que estão nas cadeias como se com isso atendêssemos às necessidades do próprio Jesus: "O que vocês fizeram a algum dos meus menores irmãos, a mim o fizeram" (Mt 25.40).

Essa obrigação não é um fardo. Pelo contrário, é uma oportunidade de dar o melhor de nós, de ser o que devemos ser. O serviço nos ajuda a ativar a ligação que todos temos com o divino.

O potencial dessa ligação é inerente a nossa natureza. Foi Deus quem o instilou. Se o desconsideramos, é para nosso próprio risco, não somente como indivíduos, mas também como membros de comunidades e participantes de organizações.

Quando as pessoas se recusam a reconhecer sua ligação espiritual, desligam-se do propósito maior da vida. Deixam-se distrair facilmente por prazeres passageiros e traumas, pelo que está diante delas a cada minuto. Além disso, sentem-se desorientadas. Se questionadas sobre o que as preocupa, muitas dirão que é difícil "equilibrar" as prioridades que disputam sua atenção: carreira, família e relacionamentos, saúde física, emocional e espiritual. Mas o problema não é equilíbrio.

Equilíbrio implica compensação estática de forças, como duas crianças numa gangorra. Conseguem o equilíbrio quando o movimento é detido, quando estão suspensas, perfeitamente contraba-lançadas. Mas não se pode esperar isso na resolução de problemas da vida real. Não podemos suspender as coisas no espaço e no tempo. É impossível deter a mudança. Precisamos nos ligar com algo que harmonize a mudança, que, na verdade, a *transcenda*. Não se trata de equilibrar os fragmentos, fazer malabarismo para dar conta das pessoas separadas que julgamos ser. Temos de integrá-las num todo que se move em harmonia com um propósito transcendente, ligado ao divino.

Uma das descrições mais objetivas que ouvi da forma em que esse processo ocorre veio de uma pessoa que concluiu um de nossos programas de reabilitação. Ela me disse que tentara diversas vezes vencer o vício. Passara de um tratamento a outro. Quando lhe perguntei de que modo sua experiência conosco havia sido diferente, o que finalmente a levara a recuperar-se, eis o que me respondeu: "Tentei todo tipo de programa, mas o de vocês foi o único que me tocou no íntimo".

Esse é o tipo de testemunho que apreciamos. Elogia uma abordagem de vida e de trabalho que atinge o cerne da pessoa sofrida como se fosse um eixo em torno do qual ela pode se organizar. Elaboramos nossos programas com isso em mente. Nossos índices de sucesso dependem de estratégias integrantes e intensas que tratam das necessidades imediatas de nossos clientes de maneira interligada e vêem nessas necessidades sintomas de uma crise mais profunda na vida de nossos assistidos.

Uma viciada, sem-teto, por exemplo, precisa de ajuda para vencer o vício, mas não apenas isso. Precisa de abrigo imediato e orientação para elaborar um plano abrangente que lhe permita encontrar moradia tão logo esteja livre das drogas.

Ela não tem onde morar porque não tem dinheiro e não tem dinheiro porque não tem trabalho e, muito provavelmente, tem pouca experiência em gerir o dinheiro que ganhou no passado. Mesmo depois de se libertar das drogas, poderá ter problemas para encontrar trabalho promissor se não tiver o preparo adequado. Tampouco poderá comparecer às entrevistas ou ao local de trabalho se não puder arcar com o transporte. Sem roupas adequadas, ela se sentirá desconfortável nas entrevistas e no trabalho. Diante de todas essas necessidades, vemo-nos obrigados a entrar no ramo de moradia, treinamento profissional, aconselhamento pessoal, transporte e vestuário.

E a família dessa mulher? Talvez seja mãe solteira e não tenha com quem deixar os filhos enquanto vai trabalhar. Tanto tempo no vício pode ter-lhe prejudicado o desempenho das funções de mãe e de dona de casa. Talvez não seja capaz de preparar uma comida saudável para a família nem de assumir as responsabilidades mais básicas e indispensáveis ao desenvolvimento intelectual, emocional e espiritual dos filhos. Conhecendo esses dilemas, sentimo-nos na obrigação de trabalhar com creches, organizar atividades de lazer, fornecer aconselhamento médico e orientação familiar.

Tudo isso pode transformar-se numa barreira intransponível para quem está em processo de recuperação da dependência. Cada uma dessas dificuldades é um convite ao fracasso, ao desespero diante do fracasso e, por fim, à fuga novamente para as drogas. Todos concordamos em que o vício dificulta o progresso nas diversas áreas apontadas. Mas, se não pudermos dizer a uma viciada que há esperança para ela, que é possível reconstruir sua vida e a de sua família, como poderemos mantê-la afastada das drogas?

Trata-se, portanto, de ir além de apenas tratar a dependência química, ou de prover moradia para os sem-teto, ou de alimentar os famintos. É uma questão de resgatar e cultivar o sentimento de esperança. A esperança é o antídoto contra o pessimismo e o desespero. Não é preciso ser desabrigado nem viciado em drogas para saber que é necessário algo para combater esse veneno.

Quase todos os problemas que nos desafiam vicejam numa atmosfera onde parece que nada importa, que a vida não tem propósito algum e que a possibilidade de promover alguma mudança é tão limitada que se torna insignificante. As pessoas sentem-se encurraladas, manipuladas por forças além de seu controle, do controle de qualquer um.

Trata-se de uma crise espiritual e requer solução espiritual.

Independentemente de quais sejam os sofrimentos físicos e as necessidades por que passam as pessoas, suas feridas mais profundas estão ligadas ao fato de estarem distantes daquele senso de propósito que lhes confira significado à vida. Muitas chegaram a acreditar que sua vida jamais podia ser diferente, que as forças contra as quais tinham de lutar eram poderosas demais. Acreditavam que talvez, em algum lugar, houvesse uma comunidade de apoio e ligação espiritual para os outros, mas não para elas. Não se consideravam dignas nem merecedoras da graça divina. Estavam perdidas.

Encontrar-se a si mesmo requer um comprometimento pessoal com implicações sociais profundas. Toda pessoa precisa mudar — com a ajuda de Deus, cremos — de dentro para fora. Toda pessoa precisa abandonar a comodidade do ceticismo e *aceitar* — e esse é o verbo de fundamental importância no vocabulário da salvação, porque esta é oferecida gratuitamente — a verdade há muito conhecida: ela está ligada a um Deus que espera esse reconhecimento a fim de despertar novamente seu Espírito no coração dela.

Desde o início, o Exército de Salvação inclinou-se a ir contra a corrente da sabedoria convencional da maior parte das organizações, dentre as quais até mesmo organizações religiosas. Sempre levamos uma mensagem de inclusão e compaixão às pessoas acostumadas a ser excluídas e condenadas. Levamos a sério o compromisso de servir "sem discriminação". Ninguém — independentemente de cor, sexo, nacionalidade, credo (ou falta de credo), preferência sexual, ideologia política ou conflitos com vício ou criminalidade — será rejeitado. Mesmo hoje, para algumas pessoas, o que fazemos é um ideal radical de prática religiosa. Na Inglaterra de meados do século XIX, isso seria inconcebível.

William Booth, fundador do Exército, era um evangelista da igreja metodista que atingiu a maioridade em meio à turbulência social e econômica que abalou a Inglaterra em meados do século XIX. A Revolução Industrial não somente produziu imensa riqueza para os donos de fábricas e investidores, mas também foi o principal catalisador de um dos maiores deslocamentos de pessoas de que se tem registro na história mundial. Atraídos pelos salários das fábricas e das usinas, os trabalhadores abandonaram as fazendas e as aldeias e foram para as cidades grandes e pequenas. A maioria possuía apenas a roupa do corpo; alguns tinham um pouco do que poderíamos chamar de educação formal. Quando as ambições dessas pessoas tornaram-se maiores do que as oportunidades encontradas, muitos superlotaram várias áreas das cidades, as quais se transformaram em cortiços com a má fama das doenças e da promiscuidade.

As denominações religiosas organizadas da época, que dependiam basicamente da lealdade e do sustento das classes média e alta, sentiam repulsa pela miséria daqueles que, nas palavras de Booth, "lutam e submergem na boca do abismo".[3] Embora muitas dessas igrejas abrissem as portas para os pobres, desde que antes se lavassem e se comportassem como as pessoas das classes altas, a maioria não se dispunha a sair em busca dos necessitados e dos desesperados onde se encontravam.

O Exército de Salvação, fundado em 1865, foi uma das várias ramificações saídas das denominações tradicionais cuja inspiração consistia em ir aonde nenhuma das igrejas estabelecidas ousara ir. Booth e a esposa, Catherine, apesar de lutarem com muita dificuldade para sustentar uma família cujo número de filhos chegaria a oito, tinham paixão por concretizar suas concepções do propósito cristão. Essas idéias, refinadas pelas experiências do casal no funesto East End[4] londrino, entrelaçaram à fé cristã tradicional uma devoção que se traduziu em serviço àquele segmento sofrido da população inglesa que Booth chamava de "a décima parte dos submergidos". Para ele — assim como para os demais salvacionistas que viriam depois —, as duas missões eram uma só.

Posteriormente, no Conselho Social Internacional do Exército, em 1911, ele a explicou assim: "Nossas obras sociais são a conse-qüência natural do salvacionismo, ou melhor, do cristianismo conforme instituído, descrito, proclamado e exemplificado na vida, no ensinamento e no sacrifício de Jesus Cristo. O trabalho social, no espírito e na prática que assumiu em

[3]*In darkest England and the way out*, Tyler & Company, ed. americana, 1942, prefácio.

[4]Como informa o *Longman dictionary of English language and culture*, "parte leste de Londres, a norte do Tâmisa [...] muito conhecida pela pobreza e que abriga a classe operária. Novas indústrias e casas caras adquiridas pelos ricos na região têm mudado em dias atuais sua condição histórica". (N. do E.)

nosso meio, harmoniza-se com minha idéia pessoal da verdadeira religião desde o momento em que prometi obediência aos mandamentos de Deus".[5] A "idéia pessoal de Booth da religião verdadeira" — posteriormente sintetizada no *slogan* "sopa, sabão e salvação" — foi alvo de censura tanto por parte dos críticos religiosos quanto dos seculares. Os membros das igrejas tradicionais não ocultavam a irritação diante do que lhes parecia inconveniente e sensacionalista: bandas marchando, músicas populares com letras adaptadas ao evangelho, cultos ao ar livre, reuniões de oração improvisadas em bares e bordéis. Os líderes seculares sentiam-se constrangidos com a incessante exposição de Booth das condições de penúria em que viviam os integrantes de sua "comunidade", exposição esta que sempre resultava em pressão para que as autoridades tomassem alguma providência.

Para os defensores do *status quo*, os argumentos religiosos de Booth em prol da conscientização social contrariavam as explicações "científicas" segundo as quais os menos-afortunados deviam ser ignorados. A campanha do Exército nos cortiços londrinos ocorreu cerca de seis anos depois da publicação de *A origem das espécies*, de Charles Darwin. De acordo com os teóricos sociais da classe alta, as idéias de Darwin advogavam a existência de uma lei natural que justificava a indiferença dos ricos em relação aos pobres. Chamavam essa lei de darwinismo social. Não seria a luta do pobre apenas mais um exemplo da natureza agindo sobre os menos aptos à sobrevivência? Interferir no grande plano da natureza, portanto, seria o mesmo que ameaçar a evolução das espécies.

A concepção de Booth do grande plano era outra. Ele e outros adeptos dessa visão mais ampla acabaram prevalecendo.

[5]Robert SANDALL, *The history of The Salvation Army*, Thomas Nelson and Sons, 1947, 1950, 1955, 1968, v. 3, p. xi.

Os historiadores referem-se com freqüência a esse período como um dos que mais sofreram a influência do "evangelho social" e do "cristianismo vigoroso", em que os crentes eram desafiados a exercer a fé na graça salvadora de Deus não somente nos bancos confortáveis e seguros da igreja, mas também nas esquinas das ruas e nos casebres miseráveis, onde se escondiam os pobres e desamparados. O que veio depois disso — sobretudo nos Estados Unidos — foi meio século de movimentos progressistas e de reformas, cujo objetivo era alcançar o equilíbrio entre responsabilidade social e oportunidade individual.

A teologia dos salvacionistas[6] hoje é conhecida pela maior parte das principais denominações cristãs. Ainda somos bem

[6]Os salvacionistas — oficiais e leigos que formam a base da igreja do Exército de Salvação — subscrevem as onze doutrinas de fé explicitadas abaixo:

> Cremos que as Escrituras do Velho e Novo Testamento foram dadas por inspiração de Deus e que somente elas constituem a regra divina da fé e prática cristãs.
>
> Cremos na existência de um único Deus, infinitamente perfeito, Criador, Preservador e Governador de todas as coisas e único objetivo legítimo do culto religioso.
>
> Cremos que há três pessoas na Divindade — Pai, Filho e Espírito Santo — indivisíveis em Sua essência e iguais em poder e glória.
>
> Cremos que na pessoa de Jesus Cristo acham-se unidas as naturezas divina e humana, de modo que Ele é verdadeira e propriamente Deus e verdadeira e propriamente homem.
>
> Cremos que nossos primeiros pais foram criados em estado de inocência, porém, pela sua desobediência, perderam sua pureza e felicidade; e que, em conseqüência de sua queda, todos os homens tornaram-se pecadores, totalmente depravados, e como tais incorrem com justiça na ira de Deus.
>
> Cremos que o Senhor Jesus Cristo tem, por Seu sofrimento e Sua morte, feito expiação pelo mundo inteiro, para que todo aquele que quiser possa ser salvo.
>
> Cremos que o arrependimento para com Deus, a fé em nosso Senhor Jesus Cristo e a regeneração pelo Espírito Santo são necessários para a salvação. *(continua...)*

parecidos com os metodistas, de quem William e Catherine Booth receberam a primeira instrução religiosa. Compartilhamos com os quacres, que cederam ao casal Booth parte de suas instalações para as primeiras reuniões públicas do Exército, a preferência pela observância simples e espontânea da fé.

Os primeiros cultos do Exército foram descritos como "simples e amigáveis: todos eram bem-vindos, não havia bancos reservados e ninguém olhava com ar de censura para os que porventura não estivessem trajando a roupa de domingo".[7]

Simples e amigável é expressão que ainda soa bem. Nossos oficiais firmam um pacto de vida com o Exército, declarando compromisso com os princípios e convicções cristãos. Eles e os outros membros da família salvacionista acolhem com entusiasmo os interessados em nossas doutrinas religiosas. Todos os que fazem parte de algum de nossos programas de reabilitação são convidados a participar do aconselhamento espiritual. Mas não laçamos as pessoas pelo pescoço pregando que elas têm de ser submissas.

A fé religiosa não é pré-requisito para admissão em nenhum de nossos programas de assistência social. Não é requisito obrigatório na maior parte dos postos não-uniformizados

Cremos que somos justificados pela graça, mediante a fé em nosso Senhor Jesus Cristo, e que todo aquele que crê tem o testemunho em si mesmo.

Cremos que a continuação no estado de salvação depende da fé obediente e contínua em Cristo.

Cremos que é privilégio de todos os crentes serem santificados em tudo, e que seu espírito, alma e corpo podem ser conservados íntegros e irrepreensíveis até a vinda de nosso Senhor Jesus Cristo.

Cremos na imortalidade da alma, na ressurreição do corpo, no juízo final, na felicidade eterna dos justos e no castigo eterno dos maus.

[7]Stephen BROOK, *God's Army:* the story of The Salvation Army, Great Britain: Channel 4 Books, 1998, p. 16.

do Exército. Também não é obrigatória a voluntários e doadores, muitos dos quais nos chegam de fora do círculo cristão ou sem nenhuma orientação religiosa específica. Nos lugares em que temos convênios com agências do governo para aconselhamento em processo correcional ou de recuperação, normalmente discutimos e negociamos a questão do "proselitismo", contanto que as diretrizes do programa não nos obriguem a negar nossa identidade.

Sem o propósito espiritual, seríamos apenas mais uma organização com ambições na esfera do serviço social. Por outro lado, se não tivéssemos a determinação de atender às necessidades humanas onde quer que se encontrem, não passaríamos de mais uma denominação cristã tradicional. O fator de ligação dos diversos elementos que nos caracterizam é nossa crença de que a defesa mais convincente que podemos fazer da necessidade de relacionamento com Deus decorre diretamente do exemplo textual de Jesus. Cuidamos dos que sofrem sem discriminação e procuramos despertar neles esse mesmo compromisso e espírito solidário.

Lembra-se do que disse o ex-funcionário da Casa Branca, Bill Rhatican, no capítulo anterior? Ele viu a "serenidade e paz interior" que as outras pessoas extraíam do aspecto espiritual da recuperação e desejava o mesmo para si. Quem não inclui a paz interior como um dos anseios da vida? Mas quantas empresas se organizam com o objetivo de torná-la possível?

O Exército de Salvação investe seu dinheiro e o talento de sua gente em todo tipo de programa: operações de gerenciamento de moradias, serviços de alimentação, treinamento profissional e administração de lojas de varejo. Nosso principal negócio, porém, consiste em facilitar a mudança em conformidade com os valores eternos. Uma vez que são de fato eternos e universais, esses valores aplicam-se a todas as pessoas, independentemente de onde trabalhem ou de como contabilizem seus lucros. São valores que transcendem os objetivos dos indivíduos e as estratégias das organizações. Até onde, então, pode uma pessoa ou uma organização chegar se não levar em conta esses valores mais profundos, adequando a eles seus empreendimentos?

Peter Drucker observou a frustração de muitos jovens executivos de empresas com fins lucrativos diante da falta de oportunidade de se dedicar a trabalhos que supram as necessidades profundas e os recompense de outras formas, em nada relacionadas com dinheiro nem *status*. Os alunos dos programas de formação de executivos de Peter Drucker provêm de todos os setores empresariais: bancos, seguradoras, grandes varejistas, montadoras e empresas de novas tecnologias. Esses jovens profissionais estão sendo preparados para postos importantes nas empresas em que trabalham, as quais por sua vez os escolhem a dedo para os programas de Drucker. O perito em administração descobriu que vários desses executivos dinâmicos participam voluntariamente de programas sem fins lucrativos, dedicando grande parte do tempo livre a igrejas, ao grupo das bandeirantes ou à orquestra sinfônica local.

"Quando lhes pergunto a razão disso", diz Drucker, "muitos dão a mesma resposta: 'Porque no meu trabalho não tenho muitos desafios, não me realizo quanto gostaria e tenho menos responsabilidades do que gostaria de ter; não há missão, apenas interesses'".[8]

Uma empresa cuja missão não leva em conta o compromisso com as necessidades espirituais mais profundas dos seres humanos não atende ao anseio por sentido na vida. Talvez você seja "subornado" (a expressão é de Drucker) por um alto salário ou por um título de executivo. Mas, em vez de se

[8]*Peter Drucker on the profession of management*, Harvard Business Review, 1963, p. 131.

empenhar decisivamente no que lhe é importante, você fica imobilizado por processos de manipulação, girando em torno de relatórios e hierarquias do organograma da empresa enquanto aguarda para ser vencido pelas forças de mudança.

Se as outras organizações não virem em nós nada que desejem imitar, que levem pelo menos uma sugestão: não basta simplesmente deixar de negar o impulso espiritual para fazer o que tem de ser feito no mundo real, e só haverá ganho se esse impulso for levado em consideração e posto em prática. A ligação espiritual é uma fonte de energia que se renova a todo instante. O Exército de Salvação funciona com essa energia. Agora imagine a vantagem de usufruir dessa mesma fonte para objetivos bem menos ambiciosos que salvar o mundo.

Nós, do Exército, podemos dizer com muita propriedade que as necessidades impulsionam as pessoas a fazer escolhas transformadoras de vida. O número de cadetes em nossas salas de aula é prova disso. O mesmo aplica-se aos profissionais que nos procuram em busca de trabalho voluntário ou de emprego. São indivíduos dotados de habilidades que jamais poderíamos conseguir de outra forma. É o caso, por exemplo, de Carol Jaudes.

Carol Dilley Jaudes é atriz e membro leigo do Exército de Salvação desde 1990. De 1994 a 1998, fez parte do elenco nova-iorquino da peça *Cats*, um dos espetáculos que mais tempo ficaram em cartaz na história da Broadway. Desde 1980, nunca lhe faltou oportunidade de atuar, coisa rara nessa profissão. Como atriz do teatro nova-iorquino, Carol valia-se dessa ligação prestigiosa nos ensaios de que participava já pensando no passo seguinte de sua carreira. Foi então que, na véspera do Natal de 1998, recebeu um telefonema de um oficial que conhecera na sede do Território Leste. Será que ela estaria disposta a desenvolver um ministério de teatro em tempo integral no Exército?

"Jamais me ocorrera uma coisa desse tipo", diz ela. "Quando, porém, toquei no assunto com minhas amigas do teatro, elas compreenderam perfeitamente por que essa possibilidade me fascinava. O mais curioso é que elas foram mais compreensivas do que meus outros amigos fora da classe artística, que não paravam de me perguntar o que ocorrera comigo para pensar em abandonar um programa da Broadway.

"As dez mulheres com quem eu dividia o camarim do teatro eram minhas melhores amigas. Das dez, apenas uma era cristã. No entanto, elas compreenderam imediatamente o que me motivava a pegar meus dezoito anos de formação e experiência, a paixão pela arte, e aplicá-los em algo que fizesse diferença na vida das pessoas."[9]

Carol deixou a Broadway e começou a montar uma companhia de teatro para o Exército. No verão de 2001, estava às voltas com o primeiro conservatório de artes dramáticas de seu grupo, cujo propósito era preparar atores de outras unidades do Exército, de modo que estes retornassem a sua cidade de origem e ali promovessem esse ministério.

"Pouco depois que deixei a Broadway e iniciei meu novo trabalho", diz Carol, "voltei ao teatro para visitar minhas colegas. Quando me preparava para ir embora, uma das meninas me disse: 'Fico muito contente em saber que com o seu trabalho você pode ajudar na cura das pessoas'. Até então, eu ainda não tinha pensado nessa palavra. Mas era isso mesmo, existe um potencial de cura no que faço agora".

Parece que pessoas como as colegas de teatro de Carol Jaudes mais do que nunca estão inclinadas a identificar-se com a necessidade de investir talento e paixão a serviço do próximo. Talvez porque o contraste entre o que necessitam na própria vida e o que obtêm com o trabalho nunca foi tão evidente. A

[9]Entrevista de Carol Jaudes a Ben Brown.

capitã Dorothy McBride, ex-oficial da Força Aérea, assinala que "Existe um movimento muito forte atualmente em prol da simplificação da vida, da satisfação das necessidades pessoais com sobriedade e de se reservar o que sobeja para ajudar os outros. Existe a consciência de que o excesso de materialismo pode levar à insanidade. Um estilo de vida mais simples é bom para o bem-estar espiritual e emocional".

Um dos motivos da mudança observada é o envelhecimento da geração que mais inspirou tendências em toda a história dos EUA, os *baby-boomers*.[10] Eles estão entrando naquela fase em que todos se perguntam qual a razão de ser da vida. A separação das intenções pessoais e das prioridades espirituais em esferas distintas, característica dessa geração, está ruindo.

Além disso, nos últimos anos as mudanças bruscas na chamada "nova economia", provocadas por negócios vinculados à Internet, criaram, se não um novo grupo de indivíduos crentes, pelo menos um grupo de interessados ativos. Jovens empreendedores, munidos do produto certo no momento certo, ganharam bilhões, mas ficaram com a impressão de que algo importante lhes escapou. Muitos outros investiram tudo o que tinham na vida para construir empresas e carreira que foram à falência assim que os investidores abandonaram o setor tecnológico em 2000, o que acarretou uma série de indagações sobre o significado de tudo.

O fato é que, no início do novo milênio, há mais discussão acerca de questões espirituais entre as pessoas que se consideram cultas e sofisticadas do que em qualquer outra época recente.

[10]Indivíduos nascidos nos vinte anos imediatamente pós-guerra nos EUA, sobretudo na década de 1950, posteriores à Segunda Grande Guerra, período que se caracterizou por um grande número de nascimentos. (N. do T.)

Hoje em dia, por exemplo, a terapia espiritual associada ao tratamento médico é cada vez mais comum.[11] As pesquisas indicam que os pacientes se sentem melhor, ficam curados mais rápido e vivem mais quando se identificam fortemente com as tradições religiosas. A meditação e a oração estão se tornando cada vez mais comuns como auxiliares na recuperação de doentes com problemas cardíacos e dores crônicas. As escolas de medicina passaram a incluir cursos sobre espiritualidade em seus currículos.

Livros de temática espiritual como *Conversations with God* [*Conversas com Deus*] e *Tuesdays with Morrie* [*Terças-feiras com Morrie*] permanecem durante longo tempo na lista dos mais vendidos. As revistas e os jornais que até há alguns anos deixavam para as seções religiosas histórias como as que reproduzimos aqui agora parecem interessados em saber como as pessoas que têm convicções religiosas as aplicam nos ambientes social e dos negócios. O fato é que a cultura americana sempre foi e continua sendo um caldeirão de busca espiritual. Essa energia inquiridora, cremos, é mais um indício de que há em todos nós um impulso universal para a ligação espiritual. Nosso papel — e o de outras organizações desejosas de experimentar resultados semelhantes e desfrutar igual fidelidade de seus clientes e funcionários — consiste em proporcionar um ambiente em que essa busca seja respeitada e recompensada.

A perspectiva espiritual que defendemos coincide quase totalmente com a concepção da natureza humana que é a base

[11]Uma análise sucinta do "fator fé" na cura aparece em *Shopping for faith: American religion in the new millennium*, de Richard Cimino e Don Lattin (Jossey-Bass). Os autores incluíram nela os dados coligidos em uma pesquisa realizada em 1996 com os membros da American Academy of Family Physicians, segundo a qual "um surpreendente percentual de 99% [dos entrevistados] acreditam que a fé religiosa coopera de maneira decisiva na recuperação de pacientes em tratamento" (p. 45).

das teorias modernas de administração centradas em princípios e pessoas. Acreditamos que Deus criou os seres humanos para ser criaturas amorosas e criativas. Eles aprendem, adaptam, mudam e ajudam os outros a fazer o mesmo. Na verdade, precisam fazer isso para se sentirem parte de seu entorno e realizados em seu trabalho. Uma vez que as pessoas se sentem mais felizes quando ligadas a um propósito que transcende o mero acúmulo de dinheiro e de outros bens materiais, é natural que prefiram um trabalho desafiador e gratificante que pague menos a outro tedioso, sem perspectiva de realização pessoal e mais bem remunerado. Diante disso, todo administrador deve estar consciente do que deve fazer para sua organização alcançar os níveis mais elevados de eficiência: criar e conservar um ambiente desafiador e gratificante.

Uma vez que o Exército de Salvação não tem como pagar os indivíduos por um trabalho que eles não têm interesse em realizar, para conseguirmos fazer tudo o que tem de ser feito em qualquer local temos de contar com líderes que saibam construir esses ambientes de trabalho. É o caso, por exemplo, de Irene De Anda Lewis, diretora de nosso Complexo Salvacionista para Jovens e Centro Comunitário na área de Pico Union, em Los Angeles.

Inaugurado há cinqüenta anos, o centro comunitário localiza-se no centro de uma das áreas mais pobres e mais densamente povoadas do oeste dos EUA. A maior parte dos moradores compõe-se de imigrantes latinos e coreanos, muitos dos quais lutam com dificuldade para se manter com rendas baixíssimas. As gangues são uma ameaça constante à segurança da região. A violência nas ruas é corriqueira.

Contudo, há dez anos à frente do centro, Irene fez dele um local seguro, onde os moradores podem divertir-se e estudar. Mais de quatro mil crianças e adultos de Pico Union são membros do centro. Há programas ininterruptos durante todo o dia no centro educacional, na piscina interna, no ginásio de esportes e no campo de futebol. Cerca de 120 pessoas participam do clube de caratê; trezentas crianças estão matriculadas na companhia de teatro, adquirindo formação profissional; além disso, as instalações — de aproximadamente um quarteirão, e mais um novo anexo em construção — tornaram-se sede de quase todos os clubes e atividades comunitárias da região. A polícia e a prefeitura dão todo apoio ao centro. Amigos do setor privado e de organizações e fundações sem fins lucrativos contribuem generosamente, de modo que o Exército tem de contribuir com apenas cerca de 117 mil dólares de um orçamento anual total de 750 mil dólares.

Irene dirige o centro assessorada por uma equipe de 23 pessoas trabalhando em tempo integral e quinze voluntários fixos. O rodízio dentro da equipe é praticamente nulo. Há pessoas que estão ali há mais de vinte anos. Dentre os volun-tários, uma adolescente que cresceu na região e sempre participou das atividades do centro até se mudar para outra área da cidade gasta uma hora de casa até o centro para doar parte de seu tempo às crianças.

O que explica a lealdade e o entusiasmo dos membros e trabalhadores do Complexo Salvacionista de Los Angeles? Tem de ter alguma relação com o estilo de gestão de Irene.

"Quando vim para cá", diz ela, "tínhamos um organograma bem tradicional, do tipo que o nome da diretora aparece bem em cima, depois os nomes das pessoas que se reportam a ela, em seguida os voluntários e, por último, lá embaixo, todas as pessoas da comunidade.

"Eu disse: 'Por que não viramos isso de cabeça para baixo? Vamos colocar a comunidade na parte de cima, depois os funcionários e os voluntários e, por fim, a diretora na parte de baixo. Vamos ver o que a comunidade quer, depois vocês me dizem o que querem que eu faça'.

"Minha equipe me disse que podia tomar conta de todas as operações diárias do centro. Os membros da equipe queriam que eu fosse até a comunidade, ouvisse o que as pessoas tinham a dizer e criasse vínculos com elas. Foi o que fiz. Fui ao departamento de polícia e ao gabinete do prefeito; fui a clubes, fundações e organizações da vizinhança. Daí saíram os programas que a comunidade queria, bem como todas as parcerias com os grupos que nos ajudam."[12]

"Meu papel", diz Irene, "não é gerenciar minuciosamente o centro. Procuro delegar poderes ao pessoal para eu ficar livre para fazer o que preciso".

Manter todos os programas em funcionamento, expandir continuamente o papel comunitário do centro, tudo isso exige muito esforço, diz Irene. No entanto, a recompensa para ela e para sua equipe é incomparável. "Vemos a vida das pessoas transformar-se", diz. "Isso compensa todo o esforço. Sem esse centro, as crianças cresceriam num lugar sem nenhuma segurança."

Compare essa estratégia com a gestão de uma empresa em que os trabalhadores são recompensados de acordo com uma estratégia vinda das tradições "administrativas científicas" surgidas na mesma era industrial que deu origem ao Exército. Em vez de integrar o trabalho a um propósito transcendente, esperava-se dos trabalhadores que se integrassem às máquinas. Pouco importava a apatia que sentiam em relação ao trabalho e ao produto que só ficaria pronto na extremidade distante de uma extensa linha de produção. A obrigação deles era concentrar-se exclusivamente no trabalho que tinham à frente. Não passavam de engrenagens de uma enorme roda, peças de máquinas moldadas e mantidas por um tipo de gerente sempre à cata de peças defeituosas a ser consertadas ou substituídas.

[12]Entrevista de Irene Lewis a Ben Brown.

Trata-se de uma concepção que, embora tenha sido abrandada na era pós-industrial, persiste em todos os setores da economia. "A maioria das empresas tem gerentes demais e líderes de menos", observam os professores Gary Hamel e C. K. Prahalad. "Pode-se dizer que na maioria das sedes de empresas dedica-se esforço muito maior no exercício do controle do que na consolidação da direção".[13] Basta percorrer os inúmeros cubículos de qualquer empresa de grande porte para ver a grande quantidade de tiras do "Dilbert" recortadas dos jornais e fixadas pelos empregados nos escritórios. A falta de entrosamento entre gerentes e empregados e a desconfiança em relação às intenções de um e de outro saltam à vista.

Os líderes dotados de perspectiva espiritual não encaram os clientes como se fossem dados demográficos a ser manipulados, tampouco consideram os empregados recursos a ser alocados. Uma vez que todos estamos ligados por um elo espiritual comum, pela predisposição humana de agir em conformidade com um propósito transcendente, somos todos parceiros em qualquer empreendimento a que emprestamos nossas energias. Os líderes têm como responsabilidade manter a convicção desse propósito sempre clara a fim de que esteja visível o tempo todo. É esse propósito, essa missão maior, que inspira confiança nos clientes e dinamiza o desempenho dos trabalhadores.

Encarando a missão dessa forma, os líderes não desperdiçam energia obcecados pelo controle. O trabalho terá como objetivo criar possibilidades, derrubar barreiras que impedem seu pessoal de desenvolver novos métodos criativos para a missão que lhes foi confiada. Assim como Irene Lewis, serão capacitadores.

[13]*Competindo pelo futuro*, Rio de Janeiro: Campus, 1998.

Até quando trabalhamos com pessoas em situação de extrema carência, não as deixamos estagnadas numa situação de alvos permanentes dos serviços. Queremos ajudá-las a migrar da dependência para a independência, da impotência para a esperança. E por não considerá-las apenas clientes, mas, sim, parceiras potenciais de um mesmo propósito, estamos sempre em busca de talentos que possamos incentivar e desenvolver, de forma que esses assistidos se transformem em participantes plenos dessa comunidade beneficente.

Assumimos literalmente essa idéia de parceria. Muitos dos residentes de nossos centros de reabilitação trabalham meio período conosco como parte do processo de recuperação. Alguns vêm a ser funcionários nossos; outros passam a vida toda como voluntários. Alguns até se tornam oficiais.

Em todos os nossos programas, podemos encontrar alguém entre nós que já se sentou onde hoje se sentam aqueles que necessitam de nossa atenção. Há programas dirigidos totalmente por antigos pacientes nossos. Portanto, não há dúvida alguma de que nossa expectativa em relação àqueles que nos procuram é plenamente justificada. "Vejam", dizemos, "todas essas pessoas reconstruíram a vida graças a esse programa. O que podemos dizer que elas já não tenham ouvido — ou vivido? A própria presença delas não confirma nossa esperança em vocês?".

Nossa expectativa é bem grande, por isso nossas exigências são também muito grandes. Mas o ambiente em que as desenvolvemos é exatamente oposto àquele em que o indivíduo é mera engrenagem do sistema. Quando as pessoas se enxergam dessa forma — e são lideradas assim —, quando não passam de peças do maquinário, qualquer diretriz ou procedimento que *eles*, os administradores, impuserem parecerá uma simples tentativa de lubrificar a peça e suprimir a criatividade e a individualidade humana.

Por outro lado, quando se acredita, como é o nosso caso, que todos os seres humanos desejam acima de tudo vincular-se a um propósito mais elevado, é natural planejar a estratégia da organização com o objetivo de facilitar a realização desse anseio. Quando todos compartilham do propósito que *todos nós* temos em mente, as diretrizes elaboradas com o objetivo de dinamizar nosso projeto e acelerar seus efeitos passarão a ser vistas como meios de capacitação, não de restrição.

Nossos centros de reabilitação de adultos são internatos porque preferimos ter os pacientes nessa condição por pelo menos cerca de seis meses. Entre as regras que as pessoas são obrigadas a seguir destacam-se abstinência total, freqüência às sessões de aconselhamento individual ou em grupo, participação em algum tipo de projeto abrangente de treinamento técnico ou de educação formal, além da observância fiel dos deveres a ser cumpridos no centro.

Todas essas regras restringem radicalmente as opções dos pacientes, principalmente levando em conta o tipo de vida que levavam nas ruas antes de chegarem a nós. Cada regra, porém, é importante para preservar a comunidade e manter o sistema, que em última análise proporciona libertação da dependência das drogas e do álcool. Ao concordarem com as restrições e a disciplina impostas, as pessoas recuperam a vida que haviam perdido.

Os oficiais do Exército de Salvação também obedecem a uma série de regras que vão muito além do pacto de fé e da promessa de levar uma vida exemplar. Não podem casar-se com uma pessoa que não concorde em ser oficial também. Têm de usar uniforme. Têm de ir aonde o Exército lhes envia e morar em acomodações fornecidas pelo Exército. Contudo, eles aceitam as restrições uma vez que compreendem as diretrizes como apoio para o que lhes motivou o ingresso no Exército: salvação de almas e serviço ao próximo.

Não são as regras que importam, mas, sim, a missão. As regras só funcionam se estiverem claramente de acordo com um propósito superior visível de todas as perspectivas da organização. Os princípios são o que importa de fato.

O conceito de que uma organização precisa criar e refinar suas operações de acordo com uma *grande idéia* parece não ser intuitivo para muitos homens de negócios. Sua primeira preocupação é o produto ou serviço que pretendem oferecer. Depois, planejam as estratégias que permitirão produzi-lo e as diretrizes que tornarão eficientes essas estratégias. A produtividade é maior, acreditam, quando todo o sistema é pressionado para eliminar o desperdício e aumentar a produção.

Mas, quando as pessoas são impulsionadas por uma necessidade intrínseca de se vincular a um propósito maior do que elas mesmas, qualquer sistema que não lhes dê essa oportunidade está fadado a ter problemas. Quando se exige produtividade a todo custo, sem proporcionar ao mesmo tempo o incentivo de um propósito maior, as pessoas não dão o melhor de si. Simplesmente deixam as coisas acontecer, preocupam-se apenas com seu "lado" e só fazem o mínimo. Isso pode acarretar a ruína de toda a operação.

Construir uma organização fundamentada em valores essenciais que todos compreendam e nos quais acreditem, valores que transcendam o propósito estreito de gerar riqueza para os investidores, é indispensável para o sucesso amplo de qualquer empreendimento. Dizemos isso como organização religiosa que começou com uma idéia e gerou uma estrutura global que lhe dá sustentação e a faz crescer há mais de 135 anos. Nossa fé na gestão alicerçada em princípios é extensão de nossa teologia. Contudo, uma vez que estamos falando de valores universais, não é preciso começar onde começamos para chegar à mesma conclusão.

Um dos autores e consultores mais conhecidos na área de mudança pessoal e organizacional, Stephen R. Covey, defende "a idéia básica segundo a qual há *princípios* que regem a eficiência humana: leis naturais próprias da dimensão humana, tão reais, imutáveis e inquestionáveis quanto leis como, por exemplo, da gravidade, no mundo físico".[14]

Thomas J. Peters e Robert H. Waterman Jr., que em 1982 lançaram *In search of excellence: lessons from America's best-run companies* [*Em busca da excelência: lições das empresas mais bem organizadas dos Estados Unidos*], chamaram a atenção de líderes empresariais para a gestão baseada em valores: "Toda empresa excelente que estudamos sabe com muita clareza o que pretende e leva a sério o processo de construção de valores. Na verdade, cremos que é impossível uma empresa atingir a excelência se não tiver bem claros diante de si os valores pelos quais pretende nortear-se".[15]

No prefácio à edição de bolso de *Feitas para durar: hábitos vitoriosos de empresas visionárias*, Jim Collins e Jerry Porras dizem a que atribuem o sucesso de seu livro de 1994: "Conhecemos executivos do mundo todo que sonham em criar algo maior e mais duradouro que eles mesmos — uma instituição permanente calcada num conjunto de valores fundamentais que não se desgastem com o tempo, cujo propósito não se limite apenas à geração de dinheiro e resista ao teste do tempo graças à capacidade de se renovar continuamente de dentro para fora".[16]

Quem procura um líder de empresa comercial que conseguiu construir uma companhia com esses pressupostos deve analisar o caso de Charles Brewer, fundador da MindSpring, provedor de serviços na Internet. Em 1993, Brewer, mestre

[14] *Os 7 hábitos das pessoas altamente eficazes*, São Paulo: Círculo do Livro, 1993.

[15] *Vencendo a crise*, São Paulo: Harper & Row do Brasil, 1983.

[16] Rio de Janeiro: Rocco, 1995.

em administração pela Universidade de Stanford, cansado de trabalhar nos ambientes das firmas, que considerava nocivos, sentou-se e colocou no papel um conjunto de nove valores e convicções, que, segundo ele, devem nortear qualquer empresa. Ele não sabia em que tipo de negócio ia se envolver, que produto fabricaria, nem mesmo onde ia abrir seu negócio. Apesar disso, decidiu que esses nove princípios seriam invioláveis:

1. Respeitamos o indivíduo e cremos que, se for tratado com respeito e se lhe forem atribuídas responsabilidades, ele retribuirá com o melhor de si.
2. Exigimos honestidade e integridade absolutas em tudo o que fazemos.
3. Nossos compromissos são firmados com cautela e fazemos de tudo para cumpri-los. Em tudo o que fazemos, sempre cumprimos o que prometemos.
4. O trabalho é parte importante da vida, portanto deve ser prazeroso. Ser um bom executivo não significa ser formal e maçante.
5. Somos cautelosos. Poupamos e conservamos os recursos da empresa com no mínimo a mesma diligência que empregamos para poupar e conservar nossos recursos pessoais.
6. Insistimos em dar o melhor de nós em tudo o que fazemos. Além disso, há para nós uma grande diferença entre "erros sadios" (esforço máximo, resultado ruim) e "erros perversos" (desleixo ou falta de empenho).
7. Clareza em relação a nossa missão, a nossos objetivos e em relação ao que esperamos uns dos outros é de fundamental importância para o sucesso da empresa.

8. Acreditamos na regra áurea. Em todos os nossos negócios, sempre nos empenharemos para ser amigáveis e corteses, bem como justos e compassivos.
9. Tudo o que diz respeito a nossos clientes é matéria de urgência para nós. Conhecemos seus problemas e estamos sempre abertos para discussão. Somos uma empresa voltada para o cliente.

Quando Brewer fundou a MindSpring, mandou imprimir nos cartões de visita da empresa esses nove pontos, publicou-os também em seu *site*, convidando funcionários e clientes a cobrarem dele e da MindSpring o cumprimento dos nove pontos. Brewer contratou gente que acreditou em suas idéias e tomou decisões estratégicas com base nelas.

No final de 1998, a MindSpring havia passado de 32 clientes em Atlanta para mais de meio milhão em todo o país; sua mão-de-obra, que consistia em apenas um funcionário — Charles Brewer —, passou para 750; de um investimento inicial de 150 mil dólares chegou a receitas anuais de cerca de cem milhões de dólares.

A fama da MindSpring, conquistada à sombra da gigantesca AOL, era de uma empresa fiel a seus ideais. "Os clientes não a abandonam", disse um analista de ações em 1998. "As pessoas fazem fila para trabalhar lá. [Brewer] criou uma cultura empresarial e depois transportou-a com sucesso para a firma."[17]

A MindSpring fundiu-se com a EarthLink em 2000, assumiu o nome desta e passaram a ser o segundo maior provedor de Internet depois da AOL. Brewer atuou como presidente durante algum tempo, depois vendeu suas ações e saiu em busca de outra oportunidade. Não importava o que fosse fazer

[17] *The man behind MindSpring,* Ben Brown, edição da Georgia de *Sourthern Living,* Feb., 1999, 30 GL.

dali em diante, seria de acordo com os mesmos princípios que o levaram à fundação da MindSpring.

"Eu queria uma empresa que fosse diferente das outras existentes e melhor que elas", explica. "A única coisa em que se pode confiar é a filosofia, os valores interiores, porque tudo mais é passageiro. Os empregados vão e vêm. Portanto, a única coisa que pode de fato fazer diferença permanente é a filosofia de administração."

CAPÍTULO TRÊS

Envolva as pessoas em seu propósito

A vida de Kurt Weishaupt não apenas confirma a estimada crença dos americanos nas recompensas do trabalho árduo, mas também é uma ilustração notável da principal implicação de nossa *grande idéia:* parte de nossa necessidade intrínseca de seres humanos de nos ligar com algo maior que nós é a necessidade de nos ligar com outras pessoas e ajudá-las.

Weishaupt chegou aos EUA em 1941 como refugiado de guerra e sem nenhum dinheiro. Graças a seu talento empreendedor, sua perseverança e — de acordo com ele mesmo — a ajuda oportuna que recebeu de várias pessoas, Kurt construiu uma fortuna com comércio e importação de carimbos. Depois, dedicou-se à filantropia, doando tempo e dinheiro a várias instituições de caridade, entre elas o Exército de Salvação. Sua atuação à frente do Rotary em programas como o Dom da Vida e seu complementar, o Dom da Esperança, fundado por ele, financiou operações para crianças carentes em todo o mundo, além de contribuir com milhões de dólares para a aquisição de remédios e apoio a instalações médicas em outros países. Weishaupt também é membro permanente do nosso Conselho Consultivo Nacional.

Poucos se atreveriam a culpá-lo por não ter tido na vida muitas lições concretas de compaixão com as quais pudesse aprender algo. Alemão de origem judaica, nasceu em 1913 numa aldeia do interior, ao norte de Frankfurt. Pouco depois de completar vinte anos, Hitler subia ao poder na Alemanha. Em 1935, Weishaupt e um amigo foram espancados por patrulheiros da SS em frente a um restaurante de Frankfurt. Mudou-se em seguida para a Itália e depois para a França, quando estourou a Segunda Guerra Mundial, em 1939. Preso com outros refugiados, foi enviado para o norte da África, onde seria submetido a trabalho forçado.

Weishaupt, no entanto, escapou do trem de prisioneiros e, usando documentos falsificados, escondeu-se em cidades francesas, à espera de uma oportunidade que lhe permitisse encontrar de novo a mulher e, em seguida, alcançar um porto onde pudessem embarcar para os EUA. Ajudados por um padre francês, o casal conseguiu cruzar a fronteira da França com a Espanha, onde foram protegidos por outro conhecido que lhes financiou a passagem para Portugal.

Embora pudessem viajar de Lisboa para os EUA, não conseguiram porque o visto para o país exigia que tivessem quatro mil dólares. Numa derradeira tentativa, foram pedir ajuda a um tcheco que haviam conhecido um ano antes num restaurante de Nice. O tcheco havia se mudado para o Uruguai, mas eles o localizaram mesmo assim e, milagrosamente, graças a um único encontro num restaurante, conseguiram que ele lhes enviasse o dinheiro.

Houve muitos momentos, recorda-se Weishaupt, em que parecia que todas as esperanças estavam perdidas. Muitos encontros casuais acabaram determinando a mudança de vida. Foram inúmeras as vezes em que escapou por um triz. Um companheiro que andava ao lado dele na França foi detido pela polícia, preso e enviado à Polônia, onde foi executado. Os pais de Weishaupt morreram em campos de concentração. Mas ele e a mulher sobreviveram e recomeçaram a vida nos Estados Unidos.

"Creio", diz Weishaupt, "que todas essas muitas vezes em que nossa vida foi salva me incentivaram nesses últimos anos a, assim que conseguisse, retribuir todas as maravilhas que nos ocorreram pela vontade de Deus — a incrível ajuda recebida e as várias vezes que fomos salvos da morte certa".[1]

O que Weishaupt e milhões de outras pessoas tiveram de suportar na Europa oriental pouco antes da Segunda Guerra Mundial e durante todo o conflito poderia perfeitamente constituir forte argumento a favor do ceticismo do século XX. Entretanto, o que deixou Weishaupt perplexo e lhe transformou a vida não foi a prova de que o homem tinha potencial para atos desumanos em escala monstruosa, mas, sim, o oposto disso: a prova de que, mesmo nos momentos mais terríveis, a necessidade de ajudar o próximo não apenas persiste, mas também pode chegar a níveis heróicos. É isso que queremos dizer quando nos referimos à existência de princípios universais que permanecem válidos não importa de onde se venha nem pelo que se tenha passado. São princípios em sintonia com o propósito divino, o qual todos os seres humanos são chamados a reconhecer, integrando-o à vida. Kurt Weishaupt é a prova viva do poder desse impulso espiritual.

Weishaupt não é cristão, portanto não chegou a esse comprometimento pelo mesmo caminho teológico dos salvacionistas. Ele insiste em dizer que nem é religioso. Todavia, não apenas se sente compelido a usar sua influência e seus recursos para o benefício do próximo, mas também se sente grato por poder fazer isso. "Tenho mais de oitenta anos", diz, "e ajudar as pessoas tem sido uma das experiências mais gratificantes da minha vida".

[1]Entrevista de Kurt Weishaupt aos autores e discurso proferido em 1990 diante de uma platéia salvacionista.

É nesse ponto que nossa teoria e prática se cruzam. Cremos que qualquer que seja o propósito imaginado para nós mesmos, não terá sentido se não levar em consideração nem despertar os anseios humanos. Acreditamos ser o desejo de Deus que incluamos as pessoas em nosso propósito. Cremos também que o conselho se aplica a toda atividade humana, seja na igreja, seja na diretoria das empresas.

Toda organização, quer explicitamente, quer não, apresenta-se como provedora de serviços, oferecendo produtos ou processos que prometem tornar a vida mais fácil, mais feliz e mais bem preparada para enfrentar as adversidades. O resultado disso, seja qual for o mercado em que opere, depende totalmente das relações — do senso de comunidade — cultivadas dentro e fora de suas operações. Isso faz com que a obrigação de apoiar processos facilitadores e mantenedores de comunidades de assistência e a de eliminar os empecilhos que inibam o florescimento dessas comunidades tornem-se uma das principais responsabilidades dos líderes.[2]

Quando William e Catherine Booth iniciaram sua Missão Cristã na Londres vitoriana, não fizeram isso como revolucionários sociais, nem como fundadores de uma nova igreja — certamente também não foi como administradores da nova era. Eram evangelistas que se viam como missionários de uma religião estabelecida, capazes de recolher ao aprisco as almas desesperadas, para ajudá-las a recompor-se e a encontrar o rumo para uma vida melhor, depois encaminhando-as a igrejas que dariam continuidade ao fortalecimento de sua vida espiritual.

No momento que essa estratégia se mostrou ineficaz por causa da resistência das igrejas estabelecidas em aceitar os soldados

[2]Peter Drucker observa que "a organização é acima de tudo um instituto *social*. Seu propósito, portanto, consiste em tornar eficientes os pontos positivos das pessoas e irrelevantes suas fraquezas" (*The organization of the future*, p. 5).

de Booth e destes em ir aonde não eram bem-vindos, o casal Booth ficou sem alternativa. Tiveram de construir uma igreja — se não com torres e vitrais, pelo menos no sentido figurado, guiada por uma filosofia que atendesse ao caráter de inclusão do trabalho deles. Era preciso que isso acontecesse exatamente onde eles se encontravam, no leste de Londres, em bairros onde predominava situação desesperadora. Em virtude do cenário da época e da paixão missionária do casal, esse empreendimento teria de ser necessariamente radical.

Na era vitoriana, Londres alcançou o *status* de maior cidade do mundo, o que proporcionou um cenário verossímil para a conhecida ficção de Charles Dickens. Esse período foi verdadeiramente "a melhor e a pior das épocas", em que a economia industrial cresceu de forma extraordinária e o número de excluídos da população tornou-se cada vez mais evidente. O East End londrino dessa época era como uma "cidade à parte", nas palavras do general Frederick Coutts, que de 1963 a 1969 ocupou o posto mais alto do Exército e escreveu cerca de sete livros sobre a história da organização e seus princípios de serviço cristão. A região era "separada do restante da metrópole por uma muralha de pobreza tão ameaçadora que não era necessário soldado nenhum para vigiá-la".[3]

Cólera, varíola e outras doenças assolavam nas regiões onde havia ajuntamento de pessoas mal-alimentadas residindo em moradias precárias.[4] A embriaguez era comum, até entre as crianças pequenas. Os maus-tratos às crianças também eram freqüentes. "Era um quadro capaz de causar desespero em qualquer alma cristã", observa Coutts. Apesar disso, muitas instituições cristãs deram as costas à situação.

[3]*Bread for my neighbour:* the social influence of William Booth, London: Hodder and Stoughton, 1978, p. 31.

[4]Ibid., p. 33.

"Exceto aos domingos", escreve o jornalista inglês Richard Collier, "poucos pastores demonstravam fé no homem comum. Mais de seis mil deles deviam a existência a benfeitores particulares abonados. Alguns chegavam até a aprovar com entusiasmo o pouco espaço de que dispunha aquela gente para viver: 'assim podiam ficar bem juntas no inverno'".[5] "Booth", escreve Collier, "nada possuía além da convicção profunda que o animava: a certeza de que, em se tratando de pessoas, a igreja havia falhado".

Embora os esforços dos Booths para a criação de uma comunidade de assistência tenham começado na década de 1860, a conscientização pública mais ampla — na verdade, internacional — começou provavelmente com a publicação, em 1890, do livro *In darkest England and the way out* [*Nas mais profundas trevas da Inglaterra e como sair delas*]. Sucesso imediato, o livro saiu com o nome de Booth na capa, mas o texto talvez tenha sido encomendado a W. T. Stead, jornalista simpatizante do movimento. Não resta dúvida, porém, de que havia na obra o espírito inflamado de Booth. O livro era como que uma declaração de independência, distinguindo a missão do Exército de Salvação tanto da igreja estabelecida de então como da opinião pública predominante acerca das causas da pobreza. Advogava uma estratégia que enxergava o ser humano como um todo harmônico.

"É loucura achar que podemos fazer algo permanente, seja nas condições, seja nos costumes das classes miseráveis, se não houver mudança no homem como um todo, bem como em seu contexto de vida", escreveram Booth e Stead. "É nessa direção que pretendo conduzir meus esforços. Em muitos casos, serei bem-sucedido, em outros, não; todavia, mesmo falhando

[5]*The general next to God*, Fontana/ Collins, 1965 e 1976, p. 38.

nesse meu propósito último, terei pelo menos atendido às necessidades do corpo, e quem sabe até da alma, dos homens. Se não conseguir salvar os pais, darei aos filhos uma oportunidade melhor de vida."[6]

Para entender de que modo a experiência do Exército com essa integração objetiva pode servir de modelo para as demais organizações, analisaremos os efeitos que tiveram as escolhas de Booth, não somente no que se refere à associação do cristianismo evangélico ao serviço social, mas também ao modelo de gestão resultante do compromisso com um propósito transcendente. Distanciar o trabalho do Exército da infra-estrutura de apoio da igreja tradicional e da sociedade secular obrigou a uma série de decisões que fizeram de William Booth um administrador, gostando ou não.

Convencido de que a idéia do trabalho social "harmonizava-se com a [minha] idéia pessoal da religião verdadeira", Booth viu-se na contingência de erguer uma organização cujas estruturas se alicerçassem no movimento por ele deflagrado. Como estava decidido a ajudar pessoas que jamais recorreriam a um ministro em seus domínios tradicionais, restava-lhe apenas deslocar sua igreja para onde as pessoas estavam. E como planejava estabelecer essa organização à parte das fontes tradicionais de apoio, seria indispensável desenvolver um plano cuja influência se fizesse sentir em pelo menos duas direções: a dos necessitados, o alvo de seus serviços, e a dos soldados potenciais e daqueles que apoiavam seu trabalho, os quais constituiriam a mão-de-obra e os recursos necessários à missão.

Ninguém, em posição semelhante, encararia como positivas as limitações de escolha impostas pela pobreza, pelo menos enquanto passassem pela experiência. Não havia dinheiro para estudos de mercado. Para que o propósito por ele imaginado para seu Exército se concretizasse numa organização, as relações

[6] William BOOTH, *In darkest England and the way out*, prefácio.

entre estratégias e resultados teriam de ser extremamente óbvias. E nada era mais evidente do que a necessidade de transcender as velhas estratégias rumo a um novo "mercado" e a novas formas de obter fundos.

No tempo de Booth, as igrejas vitorianas estabelecidas estavam voltadas para si mesmas e tinham vínculos de classe e convenções que lhe tolhiam a visão do exterior e, em última análise, deixavam-nas à margem da revolução social que deviam ajudar a comandar. Essas igrejas favoreciam um ambiente de comunhão que reforçava a fé cômoda de seus membros, mas a ponte para a população miserável do leste londrino foi deixada para Booth e o Exército.

Atualmente, os líderes da maioria das organizações sabem muito bem que não se deve apregoar, ao menos em público, como faziam alguns líderes de igrejas da era vitoriana, que não é correto deixar-se "distrair", esquecendo-se das atividades internas para dar atenção à vida caótica que reina fora de suas organizações. Preocupar-se exclusivamente com diretrizes, processos e relações da empresa é um erro fatal. Afinal, a eficiência de qualquer organização depende do impacto que ela exerce no ambiente externo. Na verdade, a razão *única* de ser de qualquer organização consiste em obter resultados fora de suas quatro paredes, isto é, no mundo externo.[7]

[7]No final do século XIX, com o surgimento das grandes empresas, diz Peter Drucker: "administrar o interior das organizações tornou-se o grande desafio. Ninguém jamais fizera isso antes. Contudo, embora o pressuposto de que o domínio da administração se limitava ao interior da empresa fosse uma idéia sensata — ou pelo menos passível de explicação —, sua continuidade não fazia sentido. Contraria a função e a natureza da organização". O fato, conforme assinala Drucker num de seus "novos paradigmas" da profissão, é que a administração "é o órgão responsável pela capacitação, seja ela do tipo comercial, eclesiástico, universitário, hospitalar, seja mesmo um abrigo para mulheres em condições precárias, que lhe permite produzir resultados externos a seus domínios" (*Desafios gerenciais para o século 21*, São Paulo: Pioneira, 1999).

É fácil perceber como isso pode cair no esquecimento. À medida que a cultura de uma empresa amadurece, que seus processos ficam mais complexos e seu quadro de funcionários aumenta e se diversifica, a gerência sucumbe às estratégias criadas mais para satisfazer as necessidades internas das cotas de produção ou de lucros trimestrais do que os desafios colocados pelo mundo externo. Poucos da empresa têm contato pessoal com a clientela. Por isso, concentram-se em processos que acreditam ser bem-sucedidos, porque *foram* bem-sucedidos no passado e, portanto, darão bons resultados, desde que o dia de hoje e o de amanhã sejam exatamente iguais ao dia de ontem. Mas quem pode contar com isso?

No Exército de Salvação essa estratégia seria inadmissível. Nosso "mercado" de pessoas carentes muda e evolui o tempo todo. Os bairros se diversificam mais, o que nos obriga a pensar em soluções mais criativas para alcançar pessoas que falam uma língua diferente ou chegam até nós vindas de tradições culturais diferentes. De repente, onde a maioria se compunha de idosos necessitados de um tipo específico de serviço do Exército, agora há famílias de imigrantes, muitas delas com várias crianças pequenas, o que exige de nós estratégias de tratamento totalmente novas. Pode também acontecer o contrário. As comunidades amadurecem, aumentando a demanda de instalações e programas que se ocupem da população mais idosa. Se não dermos atenção às diversas mudanças por que passam nossos clientes e se não agirmos com base nelas, perderemos contato não somente com as pessoas a quem servimos, mas também com nossa missão. Os dois — pessoas e missão — estão entrelaçados e não podem ser separados.

Quando trabalhamos com um processo enxuto, ainda que tentados pelo sucesso a dividir em compartimentos as instâncias de decisão, fica mais fácil ter sempre em mente nosso verdadeiro propósito. Todavia, a maneira mais eficiente de não nos desviar de nossa missão é manter o foco nas pessoas dentro e fora da organização. Os clientes, funcionários e investidores nos dizem quais são suas necessidades, o que os estimula nos produtos e serviços e o que é preciso para conquistar e conservar a confiança deles.

Pode-se acusar Booth de ser um produto de sua época no que diz respeito a alguns elementos de seu estilo de administração, até sua preferência pelo estilo autocrático de tomada de decisão. Falaremos disso mais adiante. Não há dúvida, porém, de que ele lançou mão de uma estratégia importante e com amplas conseqüências no momento em que decidiu que o Exército estaria sempre próximo de seus "clientes" principais, sempre na linha de frente, nunca na retaguarda. É provável que a falta de recursos tenha facilitado essa decisão. Não havia dinheiro suficiente para uma retaguarda. Não demorou muito para se perceber a vantagem de situar as operações perto de seu público-alvo.

Uma das lições que aprendeu imediatamente, como disse Booth a seus contemporâneos, foi que certos hábitos antigos de sua profissão tinham de ser banidos. As técnicas de pregação que ele tanto admirava como evangelista de igreja tradicional, principalmente as que dependiam de um linguajar floreado ou de conceitos teológicos complexos, pouca utilidade teriam no leste londrino. Serviriam apenas para erguer mais uma barreira entre ele e aqueles que mais desejava alcançar. Muito mais eficazes eram as lições e os apelos que vinham dos próprios necessitados.

Os testemunhos — relatos de transformação em primeira pessoa —, apresentados timidamente por homens e mulheres não habituados a falar diante de multidões, logo calavam a reunião inquieta e ancoravam a mensagem de salvação na comunidade sofredora. A comunicação era instantânea.

De igual modo, Booth descobriu que uma das melhores maneiras de obter apoio externo era colocar possíveis patrocinadores em contato direto com as pessoas a quem o Exército servia. Ele acolhia os visitantes, muitos deles indivíduos de posses, e mostrava-lhes as cozinhas e os dormitórios precários. Recebia tanto os que defendiam quanto os que criticavam o movimento e fazia amigos na imprensa. A diminuição da distância entre beneficiários e benfeitores ajudou a diminuir as barreiras psicológicas da comunidade, o que permitiu a todos perceber mais facilmente os vínculos que os ligavam uns aos outros e as oportunidades que lhes permitiriam satisfazer a necessidade de servir. "Os que me visitam", disse Booth, "afirmam que é quase impossível visitar-me sem pensar em meios de aliviar o sofrimento das pessoas".[8]

Essa idéia de comunidade é crucial para nossa "teologia de serviço". Os seres humanos constituem uma família ligada a Deus. Somos verdadeiramente irmãos e irmãs, iguais na oportunidade de graça e de transformação. Quando atendemos ao chamado da reconciliação nessa família, vemos mais claramente os laços que nos unem e podemos desse modo começar a honrá-los e fortalecê-los.

Não faz sentido, portanto, comportarmo-nos diante de quem ajudamos como se estivéssemos simplesmente fazendo caridade em prol de uma classe menos afortunada ou, como administradores, comportarmo-nos diante de nossos colegas como se fôssemos mais dignos e mais privilegiados. Afinal, assumimos esses papéis temporariamente. No decorrer da vida, poderão inverter-se várias vezes. A necessidade avança e recua pelos

[8]Robert SANDALL, *The history of The Salvation Army*, Thomas Nelson and Sons, 1947, 1950, 1955, 1968, v. 1, p. 79.

fios que nos conectam, como os elétrons nos circuitos fechados. A verdade é que essa é uma missão conjunta.[9]

Não entender isso e deixar de apoiar essa concepção de comunidade sai caro para a organização em todos os níveis. Peter Drucker atribui essa deficiência a pelo menos duas razões por que "os negócios têm ido de mal a pior nos últimos vinte anos. A primeira se explica pela enorme discrepância entre os salários absurdos de quem ocupa altos cargos. Quando converso com meus alunos dos programas de gestão executiva — indivíduos da média gerência superior na faixa dos 45 anos —, observo que eles não apenas se acham isolados da alta gerência, mas também a desprezam. Sentem-se humilhados por causa da ganância dos altos escalões.

"Em segundo lugar, eles se queixam de que seus superiores não têm nenhum respeito pelo trabalho honesto. [Os gerentes mais graduados] tratam o engenheiro, o químico ou mesmo o vendedor como se fossem peões.

[9]A perspectiva salvacionista de comunidade deriva em parte do "pacto de responsabilidade social ordenado pelo Antigo Testamento, firmado por Jesus Cristo e concretizado na vocação de seus discípulos". É dessa forma que o coronel Phillip D. Needham, secretário-em-chefe do Território Oeste do Exército de Salvação e um de nossos teólogos mais zelosos, coloca a questão num ensaio de 1984. São palavras sem dúvida verdadeiras. "Dessa perspectiva", escreveu Needham, "é impossível encarar o serviço social como ato de caridade em prol dos menos afortunados. Em vez disso, deve ser entendido como um passo concreto rumo à materialização da nova realidade de reconciliação social trazida por Cristo. O serviço social ocorre no seio da nova família humana viabilizada por intermédio de Cristo. Não há nisso nenhum tipo de espírito de superioridade. Baseia-se no mais profundo respeito pelas pessoas como membros potenciais que são da família da fé". ("A contemporary theology of social service: toward a reintegration of the Salvationist mission", apresentado no Simpósio de Teologia do Serviço Social realizado no Catherine Booth Bible College, em Winnipeg, Manitoba, em 27 de maio de 1984.)

"As organizações que não vêem os indivíduos como fonte de recursos, mas, sim, como gente, criaturas criadas à imagem de Deus, desfrutam uma atmosfera muito diferente. Não é o caso de rotulá-las de 'espirituais', porque isso remete a matizes religiosos, também não se trata necessariamente de empresas desse tipo. Contudo, elas se vêem como comunidades, não apenas como entidades dotadas de folha de pagamentos."[10]

É claro que não deixamos de nos referir a essa sensibilidade como algo espiritual ou religioso, uma vez que essa é nossa base de operações. A linguagem, entretanto, é menos importante do que o compromisso. O fato de operarmos dessa forma permite ao Exército dispor de uma vantagem que promove resultados, e é isso que nos qualifica, no entender de Peter Drucker, como "capitalistas de risco". Todos são clientes e todos são sócios potenciais.

Vejamos um exemplo atual de como funciona a teoria da parceria comunitária. Temos uma creche na região de Dorchester, em Boston, que atende a cerca de quarenta pais de um bairro que é um verdadeiro campo de batalha urbano, no qual o crime e o analfabetismo ameaçam os esforços mais intensos dos cidadãos e das organizações. A comunidade tem uma extensa lista de necessidades, mais do que podemos suprir com nossos recursos limitados. Todavia, uma vez que estamos comprometidos com o enfoque de atender ao indivíduo como um todo, estamos decididos a fazer diferença cada vez maior na vida das famílias daquele lugar.

Uma das maneiras em que poderíamos lidar com esse problema seria, por exemplo, assumir o papel de especialistas em assistência social. Afinal, esse é um campo em que temos vasta experiência. Poderíamos recrutar alguns especialistas que

[10]Entrevista de Peter Drucker aos autores.

identificariam as necessidades mais urgentes, em seguida levantaríamos fundos e lançaríamos programas para atacar o que identificássemos como questões de alta prioridade — talvez com a ajuda de consultores externos ou com parceria governamental.

Entretanto, se não formos muito cautelosos com esse tipo de estratégia, acabaremos rotulando de vítimas as pessoas do bairro e de salvadores a nós mesmos. Esses papéis tendem a "pegar", de modo tal que, sem percebermos, a relação estabelecida passa a ser permanente. Nossa obrigação é fazer caridade o tempo todo; a parte de nossos clientes é precisar dela. Ressentimentos e frustrações crescem de ambos os lados, até que o dinheiro se acabe. Então voltamos aonde tudo começou, tendo pela frente dilemas aparentemente insolúveis, menos recursos e uma dose de descrença ainda maior da parte dos clientes e de investidores potenciais.

Não há dinheiro nem gente suficiente nas equipes, tampouco voluntários no mundo capazes de dar apoio a uma população permanente de salvadores e vítimas. Melhor é canalizar essa energia para uma estratégia que libere esses papéis e permita multiplicar os recursos que trazemos para o problema, pondo de lado o ceticismo e transformando os beneficiários dos nossos cuidados em doadores desses mesmos cuidados, o que nos leva à estratégia adotada pela equipe do Exército de Salvação em Dorchester.

Em 2000, o Exército deu início ao que Chris Hogan, responsável pelos serviços sociais do Exército naquela área, chamou de "diálogo com a comunidade". Os pais das crianças foram chamados ao centro e informados de que o Exército gostaria de conversar com cada um sobre a forma que os pais e os moradores do bairro encaravam os desafios que tinham pela frente.

Formou-se então uma equipe de especialistas que fazia visitas às casas, mas só quando convidados. Esses encontros eram na verdade um diálogo. "Saíamos de lá com um plano de ação", diz Hogan. "Não íamos para essas reuniões com um programa predeterminado. Durante uma hora e meia aproximadamente conversávamos sobre o que eles sabiam a respeito da comunidade, sobre como se viam como indivíduos e o que desejavam para sua família."[11]

As questões surgiam com muita naturalidade. Alguns pais, por exemplo, cujo expediente de trabalho começava antes do funcionamento da creche, queriam saber se era possível antecipar o horário de abertura. Não havia dinheiro para isso, foi o que nosso pessoal lhes disse. Isso, porém, não foi suficiente para que eles deixassem o assunto morrer. Quiseram depois saber se haveria alguma solução que não necessitasse de dinheiro ou que não exigisse a contratação de mais funcionários. Foi aberta a discussão. "Se refletirmos em conjunto", indagaram, "se pensarmos na contribuição que cada um de nós pode dar, não haverá um modo de atender às necessidades desses pais?".

Uma das mães propôs uma solução: cuidaria de algumas crianças até o horário de abertura da creche se os pais as deixassem na casa dela quando fossem para o trabalho. Ela as levaria depois à creche na hora de levar seus filhos.

"Quase imediatamente", diz Hogan, "essa mulher tomou para si a responsabilidade de pôr a idéia em funcionamento. Começou a se ver como líder e não sabia que tinha isso dentro de si".

"Os oficiais e voluntários do Exército", diz Hogan, "sentiram-se aliviados. De repente, percebe-se que nem tudo é responsabilidade da gente. Não é preciso liderar o tempo todo. Havia uma incrível atmosfera de energia. A equipe de Dorchester então começou a dizer: 'Vamos reconquistar esta comunidade casa por casa'".

[11]Entrevista de Chris Hogan a Ben Brown.

A grande vantagem dessa estratégia não se resume às idéias que surgem quando as pessoas põem a cabeça para funcionar. É a mudança de atitude, o abandono dos pressupostos pessimistas de que "as coisas são assim mesmo" e a descoberta de que os esforços individuais — até uma tarefa simples como cuidar das crianças de outra mãe durante cerca de uma hora — têm impacto sobre a comunidade.

"Percebe-se que há esperança quando as pessoas se prontificam a assumir responsabilidades que redundem em benefícios para sua comunidade", diz Hogan.

O que está acontecendo em Dorchester e em outros lugares onde o Exército trabalha com recursos limitados para tratar seus clientes como futuros parceiros é exemplo do que pode ser feito em outras organizações. Na religião evangélica, a conversão tem, naturalmente, um significado preciso. Trata-se de transformar a vida dos perdidos, levá-los à salvação pela graça de Deus. Está no cerne do que fazemos. Não há substituto para esse tipo específico e sagrado de transformação. Apesar disso, achamos que William Booth e os primeiros salvacionistas, que tanto apreciavam derrubar barreiras entre o sagrado e o secular, aprovariam o uso do conceito de conversão em sentido metafórico mais amplo.

O mundo dos negócios recorre hoje à linguagem da conversão para descrever o processo de medição da produtividade. No ramo imobiliário, por exemplo, os profissionais do setor falam em converter clientes interessados num imóvel em clientes que assinam contratos. Na área de publicação de revistas, os gerentes de circulação falam em converter clientes que possivelmente se interessaram por alguma oferta promocional em assinantes. Na verdade, a maior parte dos negócios consiste em transformar clientes potenciais em clientes pagantes.

As organizações também estão tentando converter empregados pouco convictos em profissionais leais, patrocinadores eventuais em investidores permanentes, clientes novos em clientes regulares, que também fazem continuamente a publicidade boca a boca da empresa. A transformação é parte de toda estratégia de negócios.

O Exército de Salvação não sobreviveria — tampouco conseguiria estimular o crescimento de seus programas — se não aplicasse com eficiência esse conceito de conversão e se não se comprometesse com a transformação espiritual do indivíduo. Os cinco mil oficiais que ocupam o centro de nossa "empresa" são os responsáveis por seu funcionamento. Sozinhos, porém, jamais poderiam dirigir nove mil centros, muito menos os milhares de programas que funcionam 24 horas por dia, sete dias por semana, de uma costa a outra dos Estados Unidos.

Houve um momento, nos primeiros dias de atuação do Exército na Inglaterra, em que William Booth achou necessário expedir "ordens gerais contra a morte por fome"[12] para impedir que seus oficiais usassem a própria cota pessoal de comida para alimentar outros. Tal é a demanda de nosso "mercado" que teríamos de fazer o mesmo se não contássemos com uma retaguarda de apoio, com 3,3 milhões de voluntários "convertidos" ao serviço pela associação com nossos oficiais e uns com os outros. Essas pessoas são essenciais a nossa missão. O efeito multiplicador de seus esforços combinados resulta, em última análise, na eficiência que nos caracteriza.

Tomemos como exemplo alguns multiplicadores atuais. Começaremos por nossas lojas beneficentes — há 1 600 nos Estados Unidos como um todo —, verdadeiros modelos da técnica de conversão. Roupas usadas, utilidades domésticas e até automóveis são convertidos em peças de varejo para consumo de clientes que necessitam desse tipo de mercadoria. Os lucros das vendas destinam-se ao sustento dos centros de reabilitação para adultos. Em determinado momento da reabilitação, os

[12]Richard COLLIER, *The general next to God*, p. 104.

pacientes dos centros passam a trabalhar nas lojas com o objetivo de aprender o funcionamento básico do negócio e a técnica de trabalho. Alguns, depois de concluir os programas em que estavam matriculados, tornam-se gerentes remunerados.

Em Las Vegas, alguns funcionários nossos criaram em parceria com seus clientes o Campus Corner Café, cujo potencial de aprofundamento do efeito da conversão é ainda maior. Considerando a grande quantidade de hotéis e restaurantes na cidade, a demanda por cozinheiros e ajudantes de cozinha é sempre alta, por isso a comunidade universitária local decidiu oferecer cursos profissionalizantes na área, enquanto o estado de Nevada oferece bolsas para os estudantes que se qualificam para o programa. Sue Markham, uma de nossas funcionárias de Las Vegas, descobriu uma maneira de pôr nosso pessoal em contato com o programa comunitário da universidade e com o fundo estadual de ensino profissionalizante. Os pacientes em reabilitação participam de cursos práticos com a duração de noventa dias. Se concluírem o curso, terão emprego garantido nos restaurantes de Las Vegas.

Além de freqüentarem quinze horas de aula por semana na faculdade comunitária, os participantes do programa nos ajudam também em nossos serviços de alimentação aos sem-teto, que hoje atendem entre mil a duas mil pessoas por dia. Em 2000, com a ajuda dessas pessoas vindas do programa de treinamento, nosso pessoal abriu uma lanchonete onde qualquer um com um vale de dois dólares pode se servir de um cardápio que oferece alguns lanches bem apreciados, como hambúrguer, cachorro-quente e pratos especiais do dia. Os garçons, que também participam das atividades do centro de reabilitação e de programas para os sem-teto, anotam os pedidos e servem nas mesas.

Os vales são aceitos apenas na lanchonete e podem ser adquiridos por qualquer pessoa. Os moradores da região e o comércio local compram-nos em grandes quantidades, depois os distribuem para garantir desse modo que a ajuda aos sem-teto seja aplicada em alimentos saudáveis, não em bebidas e drogas.

Essa é uma estratégia clássica do Exército. Na verdade, um sistema de vales muito parecido com o que acabamos de descrever foi usado num programa do Exército na Inglaterra há mais de cem anos. Os princípios — assim como o propósito — continuam os mesmos. Os pacientes dos centros de reabilitação, em meio a um processo de transformação de vida que muitas vezes os resgata do fundo do abismo, adquirem nova perspectiva e, por vezes, até uma nova carreira. Sentem-se também satisfeitos por poder empregar imediatamente o trabalho aprendido e servir aos tão necessitados quanto eles foram antes de participar dos programas do centro. Transformam-se em fornecedores de serviços.

Apoiando o programa de vales, os comerciantes e os patrocinadores do Exército de Salvação em Las Vegas sentem-se satisfeitos em ajudar concretamente os sem-teto. Desse modo, parte de sua frustração diante de um problema aparentemente insolúvel se converte em sensação de possibilidade.

Os recursos investidos pelo Exército na transformação de seus clientes são recompensados por aquilo que pode facilmente se converter numa empresa de caráter empreendedor auto-sustentável, gerida basicamente por pessoas que, alguns meses antes, achavam-se urgentemente necessitadas. Com o programa em funcionamento, não só existe o potencial do retorno do investimento em capital, mas também a possibilidade — mais difícil de mensurar — de que a lanchonete passe a ser um símbolo de esperança. Para muitos dos que se julgavam marginalizados, a lanchonete representa um passo pequeno, mas bem concreto para o retorno à vida profissional normal.

Programas como esses jamais seriam possíveis se não tivéssemos o hábito de nos fazer a mesma pergunta de várias formas:

como podemos ajudar os necessitados de hoje, depois que tomam o caminho da reconciliação e da recuperação, a dar o próximo passo para ajudar a outras pessoas? Essa pergunta jamais surgiria se não acreditássemos no potencial que têm essas pessoas, independentemente do grau de exclusão delas, de voltar ao convívio da sociedade e de dar sua contribuição.

Não é preciso percorrer as lojas beneficientes ou os centros de reabilitação para usufruir os benefícios das decisões tomadas com base nas necessidades dos seres humanos. Há diversas maneiras de as organizações obterem efeitos multiplicadores a partir de inovações, de novos produtos criados com base em materiais refugados até procedimentos mais objetivos sugeridos pelos clientes. Praticamente todas as histórias de inovação destacam a atmosfera acolhedora em que as idéias foram propostas e implementadas, um ambiente em que as pessoas têm certeza de que suas idéias brilhantes serão levadas em consideração com muita seriedade.

Cabe aos administradores criar essa atmosfera, deixando claro o tempo todo que as pessoas são mais importantes do que os processos, cultivando com isso espírito comunitário de confiança e solidariedade. E, conforme descobriu William Booth, para dinamizar essa consciência de comunidade é preciso deixar que as pessoas a sintam por si mesmas, pelo contato direto dos benfeitores com os beneficiados e dos funcionários e administradores com os clientes.

Talvez muitos achem que o Exército leva vantagem nesse ponto, dado o grande número de serviços sociais dos quais participamos. É sempre bom, porém, ter em mente a operação grande e complexa que somos obrigados a empreender para que os programas não parem. A exemplo de qualquer empresa de grande porte, precisamos de muita gente nos bastidores — programadores de computador, especialistas em transportes, zeladores, contadores — que talvez jamais tenham contato direto com nossos beneficiários. Como fazer para que essa gente perceba o poder da missão e da comunidade representado pela empresa?

É com muito esforço que fazemos o que faz qualquer organização. Criamos oportunidades para nosso pessoal conhecer as instalações do Exército dedicadas ao serviço social e os centros de reabilitação, conhecer os assistentes sociais e os beneficiários, conhecer nossos programas e oferecer-se como voluntários para esses programas. Se esses funcionários quiserem, também poderão conversar com nossos conselheiros ou dedicar alguns momentos à oração e à meditação na capela. Providenciamos para que essa visita ocorra em horário de expediente. Nossos oficiais mais graduados, cujo trabalho se restringe a tarefas mais passivas, devem separar parte de seu tempo todo mês e dedicá-lo às comunidades, não somente para se reunirem com os administradores que se reportam a eles, mas também para ter contato direto com os funcionários e ajudá-los na execução dos trabalhos. É o que chamamos de "aquecer o coração".

Recordo-me especialmente de uma visita que Alice e eu fizemos a Detroit em 1997, quando eu era chefe nacional do Exército. Tínhamos ido participar do culto do domingo de Páscoa do Harbor Light Center. Os programas dos centros Harbor Light são sempre o primeiro passo para tirar das ruas os sem-teto e os viciados, por isso são de fato a linha de frente de nosso trabalho. Nesses centros nosso pessoal é desafiado e inspirado de forma marcante. O centro de Detroit não era exceção, sobretudo no domingo de Páscoa.

O local do culto era o salão superior de um velho edifício de vários andares. O lugar estava superlotado, as pessoas cantavam, embalando-se ao som da música evangélica. Na verdade, parecia que o prédio todo balançava. Por um momento achei que o velho edifício não fosse suportar tanto entusiasmo.

Mas parece que ninguém mais estava preocupado, e o sentimento de alegria na obra do Senhor era tão contagiante que acabou tirando toda e qualquer preocupação de minha mente.

O que me tocou de modo especial naquele culto foram os testemunhos, os relatos de transformação vivida por pessoas que procuraram aquele centro em meio a lutas terríveis contra o álcool, contra as drogas e contra a vida que levavam nas ruas. Jamais me esquecerei da história de uma mulher cuja vida fora arrasada pelo vício. Ela abandonara a escola porque achava que nunca seria capaz de realizar nada na vida. Depois do testemunho, mostrou um envelope de onde tirou um diploma do ensino médio, conquistado depois que abandonou o vício e voltou a ter uma vida normal graças à ajuda do Harbor Light Center e de outros programas do Exército.

Seu testemunho foi recebido calorosamente. Diante do auditório, a mulher irradiava felicidade pelo reconhecimento. Os presentes conheciam as tentações e as dúvidas que essa mulher tivera de vencer até conseguir proclamar sua fé diante deles. Era preciso não ter consciência, ser insensíveis à expressão do sentimento humano para estar naquela sala, na companhia daquelas pessoas, e não nos sentirmos tocados e renovados em nossa convicção do poder exercido pelo propósito divino na vida delas.

É isso que quero dizer com a expressão "aquecer o coração"; é colocar-se em condições de ser renovado pelo contato próximo com os clientes. É fundamental que os executivos façam dessa experiência sua prioridade máxima. Não é fácil. Numa empresa de grande porte, se não tomarmos o devido cuidado, acabaremos participando da vida dos funcionários e dos clientes apenas por intermediários. Ficamos alheios à vibração, à alegria e aos dramas próprios do envolvimento de nossa organização e de seus propósitos com as pessoas a quem ela serve.

Alice e eu tínhamos sido convidados para falar no culto de Páscoa em Detroit. Certamente falamos. Não consigo, porém, me lembrar do que podia ter oferecido àquela gente que se comparasse ao que eles me proporcionaram. Os líderes que não abrem espaço em sua programação para esse tipo de oportunidade privam-se de desfrutar de uma vantagem indispensável ao foco de sua missão e aos processos de tomada de decisão em todos os níveis da organização.

Mas que relação tem o *contato com as pessoas* com o foco da organização? Tudo.

Se nós, líderes do Exército de Salvação, estivermos convictos de que estamos em harmonia com nossa missão espiritual, poderemos tomar decisões mais acertadas quando tivermos de responder a perguntas como "O que isso tem a ver com a ajuda oferecida aos desvalidos?" e "Será que essa é a melhor forma de utilizar nossos recursos para ajudar as pessoas a quem nos comprometemos a servir?". Se não conseguirmos definir uma política, uma proposta ou mesmo um programa mais duradouro nessas condições, é melhor não fazer.

Os administradores de outro tipo de empresa podem generalizar essas perguntas e sintetizá-las nesta outra: "De que forma essa decisão afetará a vida de nossos clientes?". É isso. Se você não consegue demonstrar que sua proposta redundará em valor para as pessoas, significa que sua escolha talvez esteja errada.

Para a maioria das firmas, é mais fácil imaginar o potencial de serviço às pessoas em novas idéias do que se desligar de idéias antigas que já não apresentam valor para o cliente. Dizer "não" ou "chega" pode ser uma atitude dolorosa, sobretudo em casos que a organização investiu pesado em recursos físicos e identidade. O exemplo a seguir é prova disso.

No início da década de noventa, possuíamos na cidade de Nova York um complexo hospitalar que no começo do século era um modesto prédio em Manhattan para mães solteiras amparadas pelo Exército. Com o tempo, transformou-se num enorme centro médico e hospital-escola na região de Flushing, no Queens. O centro tinha convênio com cerca de mil médicos e ganhara o respeito tanto de profissionais médicos quanto dos moradores da região. No que se refere ao investimento de capital, era a maior propriedade do Exército nos EUA e tinha o nome do fundador do Exército de Salvação: Booth Memorial Medical Center.

O centro, porém, um dos últimos hospitais gerais do Exército de Salvação no país, era um empreendimento caro, que consumia àquela altura um quarto do orçamento anual do Território Leste, isto é, mais de quatrocentos milhões de dólares. Para manter o nível dos serviços a que tinham direito os pacientes e médicos, esse montante teria de crescer. Precisávamos investir entre 100 e 150 milhões de dólares em atualização de equipamentos. A maior parte desse dinheiro tinha de ser obtida por meio de empréstimos numa época em que as receitas do governo e das seguradoras estavam diminuindo. Haveria um momento em que a dívida acumulada suplantaria os recursos do território.

Convidamos especialistas independentes para nos ajudar a analisar as opções possíveis. A pressão para vendermos o centro hospitalar enquanto ainda havia chance de encontrar comprador era muito forte. Imagine quanta preocupação isso causou em nossa organização. Havia oficiais cuja carreira estava intimamente ligada aos serviços prestados pelo Booth Memorial. Havia médicos que não eram salvacionistas, mas que vieram a nos conhecer e respeitar graças às atividades desenvolvidas por esse hospital.

Para muita gente daquela região, o complexo era nosso cartão de visita. Era uma concessão que havíamos conquistado e cultivado a ponto de torná-la famosa. Durante algum tempo, foi um meio importante para nossa missão de salvar almas e ajudar as pessoas. Mas, se permitíssemos que ele absorvesse cada vez mais energia e dinheiro, acabaríamos diluindo sua eficácia, privando em última análise mais gente dos serviços hospitalares. Tomamos a única decisão possível à luz de nossa responsabilidade. Vendemos o Booth Memorial.

No plano empresarial, isso seria encarado como perda da concessão. Pelo orgulho que sentíamos da história do hospital e de sua ligação com o Exército, poderíamos ter permanecido irredutíveis e empenhado nossa energia no levantamento do dinheiro necessário a sua sobrevivência. A verdade, porém, é que estaríamos sugando essa energia e esse dinheiro de outras atividades do Exército, deixando-as deficitárias. Não havia como justificar uma atitude tão dispendiosa e estreita em vista de nossa missão total.

É fácil ficar preso aos procedimentos de uma empresa, continuar fazendo o que sempre se fez simplesmente porque se sabe fazer isso muito bem. Todavia, se você compara com freqüência suas estratégias com a proposta de sua missão, verá que a concessão à qual você se dedica está menos relacionada com um programa específico e mais com o propósito que de fato se encontra no centro de seu negócio. No fim, você conquistará o reconhecimento de todos os clientes — os beneficiados pelo serviço, os que prestam o serviço e os que investem tempo e recursos para patrociná-lo — pela preocupação com o que há de mais fundamental na vida de qualquer empresa: as pessoas.

Os ajustes a serem feitos para manter seus procedimentos em harmonia com as necessidades das pessoas não precisam ser monumentais. Pequenas mudanças podem produzir uma reviravolta. Um bom exemplo disso foi o que aconteceu com os majores Bill e Victoria Edmonds quando, no verão de 2000, assumiram o corpo (igreja) Harlem Temple, na confluência da rua 138 com a avenida Lenox, na cidade de Nova York. Durante anos, nosso pessoal operara ali os programas tradicionais do Exército de Salvação, atendendo às necessidades de uma população afro-americana que estava amadurecendo. O bairro, entretanto, transformou-se no mais multicultural de Nova York. De acordo com a major Victoria Edmonds, existem dezessete culturas distintas ali representadas, oriundas da América Central e do Sul, do Caribe e da África.

Um dos programas tradicionais do corpo era uma apresentação natalina de um grupo de moças tocando pandeiros. "Decidimos enfrentar o desafio de fazer algo completamente diferente do que vinha sendo feito havia 25 anos", observa a major Edmonds. Em vez de insistir que as moças aderissem à música tradicional e aos estilos comuns de apresentação, ela as incentivou a refletir a herança cultural dos imigrantes. "Elas tocaram com música espanhola", diz a major. "Aconselhei-as também a acrescentar um pouco de dança ao número. As pessoas se surpreenderam."[13]

Uma alteração simples sempre carrega consigo um peso simbólico. No corpo dos Edmonds, no Harlem, as pessoas perceberam que o Exército de Salvação as notava. Atualmente vem crescendo o número de pessoas do bairro que participa dos programas cada vez mais diversificados do Exército. Os Edmonds têm um programa de almoço diário que alimenta de 75 a cem pessoas. Depois das aulas, oitenta crianças participam de atividades no centro. Algumas voltam à noite para aulas de formação de caráter. Cerca de 35 a quarenta pessoas freqüentam as aulas de informática do centro, existe ainda um grupo de mulheres que realiza trabalhos artesanais e já há um projeto de aulas voltadas exclusivamente para a resolução de exercícios.

"É claramente visível que as pessoas adquirem uma nova perspectiva", diz a major Edmonds. "Compreendem que o pas-

[13]Entrevista da major Victoria Edmonds a Ben Brown.

sado não necessariamente determina o futuro. Estão preparadas para buscar novas experiências."

É claro que é preciso muita paciência para colher os benefícios de estratégias centradas nas pessoas. Se o propósito está vinculado às pessoas, os processos também estarão, o que significa que ficamos à mercê de planos imperfeitos e de desempenho imprevisível. É preciso perdoar erros e pedir perdão pelos que nós mesmos cometemos. Assim como se pode exigir mais dos membros de uma organização a partir do momento que passam a se entregar de corpo e alma à missão toda, também é possível fugir às piores conseqüências dos erros cometidos quando todos acreditam que foram cometidos de boa fé.

Numa organização em que existe a consciência de comunidade, as faltas são deslizes facilmente tratados e corrigidos. São como desvios acidentais. Contudo, numa organização em que os trabalhadores têm motivos para ser descrentes em relação à clareza da missão e ao compromisso da gerência, as pessoas começam a suspeitar das "verdadeiras" razões por trás de cada diretriz implementada. Os erros de cálculo da administração apenas confirmam a paranóia. As operações correm o risco de entrar em marcha lenta até que começam a se arrastar.

Quando as pessoas estão mais preocupadas com o que acontece nos bastidores da operação — com os interesses não revelados de seus chefes — do que com o que ocorre fora, com os clientes, é difícil convencê-las a aceitar novos desafios. Toda a energia é consumida na proteção de seu "espaço" e em artimanhas para enfraquecer o adversário. Gasta-se muito tempo acobertando possíveis problemas e fugindo das responsabilidades.

É por isso que ter uma missão clara e centrada em princípios voltados para o potencial humano não pode ser simplesmente um estilo idealista de liderança. Há benefícios práticos imediatos, sobre-tudo quando se trata de administrar a energia necessária à realização das atividades. No momento em que ficar decidido que seu propósito se vinculará às mais altas aspirações humanas — e seu pessoal acreditar nisso —, a energia não empregada para convencer sua equipe a confiar em cada nova iniciativa pode ser canalizada diretamente para esforços que a auxiliem a ter êxito e permitam a correção dos procedimentos sempre que necessário.

Nesse aspecto, a liderança da organização não fica prejudicada. Um gerente ruim aqui e ali, um desempenho decepcionante num setor, mesmo uma tragédia que nos leve a questionar uma estratégia fundamental — nada disso produz dano irreparável, contanto que todos estejam de acordo com o propósito último do trabalho.

Mesmo com toda a nossa experiência de ver o efeito multiplicador de servir aos outros, ainda perdemos oportunidades. Nossos oficiais e funcionários de linha de frente ficariam perplexos se ouvissem nossos oficiais mais graduados se vangloriarem da eficiência de nossos programas e de como sempre acertamos nas decisões que tomamos. Nem sempre fazemos a escolha certa da primeira vez. Mas, se estivermos de fato atentos às pessoas, que são o foco de nosso propósito, serão muitas as oportunidades de acerto. É o caso, por exemplo, do major G.

Romolo Giudice, um valentão de Chicago, começou ainda adolescente a vender drogas. Vivia preso em casas de detenção de menores, nas diversas penitenciárias do município e, por fim, na penitenciária do estado de Illinois. Giudice recorda-se de ter ouvido certa vez um juiz dizer-lhe, depois de analisar sua longa ficha policial, que era caso perdido: "Não há esperança para você. Você é um viciado e jamais mudará".[14]

Entretanto, numa das vezes que foi pego, Giudice foi parar num centro de reabilitação do Exército de Salvação para

[14]Behold, all things became new..., *The Salvation Army War Cry,* 5 Aug. 2000, p. 11.

adultos, em vez de ir para a cadeia. Pela primeira vez, fora parar no lugar certo. Relutante a princípio, aos poucos passou a acreditar que sua vida podia ser totalmente transformada. O entusiasmo que tomou conta dele depois da conversão era tão grande quanto o que sentia quando vivia pelas ruas. Em 1964, casou-se com Georgann num centro de reabilitação do Exército. Desde então Giudice pôs no coração que queria ser oficial do Exército.

Sem nenhum preparo formal, com uma educação que consistia nas malandragens que aprendera nas ruas, cheio de tatuagens pelo corpo e premeditadamente agressivo para deixar as pessoas intimidadas, Giudice — ele mesmo reconhecia — não era exatamente o candidato ideal ao oficialato. Foi rejeitado três vezes, mas persistiu. Por fim, ele e a mulher foram aceitos. Ambos foram comissionados oficiais em 1966.

Durante os 32 anos seguintes, os Giudices serviram em nomeações nos Territórios Central e Oeste. Elevado ao posto de major —major G, como é conhecido —, Giudice jamais perdeu seu jeito agressivo, mas isso acabou se transformando em vantagem. Ele se saía muito bem na área social, especialmente nos centros de reabilitação para adultos. Dificilmente alguém lhe contaria algo que ele jamais tivesse ouvido ou feito.

Preservamos o efeito multiplicador nesse caso porque duas coisas importantes estavam ocorrendo mais ou menos ao mesmo tempo. Em primeiro lugar, Giudice acreditava com tanta sinceridade na comunidade representada pelo Exército de Salvação que estava determinado a integrar, de qualquer maneira, o grupo de oficiais que está no núcleo do Exército. Nossa fama institucional — nossa marca (trataremos mais disso no próximo capítulo) — só pode desfrutar desse tipo de atrativo quando conseguimos demonstrar com firmeza que somos o que dizemos. Portanto, foi um bom sinal Giudice querer tornar-se oficial, ainda que não tivéssemos certeza de que também queríamos isso — o que nos leva ao segundo ponto positivo a nosso favor.

Uma vez que parte da prova do que somos é o modo que encaramos a promessa de honrar o potencial humano a despeito das falhas do indivíduo, fomos levados a analisar pela segunda vez — e, neste caso, pela quarta vez — a candidatura de Giudice ao oficialato. Apesar de Giudice e o Exército terem demorado um pouco a se entender, ele, o Exército e todos aqueles com quem teve contato nas últimas três décadas acabaram sendo beneficiados. Todos sobrevivemos aos nossos erros e nos perdoamos uns aos outros.

Quando o major G se aposentou, em 2000, pessoas ajudadas por ele durante sua carreira vieram de toda parte — Nebraska, Illinois, Havaí e Califórnia — para ajudá-lo a comemorar esse momento de transição. Mesmo depois de aposentado, voltou a trabalhar para o Exército. Atualmente, ele e a mulher moram em Las Vegas, onde supervisionam as lojas beneficentes — essa é outra de suas especialidades, em parte pela prática que adquiriu no tempo em que vivia nas ruas, comprando e vendendo mercadorias.

De todos os conselhos dados aos administradores de negócios no decorrer dos anos, "colocar as pessoas em primeiro lugar" talvez seja o mais freqüentemente repetido — e o mais desconsiderado. Apesar disso, nós, do Exército de Salvação, não podemos deixar de ser irredutíveis nesse ponto. Dizemos que não é possível haver uma organização eficiente sem o compromisso com um propósito que transcende o mero plano material. Dizemos também que não se pode ter um propósito que não tenha no âmago a preocupação com o ser humano.

A única diferença entre nós e outros que propuseram o mesmo conselho está na autoridade que temos. Nada é mais claro para nós do que nossa missão. Estamos aqui para salvar almas e servir às pessoas. O cuidado para com os outros —

salvação, saúde física e mental, o potencial que têm para se libertarem da descrença e ajudar outros — é o motor de tudo o que fazemos. O fato de esse ser nosso *único* negócio e de o realizarmos bem e expandir nossas operações há mais de um século nos EUA derruba a tese de que as organizações não podem colocar as pessoas em primeiro lugar.

E se seu negócio não proporciona o mesmo tipo de gratificação interior que temos em nossas atividades no Exército de Salvação? Se ele exige que os funcionários sejam submissos e eficientes, mas não dá espaço para experimentarem a satisfação do cliente? Qual a vantagem de colocar as pessoas em primeiro lugar nessa situação?

Um de meus exemplos favoritos de administração criativa num setor pouco propício à inspiração é Bob Byers, presidente de uma empresa familiar, a Byers' Choice, em Chalfont, na Pensilvânia. A empresa nasceu de um *hobby* de Joyce Byers, mulher de Bob, que confeccionava à mão, para os amigos nas festas de fim de ano, bonecos de cantores de músicas natalinas, vestidos com trajes da época vitoriana.[15]

À medida que os bonecos foram ficando famosos, Joyce e o restante da família não conseguiam mais trabalhar na sala de estar da casa. Contrataram um ajudante e transferiram a oficina para a garagem. Isso foi em 1978.

No final de 2000, a Byers' Choice havia produzido centenas de milhares de bonecos, ainda feitos à mão, mas agora com a ajuda de 180 empregados numa oficina construída num terreno de 105 mil metros quadrados nos arredores da Filadélfia. Bob Byers estima que, com um total de 21 milhões de dólares em vendas anuais para cerca de três mil lojas varejistas só nos EUA, a Byers' Choice é a maior fabricante de bonecos artesanais do país.

[15]Entrevista de Bob Byers aos autores.

Não é nada fácil fazer bonecos, principalmente à mão. O empreendimento para produzi-los com lucro requer métodos semelhantes aos de uma fábrica. Trata-se de um trabalho difícil e repetitivo, do tipo que muitos fabricantes implantaram fora dos EUA, em países cujos salários e expectativas dos empregados são mais modestos. A Byers' Choice gera um lucro confortável e conta com uma mão-de-obra leal. "Nossos contadores disseram-nos certa vez", diz Byers, "que éramos uma das empresas mais rentáveis que já haviam visto".

O trabalho na Byers' Choice requer muito esforço físico, por isso seu dono acredita que, com o tempo, a maior parte dos funcionários será obrigada a se revezar na linha de produção ou deixar por completo a empresa. Ele já pensa nisso e pretende ajudá-los a encontrar emprego em outro lugar quando não puderem mais trabalhar confortavelmente na montagem dos bonecos. Até ele se surpreende, afirma, ao ver como tantos de seus ex-funcionários insistem em manter contato com a empresa e sempre falam bem dela mesmo depois de terem saído de lá há muito tempo.

Qual é o segredo dele? Se não pode oferecer o puro prazer do trabalho, Byers acredita que pode ao menos proporcionar um ambiente em que as prioridades são muito claras. "É Deus em primeiro lugar", diz ele, "depois as pessoas: clientes, funcionários e a comunidade". E ele demonstra o compromisso das pessoas com os recursos da empresa.

Além dos tradicionais abonos que se esperam de uma empresa que deseja ser conhecida pela atenção que dedica a seus empregados — como, por exemplo, um plano de aposentadoria que não exige contribuição nenhuma do funcionário —, a Byers' Choice concede ainda benefícios extras, como uma bolsa de estudo no valor de 2 500 dólares para todos os filhos de cada funcionário. A empresa adota uma criança carente de um país do terceiro mundo no nome de cada empregado e incentiva os trabalhadores a se corresponder com essas crianças. Como prova de seu compromisso com a sociedade em geral, a empresa doa todo ano vinte por cento de seu lucro anual a cerca de 350 instituições de assistência e organizações sem fins lucrativos.

"No início, tive receio de divulgar o valor das doações", diz Byers. Parecia ostentação. Mas convenceu-se de que "toda comunidade precisa de um modelo, seja ele um indivíduo, seja uma empresa".

Também se preocupava com a reação dos empregados da empresa. Não sabia como eles se comportariam ao saber que um dinheiro que poderia ser somado ao salário era doado a instituições de caridade. "Qual não foi minha alegria", diz Byers, "ao descobrir que eles se sentiam extremamente orgulhosos de trabalhar numa organização que faz tanto pelo próximo".

Não há argumento melhor do que esse para centrar toda a atenção da empresa no ser humano. "Não sei como explicar", diz Byers, "as pessoas sentem um orgulho enorme de trabalhar aqui, numa organização que age corretamente".

CAPÍTULO QUATRO

Vista a camisa

Em 1997, Joan Kroc, viúva do fundador do McDonald's e famosa por suas ações filantrópicas a suas próprias expensas, passava de carro pela região leste de San Diego na companhia da ex-prefeita Maureen O'Connor. A região metropolitana de San Diego é uma das mais belas e mais ricas dos Estados Unidos. Apesar disso, existem ali pessoas tão necessitadas quanto em qualquer outro lugar do país onde o Exército está presente. Na parte leste da cidade, parece que os cidadãos estão mais distantes da segurança e da prosperidade dos bairros a apenas poucos quilômetros dali. As famílias lutam para sobreviver. Depois das aulas, as crianças dispõem de poucas opções para ocupar o tempo e por isso acabam se envolvendo em confusões, entregando-se até às práticas criminosas das gangues.

Preocupadas com o futuro dessas famílias, as duas mulheres trocavam idéias sobre o que poderia ser feito para criar oportunidades de melhoria de vida para aquela população, sobretudo para as crianças. A pergunta-chave era: havendo recursos, que agência ou organização faria de fato diferença nesses bairros carentes?

O Exército de Salvação foi a resposta.

Temos orgulho de nossa rede de apoio em San Diego. No final de 1998, tínhamos, graças a essa rede, um orçamento anual de 37 milhões de dólares na divisão que atendia a praticamente 250 mil pessoas. Mas a ex-prefeita de San Diego não pertencia à rede formal de apoio ao Exército. Ela nos conhecia da época em que administrara a cidade e por ter trabalhado com organizações comunitárias.

Joan Kroc também não pertencia ao quadro de grandes doadores do Exército. Por isso ficamos surpresos quando nos ligou e pediu que déssemos idéias para algum tipo de projeto para a comunidade por onde ela e Maureen O'Connor haviam passado.

Como não sabia muito bem o que a sra. Kroc tinha em mente, Art Stillwell, chefe de estratégias de desenvolvimento da região de San Diego, esboçou diversas alternativas com diferentes dimensões de abrangência e custo. Depois de ouvir a apresentação das possíveis opções, ela disse:

— Gostei.

— De qual parte? — Stillwell perguntou-lhe.

— De todas — respondeu.

O empreendimento resultou num projeto de 94 milhões de dólares, dos quais 87 milhões foram contribuição de Joan Kroc para sua elaboração e manutenção. O Centro Comunitário Ray & Joan Kroc, que compreende cinco grandes edifícios numa área de 50 600 m^2, será o maior centro comunitário do Exército de Salvação no mundo. Haverá uma pista de patinação no gelo, um centro aquático, uma parede para a prática de escalada, além de todas as instalações recreativas comuns para esportes, como basquete e outros. Haverá ainda um teatro com seiscentos lugares, bem como estúdios e salas para ensaios.

Quando a notícia se tornou pública, em 1998, todos os jornais do país a estamparam na primeira página. Oitenta milhões de dólares. A maior contribuição já feita ao Exército de Salvação por uma só pessoa.

Eis a grande pergunta: por que nós? Com os recursos e a rede de contatos de que dispõe, Joan Kroc poderia ter escolhido quem quisesse para construir e comandar um centro desse porte. Ela não tinha nenhuma ligação antiga com nossas operações, tampouco tinha conhecimento em primeira mão dos nossos programas. Por que, então, teria escolhido o Exército de Salvação?

Porque não era simplesmente um projeto de construção que Joan tinha em mente. Não se tratava também de um centro de assistência social que precisasse de gerência. Ela sonhava com a reintegração de uma comunidade numa escala que ninguém imaginara, nem mesmo aqueles que operavam as agências tradicionais de serviço social, muito menos os moradores da região. Era um investimento pesado na esperança. Joan Kroc estava convencida, exclusivamente por causa de nossa reputação, de que seríamos capazes de dar o retorno do mais alto nível ao investimento.

Para entender melhor o que um presente desses significa para nossa estratégia organizacional, temos de levar em consideração o novo contexto empresarial voltado para resultados em que ocorrem escolhas como a da sra. Kroc. Quando os teóricos da administração discorrem sobre os desafios que se colocam perante as organizações no novo milênio, a retórica da revolução está sempre presente. "Nesta nova era, a empresa que evolui lentamente está a caminho da extinção", escreve o estrategista Gary Hamel, cujo livro de conselhos para gerentes publicado em 2000 intitula-se *Leading the revolution* [*Liderando a revolução*].[1]

[1]Harvard Business School, 2000, p. 5.

A tecnologia diminuiu o tempo de resposta e ampliou as redes de informações. Os monopólios do conhecimento foram derrubados. Por causa da Internet, todo o mundo sabe quanto custa produzir alguma coisa e sabe também quem se habilita a fazer isso. O acesso às informações necessárias à tomada de decisões está se tornando universal. Isso significa que os tempos atuais não são nem um pouco generosos com a velha escola de gerentes, cuja idéia de trabalho consistia em racionar o serviço prestado ao cliente e limitar as condições de trabalho negociadas com os funcionários. Esse tipo de comportamento é vestígio de um tempo em que as empresas se preocupavam exclusivamente consigo mesmas, enquanto hoje o mercado exige atenções voltadas para fora.

O velho esquema favorecia o domínio do setor de suprimentos e das gerências. Atualmente tudo depende da exigência e da satisfação do cliente. De acordo com Michael Hammer, escritor e ex-professor do MIT, "quando o cliente fala, a empresa toda acata".[2]

Segundo Michael, não há mais espaço para gerentes movidos por antigas presunções de domínio: "Se o cliente vem em primeiro lugar, a cultura da empresa tem necessariamente de passar por ajustes. O cliente pouco se importa com nossa estrutura gerencial, nossos planos estratégicos e nossa estrutura financeira. Ele está interessado apenas em resultados, no valor daquilo que produzimos".

O ritmo desse novo ambiente reflete-se na ascensão quase da noite para o dia das companhias de *software* e da Internet, fenômeno que abalou a confiança no que se supunha saber sobre mercados e prática de administração. Os empresários da "nova economia", ao alardear novos paradigmas de negócios,

[2]The soul of the new organization, in: *The organization of the future*, p. 27.

deflagraram um processo que passou a corroer paulatinamente a autoridade dos velhos líderes empresariais. Durante algum tempo, a revolução parecia completa, uma vez que as receitas das empresas dos novos empreendedores registravam índices de crescimento da ordem de centenas e as ações de suas empresas atingiam preços estratosféricos. De repente, no dramático recuo dos investidores em 2000, os pressupostos *desses* novos empresários começaram a parecer-lhes tão frágeis quanto os que eles haviam derrubado. A revolução prosseguia seu curso revoltante.

Isso significa, portanto, que agora não existe mais nada em que se agarrar?

Bem, nem tanto. Talvez bem menos do que imaginamos. Se não tivéssemos terra firme em que pisar, talvez jamais nos déssemos conta da velocidade com que as coisas mudam. Se não houvesse valores comuns, seria impossível juntar duas pessoas — menos ainda formar organizações com milhares de empregados e milhões de clientes — e conseguir que concordassem com alguma coisa, seja qual fosse.

Jim Collins e Jerry Porras afirmam que a idéia de que "só a mudança é constante" é um dos mitos que sua análise de empresas visionárias pôs por terra: "Uma empresa visionária conserva quase que de forma religiosa sua idéia nuclear — e raramente a muda, se é que muda. Os valores essenciais de uma empresa visionária constituem seu fundamento pétreo; este, por sua vez, é refratário às tendências e aos modismos do momento [...] O propósito básico de uma empresa visionária — sua razão de ser — pode servir-lhe de farol durante séculos, uma estrela cujo brilho jamais se apaga no horizonte".[3]

[3] *Feitas para durar*: hábitos vitoriosos de empresas visionárias, Rio de Janeiro: Rocco, 1995.

É hora de discutir, portanto, o que está mudando no cenário atual, e o que não está.

O que vem mudando sem dúvida alguma é o luxo da satisfação própria, sobretudo a que tem raízes em pressupostos ultrapassados sobre tempo e espaço. Graças em grande medida à tecnologia das comunicações, o tempo que leva para saber se o cliente ficou satisfeito ou frustrado é quase zero. A distância é irrelevante — o que significa que as organizações, que até o momento não sofriam nenhum tipo de penalidade pela lentidão e pela falta de aproximação com o cliente, agora são vulneráveis, ao passo que as empresas atenciosas e próximas do cliente desfrutam hoje de novas vantagens.

Nessa nova atmosfera, os problemas organizacionais tornam-se evidentes mais depressa. A relação praticamente instantânea e constante entre o cliente e a empresa e entre funcionários e gerentes deixa as operações mais transparentes. As pessoas de dentro e as de fora percebem o que está dando certo e o que está dando errado no momento em que os fatos ocorrem. Como os processos e as políticas têm hoje projeção que antes não tinham, fica cada vez mais difícil ocultar qualquer dado.

Isso nos leva a mais uma daquelas ironias típicas de uma situação em que, quanto mais as coisas mudam, mais permanecem iguais. Cá estamos, nesse clima revolucionário em que a mudança parece reinar. Apesar disso, a importância de pelo menos um modo antigo de fazer negócios não apenas não foi reduzida, mas também está tendo seu valor aumentado progressivamente.

A integridade nunca foi tão valorizada. Como todo o mundo está atento, é melhor cumprir o prometido. É melhor ser quem dizemos que somos.

Não é preciso ir à igreja para ouvir um sermão desses. Cada vez mais os líderes da nova economia nos dizem isso. "Na era '.com'", assinala Scott McNealy, co-fundador, presidente e diretor geral da Sun Microsystems, "a confiança — resultado direto da integridade e da boa reputação — continua indispensável [...] A única diferença agora é que a boa fama, que leva tempo para construir, pode ser maculada mais depressa. Isso, porém, faz da confiança um bem mais valioso no mundo virtual".[4]

A integridade é um desses conceitos que jamais saem da pauta de discussão. Um indivíduo adulto já a ouviu a vida toda nos contextos mais antagônicos possíveis, de tal forma que o conceito se diluiu pela força da repetição. No entanto, sabemos identificá-la quando deparamos com ela. Nós a valorizamos, sobretudo, quando ancorada em casos práticos e vinculada a seu atributo fundamental: prestação de contas. Ser íntegro é prestar contas.

Desde o início, em virtude de sua missão dupla, o Exército de Salvação sempre teve de prestar contas duplamente. No que se refere àqueles que não compartilham da fé religiosa dos salvacionistas, o Exército deve demonstrar que, ao colocar seu propósito espiritual na linha de frente, na verdade reforça a atenção para com o bem-estar total do cliente — atendendo-lhe as necessidades do corpo, da mente e da alma. Quanto aos que são movidos pela fé religiosa, o Exército deve mostrar que não deixa o serviço social desviá-lo de seu propósito evangélico. O Exército sempre precisa ratificar sua promessa de dar "o coração a Deus e a mão ao homem".

No início de 1890, Booth sabia que tinha de justificar o investimento na fé e em recursos materiais que ele reivindicava. Por isso seu livro, *In darkest England and the way out*, está repleto de estatísticas colhidas nas primeiras pesquisas do Exército, que apresentavam tanto as necessidades do East

[4]It's like... business built on metaphors still need value, *Forbes ASAP*, p. 47.

End londrino quanto o histórico de serviço do Exército na região. Fazemos o mesmo hoje. Nossos relatórios anuais estão cheios de números e testemunhos. Sempre que fechamos contratos com o governo ou dele recebemos subvenções, submetemo-nos prontamente aos padrões de avaliação desses programas. Precisamos demonstrar de que modo o cliente se beneficia de nossas estratégias. Optamos geralmente por apresentações públicas de prestação de contas, mesmo quando isso representa despesa para nós, porque cremos que agindo assim deixamos claro quanto nos orgulhamos de nossa economia.

Em meados da década de noventa, o Exército nos EUA viu-se diante de uma decisão muito importante sobre contabilidade. Fomos comunicados de que seria mais fácil para os doadores comparar as diversas instituições de caridade se adotássemos as mesmas práticas contábeis utilizadas por outras entidades sem fins lucrativos. Internamente, a idéia não teve recepção muito calorosa, uma vez que o sistema em vigor era perfeitamente adequado para nós. Não tínhamos dificuldade alguma em rastrear nossos negócios, tampouco tínhamos problema em convencer os doadores de que utilizávamos a contribuição deles da melhor maneira possível.

Além disso, a mudança seria onerosa e tomaria muito tempo, exigindo centenas de milhares de dólares e anos de trabalho de nossos funcionários para adaptar os sistemas de informatização. Depois, passado o transtorno da mudança, as informações obtidas pelo novo método nada acrescentariam ao que já sabíamos de nossas finanças pelo método antigo. Ademais, se houvesse algum detalhe menor em nosso método que não fosse tão eficiente quanto em outras organizações sem fins lucrativos, ficaríamos expostos à vista de todos.

Decidimos fazer a conversão porque acreditávamos que a longo prazo a mudança fortaleceria nossa marca. Seria um obstáculo a menos para a transparência. Reforçaria a necessidade de prestação de contas e de eficiência. Seria também mais uma demonstração pública de nosso compromisso de ser o que afirmamos. Se porventura alguma falha viesse à tona, tanto melhor, porque seríamos obrigados a solucionar o problema, de modo que o propósito e a prática do Exército estariam sempre em sintonia.

Pense em quanta coisa está em jogo no momento em que fechamos um contrato com uma agência governamental para o tratamento de viciados ou para o acompanhamento do processo de transição de um prisioneiro que retorna ao convívio da comunidade. Convidamos outras pessoas para avaliar nossos processos de acordo com padrões estabelecidos por elas. Estamos cumprindo o que prometemos? Estamos contribuindo de fato para que esses clientes adquiram independência? Até que ponto nossas estratégias são melhores que as das demais organizações? No âmbito do serviço público, essas perguntas exigem respostas visíveis a todos.

Nossa integridade também fica exposta aos refletores quando prestamos socorro a vítimas de catástrofes. Em geral, uma das primeiras imagens com que as pessoas deparam quando ligam a TV para assistir ao resgate de pessoas vitimadas por uma enchente ou um furacão é um centro de serviço ou uma cantina móveis do Exército de Salvação. Oficiais, funcionários e voluntários trajando jaquetas do Exército são presença freqüente nessas imagens. A paixão por trás da pergunta nessas horas de crise é palpável: o que vocês fazem para fazer a diferença? Temos de provar vezes sem conta que a confiança que inspiramos nas pessoas é merecida, que as expectativas que criamos serão concretizadas.

Em nosso tipo de trabalho, em que é impossível recompensar nossa equipe com incentivos monetários adicionais, contamos com o orgulho e com a oportunidade de satisfação espiritual como fatores de motivação do nosso pessoal. O fato é que nenhuma organização, não importa quanto se disponha a pagar aos funcionários, pode funcionar por muito tempo sem proporcionar essas compensações intrínsecas que transcendem o meramente material. Quanto mais claro o retorno dos clientes, maior o orgulho da equipe. Para obter retorno claro, a promessa da organização também deve ser igualmente clara — clara a ponto de pôr em risco sua reputação se não for cumprida.

Para que o mundo saiba que alguém alcançou o sucesso, é preciso também conhecer-lhe as falhas. Pode-se encher a declaração de missão da empresa com todo tipo de generalidade, como, por exemplo, "sintonizada com o mercado" e "atenta às necessidades dos clientes"; porém, se em nenhum momento deixa claro pelo que é responsável, jamais terá seu desempenho reconhecido.

O ambiente empresarial transparente torna o risco mais óbvio. Isso é bom, pelo menos no que nos diz respeito, porque congrega os esforços da empresa em torno do que deverá fazer para ser bem-sucedida. Para sermos honestos quanto a nossas ambições e aos métodos empregados para a realização dos nossos objetivos à vista de todos, só nos resta concentrar-nos na missão que nos propusemos realizar. Nossa reputação dependerá disso.

Inspirar confiança é fundamental para qualquer organização, mas é questão de vida ou morte para as instituições sem fins lucrativos. As pessoas investem tempo e dinheiro em instituições que acreditam ser honestas e eficientes. Poucas, porém, dão-se ao trabalho de ler as letras miúdas dos relatórios anuais ou de investigar cada um dos programas e diretrizes. Tomam suas decisões com base quase total no conceito da organização. Descobrimos que as pessoas têm uma ligação conosco — ou pelo menos valorizam o que acham que fazemos — mesmo quando sabem muito pouco sobre nossas operações.

Na primavera de 2000, fizemos uma pesquisa[5] em que pedimos às pessoas que fizessem uma lista do que consideravam mais importante numa instituição de caridade. A prioridade principal indicada pelos entrevistados foi "utilizar os donativos com eficiência". Esse mesmo público pesquisado deu uma nota alta para o Exército (8 na escala de 0 a 10) por utilizar da melhor forma possível os recursos obtidos.

A pesquisa indicou que o Exército desfruta de muito respeito do povo americano graças ao trabalho incansável (8,51 na escala de 0 a 10), à compaixão demonstrada em suas atividades (8,31) e a sua tolerância (7,25). Quando indagados sobre o que lhes vinha de imediato à mente quando pensavam no Exército, um terço dos entrevistados respondeu espontaneamente que associava nossa imagem à ajuda aos pobres e aos necessitados.

Ao analisar uma pesquisa desse tipo, nossos consultores de *marketing* apontam sempre uma anomalia: há um sentimento positivo em relação ao Exército de Salvação, embora relativamente poucas pessoas sejam capazes de identificar programas específicos. Por exemplo, apenas um décimo dos entrevistados pela pesquisa de 2000 disseram associar o Exército a programas de alimentos para os famintos e para os sem-teto. Um número ainda menor de pessoas associou o Exército às lojas beneficientes e à assistência a vítimas de tragédias, duas de nossas operações mais importantes e às quais nos dedicamos em tempo integral.

Trata-se de uma combinação curiosa, não é verdade? Por um lado, as pessoas têm o Exército de Salvação em alta estima, por outro, conhecem muito pouco seus programas. Outras organizações, sobretudo empresas com fins lucrativos, às vezes gastam fortunas com *marketing*, mas conseguem conquistar

[5]Abril de 2000, SWR Worldwide.

apenas uma modesta fração do conceito que desfruta o Exército. A pesquisa mostra também que as pessoas desconhecem muitos de nossos "produtos".

O que isso significa? Se as pessoas não estão a par do que fazemos, como explicar a intensidade e a persistência de sua confiança em nós?

Suspeitamos que somos beneficiados coletivamente — temos a nosso favor um efeito multiplicador em escala nacional — pelos sucessos individuais dos programas comunitários do Exército. É como uma aura formada por milhões de impressões, algumas resultantes de experiência direta com os programas do Exército, a maioria, porém, fruto de histórias contadas e recontadas inúmeras vezes sobre a compaixão e a confiança que o Exército inspira nas regiões a que servimos.

É só isso. As pessoas nos vêem com carinho e nos dão apoio em todo o país por causa do efeito radiante de nossa atuação de comunidade em comunidade. Esse é o tipo de *marketing* que custa menos e dura muito. Pode ser aplicado em qualquer organização, desde que o desempenho esteja de acordo com as promessas.

O fantástico retorno que obtemos com o *marketing* baseado no desempenho talvez seja ainda mais intrigante pelo fato de vivermos numa era marcada muito mais do que qualquer outra pela publicidade. Não faz muito tempo, eram raras as pessoas que não associavam imagem a reputação e reputação a desempenho. Nos últimos cinqüenta anos do século XX, entretanto, muita gente deixou-se seduzir pela idéia de que a responsabilidade pela construção da imagem de uma empresa cabia a uma parte da organização inteiramente distinta da parte responsável pela fabricação dos produtos e do atendimento ao cliente. Na verdade, as campanhas de construção de marca são normalmente entregues a agências externas especializadas na criação de impressões para produtos dos quais se ocuparão apenas momentaneamente — e porque são pagas para isso.

É muito perigoso separar essas duas funções com base no pressuposto de que as pessoas e os processos responsáveis pela construção e proteção do nome de uma instituição são diferentes dos que se empregam no trabalho diário de atendimento ao cliente. Em última análise, pouco importa se sua campanha de *marketing* é de primeira qualidade, o valor de sua marca depende *exclusivamente* de como você satisfaz as expectativas de seu cliente. Uma campanha publicitária brilhante pode, na verdade, criar problemas se atrair pessoas para experimentar em primeira mão a existência de um fosso entre promessa e desempenho.

Por mais óbvio que pareça, as implicações disso podem ter sido camufladas, por ineficiência, em formas antigas de fazer negócios, já que o retorno não penetrou a tempo nas fronteiras internas e externas da organização. Numa era de transparência, porém, os escudos foram depostos. Desapareceram todas as vantagens acumuladas pelos administradores que antes viviam isolados por barreiras que interrompiam o fluxo das informações. Qualquer organização hoje em dia sabe que a ignorância e o isolamento constituem grandes deficiências. Toda desculpa que não permita sanar as deficiências de desempenho será vista como incompetência e falta de determinação.

Nos novos tempos, voltamos às antigas premissas básicas. A confiança se constrói cumprindo o prometido. Para preservá-la, é preciso estar atento às necessidades daqueles a quem servimos. É preciso remover todo e qualquer obstáculo que possa bloquear a integração do seu propósito e dos seus processos. É preciso inspirar em seu pessoal a crença sincera nessa integração em todos os níveis.

A inspiração deve provir de gente da organização que veste a camisa da marca, que modela seus valores essenciais. Os primeiros modelos do Exército de Salvação foram seus fundadores, William e Catherine Booth. William Booth empenhava-se em seu trabalho com tamanho fervor que, conforme relata uma história famosa, uma companhia de seguros insistia em aumentar o valor de sua mensalidade caso ele não diminuísse o ritmo. Ele, é claro, optou por pagamentos mais elevados. Catherine Booth, tendo assumido um papel de igual importância no púlpito e em programas de serviços, fixou o padrão de liderança diversificada nos primeiros tempos do Exército. Juntos, os dois inspiraram não somente a missão que se transformou no Exército, mas também um mundo curioso.

Quando William Booth morreu, em 1912, aos 83 anos, foi como se tivesse morrido um chefe de estado. Cerca de 65 mil pessoas vieram vê-lo. Monarcas enviaram coroas de flores. Atrás do cortejo fúnebre, cinco mil salvacionistas marcharam lado a lado em grupos de seis.[6]

O carisma de Booth foi transmitido a alguns de seus filhos, principalmente Evangeline, nascida no ano de fundação do movimento, em 1865. Sem dúvida, ela herdou o talento do pai para inspirar multidões e selar alianças pouco comuns. Ao assumir a direção do Exército de Salvação nos Estados Unidos, em 1904, usou ao máximo esse carisma.

A exemplo do pai, Evangeline Booth imprimiu no Exército a personalidade que tornaria a instituição conhecida do grande público. Em apresentações a que compareciam grandes multidões, ela recorria a todo tipo de figurino teatral e de técnicas de palco, dramatizava a condição dos pobres e famintos diante de indivíduos que talvez jamais se sentassem quietos em bancos de igreja para ouvir um sermão. Graças à força pura e simples de sua personalidade e a eventos públicos de grande repercussão, Evangeline fez com que os americanos se identi-

[6]Roy Hattersley, *Blood and fire:* William and Catherine Booth and their Salvation Army, Doubleday, 1999, p. 435.

ficassem em maior ou menor grau com o Exército. Firmou alianças de apoio com os mais abastados e mais bem relacionados, os quais a ajudaram a financiar programas e a ampliar o alcance do Exército. "De 1905 a 1934", escreve Diane Winston, "Evangeline Booth foi alçada à condição de ponta de lança do Exército na batalha pela definição da instituição".[7]

É claro que não era apenas o Exército de Salvação que se empenhava para definir suas estratégias organizacionais nesse período. Os Estados Unidos atravessavam uma fase radical que os levaria a exercer um papel preponderante no mundo. A Primeira Guerra Mundial e a Grande Depressão ocorreram durante o mandato de Evangeline Booth à frente do comando nacional. E, a exemplo do Exército de Salvação, levado por sua missão ao âmago das mais traumáticas situações, os Estados Unidos, forçados a lidar com situações idênticas, foram remodelados pela experiência.

Embora talvez jamais tenha ocorrido às pessoas daquela época, que confiavam na liderança extraordinária de Evangeline Booth para inspirar as fileiras internas do Exército e levantar fundos de patrocinadores externos, os dias de guerra e da Grande Depressão começavam a impor nova percepção da realidade aos indivíduos responsáveis por tomadas de decisões. Aquele era também um tempo de revolução.

O mundo nas primeiras décadas do século XX crescera e ficara mais complicado que o mundo em que nasceram e viveram os líderes da era vitoriana. Seriam necessários novos níveis de especialização e estratégias mais abrangentes para a resolução dos problemas que então se impunham. As organizações que quisessem crescer naquele complexo turbilhão teriam de

[7] *Red-hot and righteous:* the urban religion of The Salvation Army, Harvard, 1999, p. 243.

desenvolver estilos de liderança e métodos operacionais que se afastassem de práticas carismáticas e personalistas e se aproximassem de outras, mais sistemáticas e democráticas — o que dá a Winston razão em afirmar, entre outras coisas, que Evangeline Booth era uma "figura pública que despertava o interesse da mídia da época mais que qualquer outro salvacionista americano antes e depois dela".[8]

No próximo capítulo, trataremos mais minuciosamente dessa transição de estilo de liderança. Por enquanto, limitaremos nosso propósito a ressaltar a seguinte ironia: a filha mais famosa do fundador do Exército de Salvação, que em 1934 se tornaria general internacional, representava o ponto alto da liderança carismática no seio do Exército. Contudo, ainda que talvez não tivesse consciência disso na época, ela fez muito para acelerar a passagem do Exército para uma era em que seu crescimento seria ainda maior, mais eficaz e mais influente, sem que para isso tivesse de depender do encanto pessoal de sua comandante.

Evangeline Booth resistiu bravamente à pressão do comando central do Exército na Inglaterra — até de seu irmão, Bramwell, quando era general — para controlar com rigor redobrado os salvacionistas americanos, o que lhes permitiu fazer as adaptações necessárias à cultura local, de modo que se parecessem mais com evangelistas sociais do próprio país do que com uma força invasora. Seu relacionamento com pessoas ricas e influentes, como John Wanamaker, pioneiro do varejo, ou o banqueiro E. F. Hutton, ajudou-a a consolidar uma tradição de patrocinadores abastados e ao mesmo tempo lançar os sólidos alicerces que caracterizariam as finanças da instituição em solo americano. Todavia, o fator mais importante do ponto de vista da construção da marca foi sua idéia de enviar

[8]Ibid.

mulheres salvacionistas para as imediações da linha de frente nas batalhas da Primeira Guerra Mundial. Elas davam de comer aos soldados americanos e proporcionavam-lhes um pouco da sensação de segurança própria do lar.

Essas salvacionistas ficaram conhecidas como "Sallies". Em tendas e cabanas erguidas na proximidade das linhas de frente, onde fosse permitido, elas assavam pães, serviam café, lavavam meias e ouviam os soldados solitários como se fossem irmãs ou mães deles. Também realizavam cultos devocionais, reuniões de oração e cantavam hinos conhecidos dos homens. Elas eram, em resumo, o elo que unia esses soldados à família e à fé numa época que os ameaçava separar de ambas.

A exemplo do Exército, cuja atuação se dava em várias frentes, as "Sallies" não se furtavam de ajudar quem quer que fosse e sem discriminação. "Até ateus e membros de outras organizações religiosas eram alvo da hospitalidade das salvacionistas", escreve Winston, "que também lhes permitia o uso das tendas do Exército. Ordens de fraternidade faziam suas reuniões ali, judeus e católicos também faziam cultos no mesmo local, e as bandas divisionais se encontravam para ensaiar".

As "Sallies", assim como seus irmãos soldados do Exército espalhados por várias cidades americanas, saíam de suas posições para ir ao encontro daqueles que se achavam literalmente nas linhas de frente. "A popularidade do Exército de Salvação espalhou-se não só pelo que fazia, mas principalmente pelo que representava", acrescenta Winston. "As salvacionistas deixavam claro que sua missão consistia em cuidar dos homens recrutados, não dos oficiais. Como não aceitavam nenhum tipo de favor do escalão superior, dormiam, comiam e trabalhavam nas mesmas condições que os outros soldados. Não espanta, portanto, o fato de que a infantaria americana as considerasse iguais."[9]

[9]Ibid., p. 182.

Os soldados que voltavam da guerra não se cansavam de louvar a contribuição das "Sallies". Elas se tornaram inspiração de poemas e canções que logo ganharam espaço na cultura popular. Cartazes e capas de revistas elevavam-nas quase à categoria de santas. Nem mesmo Evangeline Booth, com todo o talento para o *marketing*, podia ter imaginado quando iniciou o programa quanto o Exército se beneficiaria dele.

As "Sallies" eram pessoas reais, não criação de uma campanha de relações públicas. Contudo, seu exemplo pessoal dos propósitos e métodos do Exército — ainda que relativamente anônimo — deu uma proximidade da instituição com o público que nenhum líder carismático seria capaz de conseguir. Elas projetaram a imagem de serviço abnegado mesmo em face do maior perigo, tornando-se alvo de admiração praticamente universal. O melhor de tudo é que essa interpretação estava correta. O Exército beneficiou-se de uma das maiores oportunidades do mundo para construir sua imagem fazendo simplesmente o que desde o início se propusera fazer, cumprindo o que prometera.

Com a expansão do Exército depois das duas grandes guerras mundiais, sua imagem tornou-se menos dependente de uma liderança carismática. Os símbolos mais visíveis de nosso trabalho são o escudo do Exército, a panela de Natal e o uniforme de nossos soldados e oficiais.

Numa era de individualismo, de louvor à diversidade e ao vigor empresarial, o uso de uniformes dá a entender a alguns conformismo e certa rigidez mental. Muitos dizem que se sentiriam limitados, até oprimidos, se tivessem de usar uniforme todos os dias. Para os oficiais do Exército, porém, dá-se justamente o oposto disso. Sentimo-nos mais orgulhosos do que somos quando estamos de uniforme. Ele também ajuda a ganhar tempo. Usá-lo é o mesmo que dizer: "Eis o que somos". Não há necessidade de apresentações.

Quando William Booth fundou o Exército de Salvação, na Inglaterra do século XIX, as vantagens do uniforme eram evidentes. O uso de roupas diferenciadas fixava imediatamente a identidade de um grupo que dependia de reconhecimento público. O uniforme também fazia eco ao orgulho que o inglês vitoriano tinha do exército imperial. Era símbolo de coragem, disciplina e profissionalismo. Logo, pensou Booth, para que o Exército de Salvação fosse levado a sério, teria de estar uniformizado.

Havia também considerações práticas. Os pobres recrutados para o serviço no Exército livravam-se do estigma das roupas maltrapilhas. No caso dos ricos, ele simbolizava o desejo de se desembaraçar das preocupações mundanas para com os trajes da moda. O uniforme ajudava a democratizar o movimento.

Essas considerações práticas são válidas ainda hoje. Quando usamos o uniforme do Exército de Salvação, demonstramos que na aparência, bem como na filosofia, o tecido é o mesmo. Acima de tudo, porém, depois de mais de 135 anos de presença influente do Exército no mundo, o que importa de fato é a permanência simbólica do uniforme, sua capacidade de inspirar em nós e nos outros o reconhecimento do que ele representa.

Quando os oficiais do Exército viajam, costumam ser interpelados em aeroportos, estações de trens e lugares públicos diversos por pessoas que desejam contar-lhes algo ou pedir orações. São indivíduos que se recordam do uniforme do Exército entrando na vida deles em momentos cruciais. Pode ter sido um líder de jovens, um dirigente de banda ou um visitante da Liga de Misericórdia que esteve a seu lado no hospital. Pode ter sido o oficial que ofereceu café quente e cobertores aconchegantes logo depois de uma enchente ou de um furacão. Talvez tenha sido o conselheiro de um centro de reabilitação ou um oficial responsável pelo reencontro de membros desaparecidos de uma família. Muitas pessoas tiveram experiências com um salvacionista uniformizado que lhes transformou a vida. Usar o uniforme, portanto, vincula-nos a nosso passado e às pessoas a quem servimos no presente. No que se refere a custos, não há publicidade mais forte e mais eficaz do que essa.

Não há motivo algum para que outras organizações não tirem também vantagem de uma declaração pública do que representam. Não se trata de vestir uma roupa diferente. Trata-se de expor os princípios da organização à vista de todos. Os valores ficam à mostra, e a missão ganha contornos nítidos. As pessoas sabem que podem confiar em nós.

Não há como calcular o número de pessoas beneficiadas por nossos programas, nem o número de voluntários que logo de início se sentiram atraídos pelo Exército e conosco permaneceram durante toda a vida, tampouco quantos funcionários e oficiais foram recrutados pelo exemplo dos oficiais do Exército de Salvação. Fatos como esses deixam clara a importância do uniforme como fator de relações públicas. Pense na importância dessa imagem para os membros de nossa organização. Ao ver como as pessoas reagem a nossa marca, compreendemos a responsabilidade de manter sempre o mesmo nível. Nossos negócios devem zelar pela integridade e pelo compromisso com a missão simbolizada pela tradição.

No caso das empresas, os funcionários têm também o mesmo sentimento de orgulho e obrigação quando os clientes reagem positivamente a um produto ou quando os meios de comunicação falam bem da estratégia adotada pela organização. As histórias que mais encantam as empresas de comunicação e maior impacto exercem sobre uma companhia nada têm a ver com dinheiro. São histórias que mostram como determinada empresa enfrentou e venceu um desafio particularmente ameaçador ou como optou por uma trajetória responsável quando podia ter conseguido lucro mais rapidamente se tivesse feito outra opção.

Todos os que participam de um projeto dentro da empresa, da fase da pesquisa e desenvolvimento, da produção, do *marketing* e, por fim, das vendas, sempre se referem à empolgação que sentem ao ver pela primeira vez um anúncio do produto numa revista ou na televisão. "Foi nisso que trabalhamos durante tanto tempo", dizem.

É preciso aproveitar ao máximo o elo entre orgulho e desempenho, tirando sempre do caminho tudo o que possa interferir na atividade do funcionário dentro da empresa e na forma em que ela é acolhida fora. É por isso que oficiais e funcionários que exercem funções exclusivamente internas são arrolados em programas externos, para que tenham contato direto com os beneficiados por suas atividades.

É comum encontrar gente que trabalha em atividades internas servindo café nos locais de catástrofes. Programadores de computador e gerentes setoriais trabalham voluntariamente nos programas do Exército em suas comunidades. É preciso que todos sintam o efeito de seu trabalho sobre os clientes e ouçam pessoalmente os elogios e as críticas que eles têm a fazer. Com isso, fica mais fácil persistir no comportamento que permite ganhar continuamente o respeito de outros e fomenta-se, ao mesmo tempo, o desejo de orgulhar-se de si mesmo pelas ações praticadas.

Esse tipo de orgulho tem uma particularidade muito especial. Não é possível "instilá-lo" numa organização, como tantas vezes ouvimos. Tem de ser conquistado. É o orgulho que nasce do desempenho do indivíduo em sintonia com expectativas decididas por todos. Esse sentimento corre o risco de desaparecer da organização no momento em que permitimos a existência de descompasso entre a prática e o objetivo da empresa, não importa quanto apregoemos nossas intenções.

Quem primeiro notará essa falta de sintonia, antes mesmo dos clientes, serão os funcionários.

Já discorremos sobre a necessidade que todos temos de nos vincular a um propósito importante na vida. Quando ingressamos numa organização, trazemos conosco esse desejo. Ele é tão poderoso que a maior parte das pessoas tenta conseguir algum prazer naquilo que faz, independentemente de a organização cumprir o que promete e os gerentes apoiarem os esforços de seus subordinados.

Não raro, em muitas empresas, os melhores profissionais se vêem diante de obstáculos impostos ou induzidos pela organização — políticas rígidas, procedimentos antiquados e hierarquização sufocante no processo de tomada de decisão — que tolhem a realização de objetivos importantes. Alguns criam mecanismos artificiais para escapar aos gerentes que os pressionam. Outros conspiram com seus pares e inventam meios que lhes permitam realizar um trabalho do qual sintam orgulho apesar do que *eles* — os engravatados e devoradores de números — colocam no caminho. Isso faz do alto desempenho um ato subversivo e cria uma ponta de desconfiança entre gerentes e empregados, o que é muito perigoso.

Todo gerente, mesmo nas boas empresas, que não for capaz ou não desejar incorporar os mais altos valores da empresa em suas relações com os empregados ameaça pôr em risco seu recurso mais importante: o acesso ao talento. Os bons profissionais evitam os maus gerentes. São capazes de deixar uma organização da qual gostam e sentem orgulho, caso não se sintam capazes de respeitar o chefe e serem respeitados por ele. Os que ficam tornam-se menos produtivos do que poderiam ser se houvesse comprometimento e inspiração de sua parte.

"É muito simples", disse um executivo citado num estudo da *American Demographics* sobre o efeito das relações empregado—gerente na produtividade e nos lucros,"mesmo que se trabalhe numa boa empresa, se o chefe for ruim, o trabalho também será ruim".[10]

Se o indivíduo acha que seu emprego é ruim, ele se sentirá menos comprometido com o trabalho. E não é surpresa para ninguém o fato de uma empresa cujos funcionários se sentem pouco comprometidos ter desempenho inferior aos daquela cujos funcionários acreditam nos princípios fundamentais da organização e procuram integrar-se a eles por meio da liderança da companhia. Não são apenas os que ocupam as posições mais altas dentro da empresa que devem ser bons administradores. As pesquisas indicam que os supervisores imediatos são em geral o fator mais influente.[11]

Durante 25 anos, o Gallup coletou dados sobre as prioridades dos trabalhadores mais produtivos de várias empresas. As conclusões formaram a base de um livro escrito em 1999 por Marcus Buckingham e Curt Coffman, *First, break all the rules: what the world's greatest managers do differently* [*Primeiro, quebre todas as regras: o que os maiores gerentes do mundo estão fazendo de diferente*]. "Nossa pesquisa revelou muito", dizem os autores na introdução, "porém o que mais nos chamou a atenção foi constatar que empregados de talento precisam de

[10]Rebecca GARDYN, Who's the boss, Sept. 2000, p. 55.

[11]"Goste-se ou não", escreveu Rebecca Gardyn na história publicada na *American Demographics*, "são poucas as empresas que se dispõem a questionar o resultado". Num estudo da Watson Wyatt Worldwide, Gardyn observa que "empresas com funcionários altamente comprometidos proporcionam retorno total de 112% aos acionistas ao final de três anos, ao passo que em empresas com baixo comprometimento de seus funcionários esse porcentual é de 76% [...] Fé e confiança na alta gerência são elementos essenciais do comprometimento do funcionário. Na verdade, funcionários que depositaram plena fé e confiança em seus gerentes proporcionaram aos acionistas da empresa um retorno total de 108% ao final de três anos, ao passo que, em empresas cujos níveis de fé e confiança são baixos, esse porcentual ficou em 66%.

gerentes especiais. Um empregado talentoso pode ser atraído a uma empresa por causa do carisma de seus líderes, dos benefícios generosos que ela oferece e de programas de treinamento de primeira classe. No entanto, o tempo de permanência desse indivíduo e seu grau de produtividade serão determinados pelo relacionamento que ele tiver com seu supervisor imediato".[12]

No final, mesmo que sua empresa tenha uma visão administrativa sadia e um produto que o mercado talvez receba bem, pode-se pôr tudo a perder se os valores praticados não forem compreendidos de maneira condizente — não apenas *fora*, pelos clientes, mas também internamente, pelos empregados. "Pense nisso como quem amassa um pão", dizem James C. Collins e William C. Lazier, "e massageia constantemente certos valores até que penetrem o âmago da organização".[13]

Portanto, para saber por que o Exército de Salvação em San Diego mereceu da parte de Joan Kroc tanta generosidade, é preciso analisar a questão de múltiplos ângulos: fomos agraciados com essa oportunidade por causa de nossa reputação, construída com base na determinação de conquistar os mais altos níveis de eficácia. Essa eficácia depende de nossa capacidade de harmonizar continuamente nosso propósito com os processos em andamento em toda a organização, o que nos leva a agir com coerência e integridade em todos os nossos relacionamentos.

Se conseguirmos isso, obteremos vantagens práticas espetaculares, não apenas na forma que o público nos vê, como também na administração dos itens básicos do dia-a-dia. Tratase de uma ferramenta de gerenciamento que nos impulsiona em direção às promessas feitas aos parceiros de dentro e de

[12]Simon & Schuster, 1999, p. 11-2.

[13]*Beyond entrepreneurship:* turning your business into an enduring great company, Prentice Hall, 1992, p. 6.

fora da organização e está diretamente relacionada com os resultados almejados pelo Exército. O mesmo aplica-se a outras organizações.

Quem quiser uma demonstração prática da necessidade de integridade em empresas com fins lucrativos, basta observar o mercado de ações, um dos mais turbulentos que há, especificamente a Nasdaq, que hoje é o maior mercado acionário dos Estados Unidos em volume de dinheiro.

Em 1994, depois de alegações de práticas incorretas e comportamento questionável de operadores da Nasdaq, o Departamento de Justiça dos EUA e a Securities and Exchange Commission [Comissão de Valores Mobiliários dos Estados Unidos] passaram a investigar o mercado de ações de alta tecnologia. Nos dois anos que se seguiram, em resposta às indagações do governo, a Nasdaq foi totalmente reformulada. O sistema foi atualizado nos setores de realização de transações, garantia de pagamento do valor mobiliário e implementação das regras prescritas. A estrutura de gestão foi totalmente reformada.

Alfred R. Berkeley III foi um dos profissionais contratados para supervisionar as mudanças e reconquistar a confiança do público. Berkeley tivera papel fundamental, como analista de seguros especializado em tecnologia, na colocação das ofertas públicas iniciais de ações de empresas como a Microsoft e a Oracle. Foi nomeado presidente da Nasdaq em meados de 1996 e não demorou para começar a fazer alertas solenes sobre a necessidade de injetar confiança no setor.

A Nasdaq tem de ser rápida e confiável, disse Berkeley. Suas regras devem ser claras e postas em prática com muito rigor. Os operadores que tentarem manipular essas regras serão "expulsos do negócio".[14]

[14]Bill Atkinson, Local banker to be leader of Nasdaq, *Baltimore Sun*, 10 May 1996, p.1C.

Berkeley, hoje vice-presidente da Nasdaq, acredita que só a integridade é capaz de sustentar o negócio: "A Nasdaq tem como propósito transações vantajosas mútuas entre desconhecidos. Movimentamos diariamente bilhões de dólares em mercados eletrônicos porque, de modo geral, é possível acreditar no que as empresas dizem representar; podemos confiar que os mercados negociarão com os instrumentos que lhes pomos à disposição de maneira eqüitativa e previsível; podemos confiar também que os intermediários, a quem enviamos dinheiro e valores mobiliários, pagarão conforme o prometido, sem insolvência".[15]

Descrita dessa maneira, é difícil argumentar contra a idéia de que a confiança sempre precede qualquer relação comercial bem-sucedida, quer o negócio se realize por meio de bolsa eletrônica, quer na mercearia da esquina. Na verdade, a confiança é essencial a qualquer relacionamento humano. Integridade e confiabilidade são dois dos hábitos mais práticos que se podem adquirir.[16]

"Faz sentido", diz Alfred. "É uma forma positiva de viver a vida. É pragmático, e os resultados são excelentes."

Pode ser também um porto seguro no momento em que a próxima revolução estourar. Iain Somerville, fundador e sócio mantenedor da Andersen Consulting Center for Thought Leadership [Centro de Consultoria Andersen para a Liderança de Idéias], e John Edwin Mroz, fundador e presidente do Institute for EastWest Studies, trabalham com aconselhamento para líderes de empresas globais com fins lucrativos e também com chefes de estado. Para haver interação bem-sucedida com a próxima geração de cidadãos, clientes e empregados, dizem

[15]Win-win-winnowing out the gamers, *Forbes ASAP*, Oct. 1999, p. 16.

[16]Entrevista de Al Berkeley a Ben Brown em "A pioneer of the high-tech frontier" (*Southem Living*, Mid-Atlantic edition, Dec. 1999, p. 16).

Somerville e Mroz, é preciso ser íntegro no plano pessoal e organizacional. É preciso incorporar os princípios que dizemos defender: "Para alcançar o coração e a mente das novas gerações, é necessário um comprometimento ainda maior com propósitos realmente dignos. As empresas têm de forjar uma nova relação com o mundo, relação esta que transcenda a mera competitividade. É preciso definir propósitos que reflitam os interesses das pessoas a quem se deseja alcançar, conquistando assim níveis de desempenho que ultrapassem o usual. Esse propósito não é bem uma missão nem um objetivo, mas um compromisso materializado no comportamento cotidiano dos integrantes de toda a empresa".[17]

[17]New competencies for a new world, in: *The organization of the future*, p. 67.

CAPÍTULO CINCO

Aprenda a ouvir para liderar

Para uma empresa pequena crescer, transformar-se numa organização de grande porte e prosperar nesse processo, sem perder de vista sua missão e energia criativa, é preciso contar com recursos que não aparecem com muita evidência nem se mostram tão essenciais no momento em que se começa um novo negócio. Na verdade, esses recursos são por vezes o oposto daqueles necessários à decolagem de qualquer empreendimento.

Trata-se de recursos que precisam ser dominados e institucionalizados, incorporados à estrutura da organização, a fim de se perpetuarem. No próximo capítulo, discutiremos o que o Exército de Salvação aprendeu sobre construção e manutenção de estruturas. Neste, porém, vamos nos concentrar na principal característica, a que precede e influencia todas as demais: ouvir com o propósito de aprender e com o compromisso de agir.

Prometer ouvir é o mesmo que se comprometer a agir com integridade. Tanto já se repetiu essa frase, mesmo em situações que depõem contra aquilo que se diz, que a maior parte das vezes ela passa despercebida. Que administrador não jura que "a porta está sempre aberta"?

Em última análise, é bem-sucedido no teste do ouvir aquele que dá ouvidos. Provamos que estamos prestando atenção pelo modo que reagimos à informação recebida. Antes, porém, de conseguirmos isso, de obter o máximo que a oportunidade de ouvir nos oferece, é preciso aceitar a premissa igualitária que subjaz a esse processo.

Ouvir, em sua manifestação mais profunda e mais gratificante, implica relacionamento. Não se trata de mera ferramenta nem de mera estratégia. É uma forma de ver o mundo. No Exército de Salvação acreditamos de fato que o ouvir tem um aspecto teológico. Está no âmago de nossa "teologia de serviço".

Cremos que Deus, quando nos criou, pôs dentro de nós a necessidade de alcançar a outros pelo exemplo de Jesus. A vida de todos nós se relaciona uma com a dos outros e só pode aproximar-se da plenitude a que aspiramos se todas estiverem em harmonia com o propósito divino — o que significa que todos os seres humanos são parceiros potenciais do processo de reconciliação com o propósito divino. Somos todos parte de uma mesma família, iguais perante os olhos de Deus, a despeito de nossa condição temporária de prestadores de serviço ou de recebedores desses mesmos serviços, de gerentes ou de funcionários. Trata-se de uma posição que se opõe à idéia de ouvir o outro sentindo-nos superiores ou movidos por segundas intenções.

Uma vez que estamos todos juntos nisso, precisamos ouvir e compreender um ao outro sempre. Bloquear o fluxo de informação é como impedir que o sangue corra. Põe-se em risco a vida da organização e das relações construídas. É exatamente por causa disso que consideramos o ouvir, tanto no plano pessoal quanto no âmbito da empresa, elemento fundamental para a sobrevivência de qualquer organização.

A idéia de que a organização se assemelha a um organismo vivo "não é puramente acadêmica nem semântica", explica Arie de Geus, ex-executivo da Royal Dutch/ Shell e teórico da administração. "Há implicações práticas enormes nisso para o cotidiano da gerência. Em outras palavras, num mundo que muda o tempo todo, muitas vezes, ao longo de nossa carreira, não há outra saída senão engajar a todos no desenvolvimento contínuo da empresa. A intensidade com que as pessoas se dedicam, confiam e se empenham no trabalho não apenas tem efeito direto na lucratividade da organização, mas também afeta diretamente, mais do que qualquer outro fator, o tempo de vida esperado da empresa. O fato de muitas delas ignorarem esse imperativo é uma das grandes tragédias de nosso tempo."[1]

Todas as organizações deparam, vez ou outra, com possíveis soluções que lhes permitem entrever novas perspectivas e meios que possibilitam o envolvimento das pessoas no processo de tomada de decisão. O Exército de Salvação tinha pouco menos de 25 anos quando enfrentou sua primeira crise de liderança.

Nosso fundador, William Booth, era um líder eclesiástico incomum para seu tempo, porque via grande potencial nos que sofriam. Ouvia atentamente quando eles lhe relatavam suas necessidades e respondia com a paixão que ajudou a definir nosso movimento. Em outros aspectos, entretanto, Booth era produto de seu tempo, um tempo em que a monarquia e os militares eram o modelo incontestável de administração para todas as organizações. Para muitos de seus contemporâneos, o Exército de Salvação era o Exército de William Booth. E, como era do conhecimento geral, sobretudo numa época deslumbrante em que o império britânico dominava o mundo, de nada servia um exército que não fosse disciplinado e cegamente

[1] *The living company:* habits for survival in a turbulent business environment, Harvard Business School, 1997, p. 10.

obediente à cadeia de comando, tendo à frente um comandante supremo.

Booth simpatizava com esse estilo personalista. Contudo, à medida que o Exército expandia sua área de atuação para além da Inglaterra, os inconvenientes de uma organização de estilo militar comandada inteiramente de um quartel-general londrino tornaram-se cada vez mais óbvios. Os oficiais das linhas de frente em terras distantes sentiam tanta inspiração pelo trabalho missionário quanto a liderança que ficara na Inglaterra. Os novos "clientes" mostravam-se igualmente sensíveis à mensagem. Entretanto, era cada vez mais difícil obedecer estritamente ao *script* elaborado pelo fundador nos novos territórios. Mais difícil ainda era negociar questões espinhosas com o supremo comando do outro lado do oceano. Não é de admirar, portanto, que as circunstâncias tenham chegado a um ponto insustentável nos Estados Unidos, onde o chefe, o major Thomas E. Moore, de origem inglesa, viu-se dividido entre as exigências de um novo comando estrangeiro e a obediência ao general fundador.

A diferença cultural transformou-se em disputa jurídica em torno de uma questão meramente técnica: a constituição da organização em empresa. O Exército de Salvação em território americano aos poucos se transformava num empreendimento dotado de propriedades, contas bancárias e outros ativos e passivos. A menos que se constituísse em empresa, a lei obrigava o oficial de mais alta patente do Exército nos Estados Unidos — o major Moore — a responsabilizar-se por todas as operações e pelos bens da organização em solo americano. Booth, porém, recusava-se a autorizar uma medida que, no seu entender, enfraqueceria sua posição à frente do trabalho de Deus.

O major Moore, que não era exatamente o que se podia chamar de administrador eficiente e homem de espírito conciliador, pouco ajudou nessa situação. Ele tinha dificuldades para explicar sua posição à sede, em Londres, o que lhe enfraqueceu pouco a pouco o prestígio. Booth designou-o para a África do Sul e em 1884 nomeou um novo chefe em seu lugar. Moore, porém, decidiu não acatar a ordem de Booth e insuflou os que o apoiavam contra o general. Constituiu em seguida um Exército de Salvação rival nos Estados Unidos e tentou comandá-lo como organização ideologicamente idêntica à que chegara ao Battery Park quatro anos antes, sob a bandeira do Exército de Salvação, porém dela desvinculada.

Vemos aí um problema clássico de desenvolvimento organizacional. O que se observa nesse caso é um déficit de atenção na alta gerência. William Booth ouvia atentamente sua voz interior que insistia na necessidade de concentração e controle — voz esta, a propósito, que guiara a ele e ao Exército em meio a tempos terríveis. Ocorre que ele se achava de tal modo em sintonia com essa voz interior que não lhe era possível ouvir o clamor externo, que pedia mudanças em alguns *meios* para que se pudesse continuar a servir aos *fins* a que foram constituídos.

Booth achava que a missão do Exército e os meios de que ele se valia para executá-la eram inseparáveis. Ambos eram produtos de uma visão que ele considerava inspirada por Deus e que fora confiada a sua autoridade. Pensando assim, qualquer desafio a sua maneira de lidar com a organização era visto como agressão à própria organização e ao propósito sagrado do Exército.

A divisão provocada por Moore poderia ter conseqüências desastrosas. Foram necessários cinco anos para repará-la. Poderia ter levado mais tempo se Moore fosse bom administrador. Desde o início, porém, sua falta de preparo foi uma ameaça constante à resolução da operação, o que frustraria as expectativas dos oficiais mais jovens de concretizarem a separação. Em 1889, seu próprio Conselho Curador o depôs e o substituiu.

Houve, contudo, dois outros fatores cuja influência foi muito mais decisiva para a volta à normalidade. O primeiro foi a decisão de Booth de mostrar que, finalmente, começava a dar atenção aos Estados Unidos. Fez sua primeira viagem aos EUA durante o outono e o inverno, entre 1886 e 1887. A capacidade que tinha o veterano evangelista de atrair a atenção da mídia e inspirar o fervor de seus partidários fez maravilhas. Booth, segundo o historiador do Exército, Edward H. McKinley, "era aplaudido, adorado, citado, e as pessoas acreditavam nele. O declínio dos seguidores de Moore foi inevitável".[2]

O outro fator foi a determinação dos principais oficiais de ambos os lados de encontrar uma solução para o problema. A maioria acreditava que, apesar dos desentendimentos sobre a administração do movimento, sua missão os mantinha unidos. O sucessor de Moore no grupo separatista passou a dialogar informalmente com os seguidores de Booth. Ballington Booth, filho do general e chefe nacional do Exército nos Estados Unidos desde 1887, acolheu bem a idéia da reunificação. Os dois lados foram se aproximando até que por fim se reconciliaram formalmente em 1889.

Que diferença há entre o problema de Booth em ouvir e o de muitos administradores hoje em dia? Não muita. Teoricamente, todos acreditamos que cabe aos líderes conservar os ouvidos rentes ao chão à espera de alguma vibração que prenuncie mudanças ou alterações sísmicas no mercado. Contudo, se observarmos atentamente o modo em que as informações chegam na prática aos responsáveis pela tomada de decisões nas organizações, a história é outra.

[2]*Marching to glory:* the history of The Salvation Army in the United States, 1880-1980, Harper & Row, 1980, p. 30.

Muitas operações permitem o florescimento de sistemas que atenuam drasticamente as influências externas, o que "purifica" a entrada de informações até que se tornem irrelevantes. Os profissionais de campo temem ser considerados culpados se o retorno contradisser os pressupostos dos gerentes, por isso evitam dar ouvidos às queixas dos clientes. Ou, pior ainda, ocultam informações da sede porque receiam frustrar expectativas.

Os gerentes mais jovens, imersos na cultura corporativa, aprendem a sufocar sua discordância. Todos passam a dizer o que *eles* — os executivos — querem ouvir. A operação toda se torna cada vez mais alheia ao ambiente onde realiza seus negócios.

O general Booth enviou emissários aos Estados Unidos para investigar o descontentamento de Moore, mas eles sabiam muito bem o que o fundador queria ouvir. E era isso que estavam dispostos a ver nos EUA. Os representantes do general concluíram que era muito mais fácil culpar a falta de perícia organizacional do chefe do Exército de Salvação nos EUA diante do dilema que enfrentava do que tentar compreender de fato a questão jurídica em pauta, bem como a oposição a mais uma forma de "tributação sem representação" — por isso exigiram obediência cega a regras que as tropas das linhas de frente não tinham esperança alguma de poder modificar. Os emissários sem dúvida não pretendiam retornar à presença do general e transmitir-lhe algo que pudesse ser interpretado como crítica. Isso colocava em risco o futuro do empreendimento.

No momento em que o retorno autêntico não encontra meios para influenciar a direção de uma organização, não há como adaptar-se nem como crescer. Simplesmente não faz sentido. Em empresas gigantescas, a privação do uso dos sentidos é complexa e sutil. Há mais camadas de gestão das informações, favoráveis e desfavoráveis. Criam-se rituais elaborados de escape e de esquecimento. Demora mais tempo para o inevitável se tornar óbvio, mas a espiral de morte é a mesma. O tempo de vida da maior parte das organizações[3] — sobretudo as imersas em contextos altamente competitivos — é relativamente curto. Todas nascem com certa consciência ativa, mas com o tempo tornam-se menos atentas, deixam de reagir ao ambiente e começam a morrer.

Para evitar esse ciclo, é preciso que a organização ouça, aprenda e se adapte, como o organismo vivo que Geus descreve. A teoria da "organização viva" está associada a outra maior, a do movimento da "organização aprendiz", defendida por muitos teóricos da administração nos últimos trinta anos. "No coração da organização aprendiz", diz Peter Senge, um dos principais teóricos do movimento, "há mudança de mentalidade — deixamos de nos ver como seres alheios ao mundo e passamos a nos comunicar com ele; não achamos mais que os problemas são causados por alguém ou por alguma força 'externa', compreendemos que nossas ações geram os problemas que temos de enfrentar. A organização aprendiz é um lugar onde as pessoas descobrem constantemente como criam sua realidade e como podem modificá-la".[4]

No Exército, a missão de difundir a mensagem de Deus e servir sem discriminação é inegociável. Somos livres, porém,

[3]De acordo com "a maior parte das pesquisas de criação e morte das empresas", observa Arie de Geus, ex-executivo da Royal Dutch/ Shell, "a média de expectativa de vida de uma empresa multinacional — citada entre as quinhentas maiores da revista *Fortune* ou equivalente — é de quarenta a cinqüenta anos [...] Um terço de todas as empresas que apareceram entre as quinhentas maiores da *Fortune* em 1970, por exemplo, haviam desaparecido por volta de 1983 em conseqüência de aquisição, fusão ou divisão" (*The living company*, p. 1).

[4]Peter M. SENGE, *A quinta disciplina*, São Paulo: Círculo do Livro, 1992.

para reinventar tudo o mais — às vezes, é isso mesmo o que se exige de nós. O entusiasmo da reinvenção tem de vir das pessoas a quem servimos e com quem trabalhamos. Para cultivar essa criatividade e manter a organização sempre viva e em constante processo de aprendizagem, é preciso um empenho muito grande para que haja um ambiente em que as pessoas dialoguem com franqueza e sejam ouvidas sem críticas.

Desde os dias de William Booth, o Exército de Salvação vem desenvolvendo uma estrutura — um sistema de divisão de poder entre os comissários com direito a voto e conselhos consultivos de destaque — que dilui o poder intrinsecamente egocêntrico do indivíduo, mesmo que se trate do general internacional. Isso não significa, porém, que possamos parar de emendar e adaptar nossos processos, pois é isso que nos garante que todas as decisões serão tomadas com base num fluxo vibrante de informações — e que as pessoas responsáveis por essas decisões continuarão a validar esses processos agindo em conformidade com o que ouvem.

Na década de noventa, fizemos uma adaptação em nosso modo de agir quando notamos que era cada vez maior o abismo entre o Conselho Consultivo Nacional e os oficiais mais graduados dos territórios. Os dois grupos tinham muita influência nas políticas nacionais do Exército de Salvação. Os oficiais responsáveis pelos quatro territórios, juntamente com o chefe nacional, constituem o Conselho de Comissários, o corpo diretor dos oficiais uniformizados dos Estados Unidos. O Conselho Consultivo Nacional é composto de preeminentes "manda-chuvas", muitos deles voluntários e doadores antigos do Exército, que nos ajudam a ampliar nossas perspectivas e expandir nossas redes de apoio.

Os membros do Conselho Consultivo Nacional (CCN) participam de nosso empreendimento sabendo que lhes cabe apenas aconselhar-nos, não fixar diretrizes, uma vez que esse papel é de responsabilidade imediata do Conselho Curador e do Conselho de Comissários. Todavia, se não conseguirmos demonstrar que não somente estamos atentos ao que nossos conselheiros nos dizem, mas que também estamos dispostos a acolher suas idéias mais criativas, acabaremos por perdê-los para outra organização capaz de valorizar mais e recompensar sua dedicação.

Durante algum tempo, os chefes territoriais e os membros mais importantes de suas equipes foram convidados a participar das reuniões do CCN, porém não podiam participar ativamente das discussões dos membros do conselho em respeito à função independente desse respeitável grupo. Aliás, eram tão respeitáveis seus integrantes — muitos deles diretores gerais e ex-diretores gerais de empresas poderosas — que alguns de nossos oficiais talvez se sentissem mais à vontade desempenhando papel secundário.

Os membros do nosso CCN, porém, não valorizavam sua independência tanto quanto a capacidade de causar impacto. Insistiam em saber por que suas recomendações demoravam tanto para ter efeito sobre as operações do Exército. Ocorre que algumas sugestões apresentavam problemas que somente os oficiais com certa experiência de campo seriam capazes de detectar. Algumas idéias tinham de ser modificadas; outras mostravam-se completamente impraticáveis.

O sinal de alerta soou no momento em que membros veteranos das equipes, analisando as reuniões do CCN, apontaram algumas dificuldades nas propostas exatamente quando os conselheiros se preparavam para recomendá-las. Todavia, em deferência ao CCN, nada disseram, mesmo sabendo que eles mesmos ou outros seriam enfim obrigados a alterar ou excluir certas idéias.

Tínhamos criado inconscientemente um sistema que inibia o aprendizado, pois bloqueava o diálogo criativo. Por isso tivemos de modificá-lo. Foi preciso deixar claro que os oficiais mais experientes presentes às reuniões deveriam ser ouvidos pelos membros do CCN. Designamos membros territoriais das equipes para as comissões do CCN, de modo que houvesse uma voz experiente nas reuniões desde os primeiros estágios de discussão das idéias.

Conseqüência praticamente imediata disso foi a redução do tempo entre a recomendação do CCN e seu impacto prático. Os oficiais sentiram-se mais livres para assumir as propostas porque sentiam-se co-autores delas. Em vez de lhes tolher a aplicação, passaram a defendê-las. Os níveis de frustração diminuíram tanto para os membros do CCN quanto para esses oficiais. Qualquer atitude de ceticismo que havíamos permitido entrar sorrateiramente no sistema também foi eliminada. Saber ouvir, portanto, faz uma diferença muito grande na organização.

Bons exemplos disso encontram-se nos modelos criados ao longo do tempo em nossos programas. As pessoas vêm até nós famintas, sem ter onde morar e mergulhadas no vício. Não têm dinheiro para a conta de luz nem podem pagar uma creche para os filhos. Não sabem como conseguir assistência médica para a família. Sentem-se desesperadas, deprimidas e muitas vezes paralisadas pelos obstáculos que encontram pela frente.

Muitos já passaram pela humilhação de pedir ajuda às autoridades e ser recebidos com desprezo. Não é preciso dizer nada, eles sabem muito bem interpretar o tom de voz impaciente e a linguagem corporal de gente que gostaria simplesmente que eles desaparecessem e parassem de sugar os recursos do setor produtivo da sociedade. A toda hora alguém faz questão de trazer-lhes à lembrança o fracasso, a falta de vontade — talvez até a incapacidade — de mudar. Isso, para muitos, significa que o tipo de atenção que até hoje receberam serviu apenas para piorar a paralisia que os imobiliza e torná-los mais descrentes ainda.

Nós, entretanto, ouvimos de uma perspectiva moldada pela fé. Por crermos que somos todos feitos da mesma substância e que ninguém é inerentemente prejudicado em relação à capacidade de mudar, saímos em busca de oportunidades que auxiliem na transformação. Os necessitados e sofredores diante de nós estão temporariamente impedidos de estabelecer os contatos — sobretudo, cremos, o contato espiritual — que lhes permitirão interagir em total parceria com o propósito de Deus. Precisam de ajuda para vencer o bloqueio.

Saber ouvir relaciona-se com possibilidades, não com limitações. Procuramos traços subdesenvolvidos ou maldirecionados, que, no entanto, conservem o segredo de um futuro desenvolvimento — e de possíveis contribuições a favor de outras pessoas. Não são as necessidades que definem nossos clientes. Pelo contrário, é sua capacidade inesgotável de desempenho em sintonia com o propósito maior de que todos compartilhamos. Não é possível mensurar o potencial de contribuição deles se não os conhecermos individualmente. Tampouco poderemos ativar esse potencial se não estivermos dispostos a recorrer a nossa organização para ajudá-los a identificar oportunidades que lhes permitam dar o melhor de si. No momento em que isso se tornar realidade, as oportunidades surgirão.

O exemplo clássico do Exército de Salvação nesse aspecto é o de Michael Roland, que, aos 36 anos de idade, lutava já havia vinte contra o vício das drogas e do álcool. Passara um tempo na cadeia por infrações relacionadas com drogas e outros crimes que cometera para sustentar o vício. Trata-se de um histórico negativo o bastante para ter feito dele um caso perdido para muita gente. Talvez até Michael concordasse com isso, já que morava nas ruas de Detroit no inverno de 1989, correndo o risco de congelar nas noites frias de quatro graus abaixo de zero, quando os voluntários da "refeição ambulante" o acharam.

Mudaram imediatamente de percurso para levá-lo até um Harbor Light Center — aquele mesmo centro de Detroit que tanto nos inspiraria, a mim e a Alice, no culto de Páscoa cerca de oito anos depois. "Entreguei-me de verdade", recorda-se Michael. "Eles me fizeram ver que me amavam de fato. Pela primeira vez na vida senti que alguém se importava comigo."[5]

Seus novos mentores olharam para além dos problemas, enxergando o potencial de Michael. Ali estava um homem que sobrevivera até então graças exclusivamente a sua perspicácia, mas durante tantos anos não soubera direcionar os talentos de que dispunha. "Eu não acreditava em mim", diz Michael. "O sucesso me incomodava. Toda vez que eu ganhava algum dinheiro, as confusões não tardavam a aparecer, por isso me especializei em andar sempre 'duro'. Meus vícios me mantinham nesse estado."

À medida que ia adquirindo domínio sobre o apetite pelas drogas, Michael também aprendia nos programas do Exército a tomar decisões mais saudáveis em relação a outros aspectos da vida, como, por exemplo, cultivar relacionamentos positivos e gerir seus talentos com eficiência. "Pela primeira vez me senti responsável pela minha vida", diz. "Passei a tomar conta de mim mesmo. Comprei um apartamento, paguei minhas contas, aprendi a viver com menos e a administrar o uso do dinheiro."

Os líderes salvacionistas que acompanharam o despertar de Michael para a vida durante o processo de reabilitação arranjaram-lhe um emprego no programa de correção do Exército e o incentivaram a descobrir meios que lhe permitissem aperfeiçoar seu talento natural para a liderança. Tornou-se diretor

[5]Entrevista de Michael Roland a Ben Brown.

da casa transitória. Por fim, aconselhado e incentivado por oficiais divisionais, Michael candidatou-se ao colégio de cadetes e foi aceito.

Desde que foi comissionado oficial, em 1994, Michael vem utilizando as qualidades que, anos antes, a equipe de Michigan descobrira nele para elaborar e expandir os programas do Exército de Salvação. "Visitei grandes empresas sozinho", diz. "Contei-lhes minha história. Descobri que tenho talento enorme para angariar fundos."

Hoje, Michael é capitão e administrador do Centro de Reabilitação para Adultos do Exército em Carpenteria, na Califórnia, e capelão do Departamento de Polícia do Município de Santa Bárbara. Atualmente, é ele que observa possíveis talentos encobertos e orienta os demais. "Aprendi", diz ele, "como é importante trabalhar com gente de qualidade. Meu objetivo é formar a próxima geração de líderes".

Mesmo em organizações com produtos e serviços diferentes dos do Exército de Salvação, há uma lição importante a aprender nesse caso. Que gerente não gostaria de ter à mão meios que lhe permitissem "formar a próxima geração de líderes"? Muitas empresas erram porque concentram a atenção nas qualidades ruins de seu pessoal. Não raro, nas avaliações anuais e em outros tipos de avaliação, toda energia é dedicada à identificação de falhas, não de pontos positivos a ser cultivados. Muitos gerentes julgam agir de modo construtivo num processo de avaliação quando fazem comentários como este: "Há três coisas que você precisa fazer se quiser melhorar seu desempenho e tornar-se um profissional mais eficiente". O que o funcionário ouve, no entanto, é: "Você está falhando em três pontos". Como uma conversa dessas pode ser produtiva?

Uma das principais responsabilidades de todo líder é escolher a pessoa certa para o trabalho que tem em vista. Em primeiro lugar, ele tem de ouvir atentamente para descobrir indícios de que o indivíduo tem o talento necessário para o papel que o líder tem em mente; em segundo, precisa constatar se o candidato demonstra entusiasmo pelo trabalho. Quando o trabalhador produz abaixo do esperado, é sinal de que o gerente calculou mal um dos requisitos ou ambos.

Quando o desempenho é sofrível e a única reação do chefe é jogar a culpa no trabalhador, ocorre abdicação parcial da liderança. O gerente, na verdade, está dizendo: "Acho que errei quando escolhi você para fazer esse trabalho. Será que você poderia melhorar, mudando seu jeito de ser para eu poder conciliar meu julgamento malfeito?".

Existe um meio muito mais eficiente de recrutar pessoas para um trabalho e despertar nelas o interesse de dar o melhor de si. Mas isso requer atenção máxima aos pontos positivos do candidato antes e durante a tarefa atribuída, em vez de às falhas dele depois de ter deixado a desejar.

Deve-se observar aquilo em que o indivíduo é bom e o que ele gosta de fazer (em geral os dois coincidem), mesmo quando ele não tem consciência do próprio talento. Em seguida, o líder lhe atribui funções em que ele se vê recompensado por poder usar seus talentos. Isso o incentivará a aperfeiçoar o desempenho, elevando-o a níveis mais altos. A exemplo do que ocorreu com Michael Roland, nós, do Exército, constatamos que nossa fé é recompensada infinitas vezes mais quando procuramos os pontos positivos das pessoas, ajudamos a desenvolvê-los e depois as encorajamos com apoio contínuo de nossos recursos.

Suponhamos que você tenha feito isso e mesmo assim não obteve os resultados desejados. O que isso lhe diz? Será que você se enganou no momento de combinar as exigências do trabalho com os talentos do indivíduo? Talvez o trabalho seja muito fácil, talvez não apresente tantos desafios. Quem sabe seja complexo demais. Seja como for, está em descompasso com os pontos fortes do indivíduo. Dê-lhe, portanto, uma nova tarefa que se harmonize com o potencial dele.

O Exército de Salvação é como qualquer outra grande organização. Temos todo tipo de trabalho. Alguns requerem habilidades pastorais altamente refinadas; são casos em que nosso pessoal se encontra individualmente, na qualidade de conselheiros, com vítimas de tragédias. Há tarefas que exigem muita habilidade nas funções de retaguarda, como planejamento, logística e outras em que o contato com as linhas de frente é menos direto. Algumas são realizadas por pessoas muito talentosas para a área de finanças, para o levantamento de fundos, para ensinar ou para tocar em uma banda. As responsabilidades de todos se entrelaçam: a liderança cristã e a prestação de serviços compassivos. Entretanto, seria perda de tempo insistir em que todos desenvolvessem em igual nível cada uma dessas especialidades tão necessárias a nossa obra. Ficaríamos atolados em programas paliativos de treinamento, tentando fazer, por exemplo, que o pistonista competisse em agilidade com o programador de computador, sacrificando a oportunidade de ser excepcional em tantas situações individuais a fim de ter desempenho médio em todas elas.

Não obstante, muitas empresas gastam grande parte de sua energia fazendo exatamente isso, obcecadas pelo desempenho fraco de pessoas que não têm aptidão nem interesse pelo trabalho que lhes foi delegado. Não há dúvida de que é preciso oferecer-lhes treinamento e orientação, sempre tendo em vista, porém, a idéia de proporcionar novas oportunidades aos indivíduos e acelerar o seu sucesso em vez de consertar as escolhas erradas de gerentes desatentos.

Quando fui líder divisional, territorial e nacional do Exército, sempre houve um oficial sob meu comando que desempenhava com muita eficiência sua função primordial, mas não se saía bem em outras áreas de sua responsabilidade. Havia especialistas formidáveis em números que tinham dificuldade de se comunicar com outras pessoas, assim como também havia conselheiros compassivos que não conseguiam dar conta da papelada exigida pela função. Procurei mostrar-lhes como introduzir pequenas melhorias nas áreas em que tinham dificuldades a fim de tornar-lhes a vida menos atribulada. Ajudei-os a encontrar funcionários e voluntários capazes de preencher lacunas. Ou, para ajudá-los, designei oficiais dotados de talentos que complementariam seu trabalho. Eram freqüentes os casos de oficiais casados cujas especialidades e aptidões combinavam-se perfeitamente.

Mas e se o seu problema não estiver ligado ao talento? Suponhamos que todos os indícios mostrem que o profissional em questão tem as qualidades requeridas pelo trabalho que lhe foi atribuído. Ele insiste que gosta do trabalho, porém os resultados apresentados não são bons. Em muitas empresas, esse é o momento em que o gerente empurra o empregado para uma postura defensiva, dando-lhe uma lista de "áreas em que você pode melhorar". Numa situação dessas, espera-se que apenas uma das partes ouça com atenção o que lhe dizem: o funcionário, tido como mau profissional.

Se, entretanto, para você a empresa é um projeto de colaboração conjunta em que as pessoas se unem em torno de um propósito comum, a discussão acerca do desempenho profissional dos funcionários deverá ser conduzida pela liderança da seguinte forma: "Quando você aceitou a função para a qual foi designado, concordamos quais seriam os objetivos, as estratégias e os prazos. Os resultados alcançados até agora não correspondem àquilo que se combinou. O que precisamos fazer para endireitar essa situação?".

Não se pode fazer uma pergunta dessas como se houvesse a intenção de "pegar" o indivíduo ou como se quiséssemos acusá-lo veladamente por seu insucesso. Deixe todas as possibilidades em aberto: talvez vocês dois não tenham formulado corretamente as exigências da tarefa prescrita; talvez você, na qualidade de gerente, não tenha dado o devido apoio ao seu funcionário; talvez o funcionário tenha algum problema pessoal que precise ser resolvido para poder dedicar atenção exclusiva ao trabalho. Buscamos oportunidades que nos permitam liberar o caminho rumo a um desempenho mais dinâmico. Devemos fazer isso com o entendimento mútuo de que, juntos, não desperdiçaremos essas oportunidades.

Naturalmente as partes envolvidas num diálogo desses precisam confiar uma na outra. O único modo de obter essa confiança é cultivá-la com coerência em todas as conversas travadas com membros em posições de maior ou menor peso na organização. No Exército de Salvação procuramos inserir confiança em nossa estrutura.

Quando os cadetes completam seus dois anos de treinamento, são comissionados capitães e designados para trabalhos, geralmente em corpos menores, onde podem adquirir gosto imediato pela diversidade de suas responsabilidades. Nos cinco anos seguintes, esses novos oficiais — muitos deles marido e mulher — participam de seminários, retiros e programas especiais de treinamento, com o objetivo de aperfeiçoar-lhes as habilidades e ajudá-los a lidar com o estresse decorrente dos desdobramentos de suas atividades.

Ao longo de toda a carreira, o oficial passará continuamente por programas de educação e avaliações regulares que medirão seu desempenho pessoal e profissional. Esses programas, porém, são mais freqüentes e mais intensos nos primeiros cinco anos, período sabidamente crítico. Trata-se de uma etapa em que se adquirem hábitos que perdurarão por toda a carreira. Nossa intenção é que haja uma mistura equilibrada de desafio e apoio, de variedade e continuidade, pois sobre essa base os novos oficiais edificarão. A maior parte dos oficiais que passam por esses cinco primeiros anos permanece por toda a vida no Exército de Salvação.

Além do treinamento formal, há também discussões ininterruptas nos corpos e nas divisões entre os oficiais mais novos e os mais experientes. Uma vez que a maioria dos oficiais a quem os mais novos se reportam já estiveram em nomeações semelhantes aos dos novatos, possivelmente na mesma região, garante-se uma boa dose de comunicação em via dupla. Nosso pessoal mais experiente fica em contato com a equipe sob sua supervisão. Os mais novos, ansiosos por não desperdiçar energia e recursos, procuram aprender com a experiência dos que vieram antes.

Dois fatores aumentam a possibilidade de colaboração mais próxima entre os oficiais novos e os mais experientes no Exército de Salvação. O primeiro de todos: nossa organização se dá de tal forma que praticamente todo dinheiro, pessoal e ativos do Exército são investidos em programas criados e dirigidos com grande liberdade de ação por oficiais e funcionários nas comunidades mais próximas daqueles a quem servimos. Nosso foco está nas linhas de frente. Os oficiais mais experientes gastam muito pouco tempo no "comando" dos que estão no campo. Em vez disso, eles os apóiam com habilidades administrativas e técnicas, dando-lhes também acesso a recursos regionais e nacionais. Portanto, o sucesso dos programas comunitários depende da clareza de comunicação entre os líderes locais e o quartel-general. Existe um incentivo implícito ao diálogo transparente e à escuta atenta.

O outro fator vantajoso de que dispomos é a consciência sempre presente do abismo entre aquilo que nos comprometemos a realizar e as ferramentas que temos à disposição para o trabalho. As necessidades são sempre maiores que os recursos. Portanto, não nos resta alternativa senão tirar o máximo proveito do relacionamento que mantemos uns com os outros.

Precisamos de cada gota de sabedoria de nossos veteranos e de toda a energia de nosso pessoal mais jovem.

Lembro-me de que eu era muito impulsivo logo que me tornei capitão, na cidade de Nova York. Por algum motivo, deixei-me levar por uma disputa territorial tola por causa das vendas do periódico do Exército, chamado *Brado de Guerra.*[6] Um colega de outro corpo vinha de sua área para a nossa vender o periódico, fazendo concorrência com as vendas de nosso pessoal. Tentei convencê-lo de que estava errado, quis dar-lhe ordens. Ele, porém, não fez caso da minha instrução, e isso me irritou.

Sem saber mais o que fazer, enviei uma carta ao nosso chefe divisional, tenente-coronel Ken Howarth. Dizia-lhe na carta que estava disposto a chamar a polícia se aquele homem continuasse a invadir nosso território. Jamais me esquecerei da resposta que recebi: "Meu prezado capitão, resolveremos nossas diferenças familiares sem a interferência das autoridades judiciais".

O tenente-coronel Howarth tinha um relacionamento chegado e fraternal com todos os oficiais novos. Havia, provavelmente, 75 a 100 oficiais sob seu comando e, apesar disso, era como se nosso relacionamento fosse pessoal. Ele nos visitava em casa, ouvia e aconselhava pessoal e profissionalmente.

Sua carta podia ter sido uma repreensão por eu não ter sabido discernir minhas prioridades. No entanto, o clima que ele instaurara como líder permitia-me expor abertamente minhas idéias e lhe dava a possibilidade de influenciar sutil e moderadamente os acontecimentos. Logo que li aquelas palavras, percebi que havia deixado um fato trivial consumir-me além da conta. Recuperei o senso de proporção. Embora eu tenha ficado meio constrangido por ter levantado a questão, o tenente-coronel Howarth foi de tal modo amável em sua resposta

[6]No Brasil, o periódico chama-se *Rumo.* (N. do E.)

que não me senti nem um pouco humilhado, como certamente me sentiria se tivesse recebido a censura merecida.

Quando passei a liderar jovens oficiais, lembrei-me das experiências que tive com líderes como o tenente-coronel Howarth. Esforcei-me então para perpetuar aquela cultura de confiança e atenção. Uma das formas em que procurei trabalhar foi no tom das comunicações enviadas pela sede ao campo. Por exemplo, como chefe divisional, eu tinha cópias das cartas do meu pessoal para os oficiais de corpos com respostas aos pedidos de ajuda dos jovens oficiais ou solicitação de continuidade de algum projeto importante. Mesmo quando tínhamos de rejeitar algum projeto, procurava certificar-me de que meu pessoal explicasse detalhadamente o motivo da recusa. Era fundamental que a linguagem deixasse clara a atitude de colaboração e de preocupação, não de presunção da autoridade distante.

Para que nossos sistemas funcionem, é preciso que todos trabalhem com entusiasmo em prol do propósito comum. Não podemos permitir que haja perda de energia motivada por dúvidas ou suspeitas, por isso não podemos ser insensíveis às ambições do nosso pessoal. Os oficiais de linha de frente jamais devem perceber nas respostas que recebem de seus chefes algo que os leve a pensar duas vezes antes de propor outra idéia. Se quisermos que continuem falando, temos de provar-lhes que estamos sempre prontos a ouvir.

Essa convivência entre pessoas mais experientes e mais novas, a exemplo do pacto que assinamos como oficiais, deve estender-se por toda a vida. Jamais perdi o contato com meus líderes ao longo de toda a minha carreira. Agora, já aposentado, continuo a conversar regularmente com amigos que serviram nas equipes que comandei. Sempre nos aconselhamos uns aos outros. Em algumas regiões, esse aconselhamento passou a ser institucionalizado. Os oficiais aposentados "adotam" outro mais jovem, oram por ele e o aconselham.

Todo esse diálogo presente no Exército não se restringe a questões como o equilíbrio orçamentário ou, por exemplo, a compra de um veículo novo para o centro comunitário. Do mesmo modo que os membros de outras organizações, nosso pessoal traz consigo para o trabalho a preocupação legítima com sua família. Preocupam-se com assuntos de creche, problemas com assistência médica, despesas de educação, cuidados com pais idosos e com os efeitos que a pressão do trabalho exerce sobre as pessoas a quem amam. No decorrer do processo de avaliação de carreira na maioria das empresas, esses assuntos vêm à tona durante discussões francas entre empregados e supervisores, mas existe pressão para que não sejam considerados pertinentes ao trabalho, a menos que se tornem urgentes. Existe a vida em família e a vida no trabalho, dois mundos distintos.

Todavia, como já ressaltamos anteriormente, não acreditamos muito na divisão da vida humana em compartimentos. Cremos tratar-se de enorme perda de tempo tentar separar o que somos em casa do que somos no trabalho. Uma vez que o Exército de Salvação se preocupa com o fortalecimento das famílias e das comunidades, como haveríamos de ser fiéis a nossos princípios básicos se nos negássemos a ouvir e a responder as questões levantadas por nossa gente acerca de seu casamento e de sua família?

Por isso, levamos em conta essas questões quando decidimos para onde enviaremos determinado oficial, bem como que tipo de trabalho lhe será confiado. Conversamos com os oficiais sobre seu relacionamento conjugal. Será que marido e mulher estão satisfeitos com o trabalho que realizam? Será que algum dos dois está tão sobrecarregado de trabalho que fica cansado demais para desempenhar satisfatoriamente seu papel no casamento ou mesmo de pai ou de mãe?

Estamos sempre em sintonia com as necessidades dos filhos de nosso pessoal. Acaso há problemas de saúde física ou mental que precisam ser acompanhados? Como estão indo na escola? De que necessitam para ingressar numa faculdade ou num curso de formação especial depois de concluído o ensino médio?

Esse envolvimento profundo que temos com a vida familiar do nosso pessoal talvez faça soar um alarme na consciência de gerentes e funcionários de outras organizações. E a privacidade? Será mesmo função da liderança empresarial intrometer-se na vida de seus empregados fora do ambiente de trabalho?

Essa questão nos remete ao âmago do que significa estar envolvido numa organização que valoriza o propósito transcendental e incentiva o espírito de solidariedade na comunidade. É esse tipo de organização que todo ser humano procura. Se a empresa se harmoniza com um propósito mais elevado e tem um esquema de colaboração, não se poderá dizer que há invasão de privacidade.

Invasão implica entrada forçada. A privacidade de um indivíduo é invadida no momento que ele é forçado a expor seus pontos vulneráveis, os quais o põem em risco de ser explorado. Acreditamos que compete à liderança estabelecer um ambiente em que se dê ouvidos aos funcionários a fim de eliminar esse risco. É preciso haver atmosfera de confiança, confiança comprovada constantemente pelo modo que os gerentes lidam com o que ouvem.

O gerente tem de deixar claro aos funcionários que as informações que obtém por meio da comunicação sincera com eles lhes permitirá alcançar seus objetivos pessoais bem como aumentar a produtividade no trabalho. Na verdade, a organização pressupõe que os dois objetivos estão entrelaçados. Se os oficiais nos dizem que seria incômodo terem de partir para uma nova missão sem que os filhos tivessem concluído o ano escolar ou qualquer outro curso, seria tolice nossa não levar isso em consideração. Quando um casal se vê às voltas com exigências paralelas da carreira e da família, seríamos insensíveis se não encontrássemos um meio de ajudá-los. Preocupações desse tipo certamente afetarão o relacionamento desse casal de oficiais com os demais. Trata-se de questões de desempenho, bem como de necessidades, que, como colegas solidários, não podemos ignorar. Mas jamais saberíamos disso se nossa gente deixasse de nos contar por receio de ser marginalizada — ou, pior, de ser penalizada por seus problemas. Temos de provar vezes sem conta que nosso modo de observar o mundo, como membros que somos da família de Deus e colaboradores de sua obra, molda nosso relacionamento com todos os participantes da organização, desde o cliente mais necessitado até a direção nacional.

Até que ponto mantemos esse senso de comunidade? Ao máximo. No nível territorial, temos hoje programas que alcançam ex-oficiais que deixaram o Exército por algum problema particular ou porque buscavam uma oportunidade que lhes pareceu impossível concretizar enquanto vestissem o uniforme salvacionista. Esforçamo-nos para não perder o contato com eles, para que saibam que os consideramos parte da família e que gostaríamos de vê-los em comunhão conosco em qualquer congregação nossa onde quer que residam.

Algumas dessas pessoas podem ter chegado a um estágio da vida em que elas ou os líderes do Exército acharam melhor ficar fora da estrutura do Exército. Talvez tenham vencido um problema psicológico, recebido um novo treinamento ou concluído mais um grau escolar. Se for do interesse delas e da missão do Exército, procuraremos um meio de permitir que usem novamente o uniforme.

O conceito de organização familiar pode parecer antiquado, sobretudo numa era em que profissionais do conhecimento migram livremente de um projeto para outro. Cremos, contudo, que as perspectivas desses trabalhadores são muitas vezes deturpadas. O desejo de controlar cada vez mais o modo de empregarmos nossos talentos não significa de maneira alguma que as pessoas e o propósito maior de nossa organização devam ficar em segundo plano. Na verdade, com base no que podemos observar no contínuo desenvolvimento da "nova economia", as necessidades universais que os seres humanos têm de fazer um trabalho significativo e de juntar-se a outros num objetivo comum têm gerado novas organizações — novas empresas, novas equipes e divisões dentro de empresas já existentes —, não uma classe especial de seres solitários. De modo geral, as pessoas não querem libertar-se das organizações, querem, isto sim, que as empresas melhorem e sejam mais atenciosas.

Parte considerável de nossos cadetes — de um terço a metade da maioria das classes — consiste em filhos e filhas de oficiais do Exército. Isso para nós é sinal de que o ambiente afetuoso e acolhedor que procuramos instaurar no corpo de oficiais não só proporciona uma atmosfera propícia ao crescimento, mas também é um incentivo poderoso ao recrutamento.

Qualquer indivíduo que pertença a uma organização que vê seu pessoal como parte de uma família ampliada sabe muito bem que são muitos os benefícios tanto para o desempenho do indivíduo quanto do grupo graças à confiança mútua predominante. O problema surge quando os funcionários suspeitam que se espera confiança exclusivamente deles, que a gerência só está disposta a tomar conhecimento de informações que, em última análise, serão usadas para manipulá-los. Essa violação da confiança é, na verdade, invasão de privacidade, e os empregados têm todo o direito de erguer barreiras para se defender dela.

Todavia, a separação forçada dos interesses pessoais dos empregados de seu desempenho profissional não é solução, e sim problema. Se o impulso de integração da vida é natural e divinamente inspirado, como vimos argumentando ao longo deste livro, as tentativas de dividir nossas aspirações em compartimentos só podem terminar em frustração. Se os empregados se vêem tentados pela indiferença da gerência — ou por suas tentativas de explorá-los — a traçar limites rígidos entre a esperança e o trabalho, farão exatamente isso. Em seguida, olham além da estrutura organizacional oficial, procurando um conjunto de elementos sensíveis ao que almejam, quer no âmbito das atividades voluntárias — conforme Peter Drucker constatou no caso dos executivos frustrados que participavam de seu programa —, quer nos outros funcionários descontentes da organização que minam o desempenho da empresa durante o expediente.

Quando se alienam os empregados desse modo não se consegue reconquistá-los com um programa de palestras de "reeducação instantânea", a despeito da boa intenção dessa iniciativa. Qualquer consulta pessoal nessas circunstâncias parecerá invasão de privacidade. E, uma vez que a empresa os convenceu de que os interesses deles e os da organização são opostos e que os objetivos da empresa ficam ameaçados por "distrações" pessoais, quem poderá culpá-los da suspeita?

Como sabem muito bem o capitão Roland e outros especialistas em reabilitação, ser atencioso não significa concordar com tudo o que se ouve. Não concordamos, por exemplo, com pacientes que insistem em culpar os outros pelo próprio vício. Tampouco nos deixamos seduzir por compromissos que se oponham a nosso propósito maior. Dizer "não" àquilo que, em seu entender, pode violar a missão de sua empresa é um modo de provar que você está atento, quer a exigência venha de fora da organização, quer de dentro da família.

Quando eu era líder divisional, uma patrocinadora rica do Exército de uma pequena comunidade morreu. Lembrou-se do Exército de Salvação no testamento, mas não especificou de que forma o dinheiro devia ser usado. Se no testamento estivesse escrito que a herança devia ser empregada em algum programa específico do Exército ou em alguma unidade específica, naturalmente teríamos honrado seu pedido. Nossa política é essa. O testamento, porém, colocava o Exército apenas como beneficiário do dinheiro. Não havia restrições de uso.

Nessas circunstâncias, muito comuns no caso de heranças legadas ao Exército, um grande percentual do dinheiro é aplicado em programas e instalações da região onde morava nosso doador. Contudo, cabe à entidade corporativa territorial administrar o fundo e canalizar parte do dinheiro para o sustento da infra-estrutura que serve o território todo. Desse modo são sustentados os quatro colégios de cadetes. Se não utilizássemos essas doações para cobrir despesas dessa natureza, teríamos de rateá-las entre os vários corpos, o que nos obrigaria a desviar fundos operacionais para cobrir a parte que lhes cabe nas despesas da região. Portanto, praticamente todos concordam que se trata de uma forma excelente de gestão, além de ser obrigação legal.

No caso dessa comunidade específica, porém, dois membros de muita influência do conselho consultivo local questionaram a "perda" de parte da doação de um patrocinador de sua comunidade. Convenceram os demais membros do conselho de que tinham o direito de depositar a herança toda numa conta bancária local administrada por eles mesmos. Nosso oficial naquela localidade, obrigado a lidar com pessoas importantes o tempo todo, decidiu que era mais fácil atender a seus desejos do que correr o risco de perder uma clientela tão importante fazendo-lhe oposição.

Configurava-se ali um episódio de relações públicas malresolvido, bem como uma batalha jurídica, caso não conseguíssemos convencer o conselho a mudar de opinião e a acatar os procedimentos adotados pelo Exército nesse tipo de situação. Eu não queria passar por cima daquele oficial. Entretanto, concordando com essa decisão do conselho consultivo, ele se colocava em uma situação insustentável. Não podíamos permitir que o conselho prevalecesse. Fui então à cidade com nosso advogado e pedi ao conselho que se reunisse e reconsiderasse a decisão. Conversei com cada um dos membros individualmente para me certificar de que haviam compreendido a regra do Exército violada e o princípio que estava por trás dela. Depois de nova votação, concordaram em transferir o dinheiro para uma conta do Exército destinada a esse fim específico. Finalizamos ali mesmo o processo, assinando a papelada exigida.

O conflito causou uma ruptura no conselho, que ficou desfalcado com a saída de alguns membros. No entanto, a maior parte dos conselheiros compreendeu nosso ponto de vista. Não creio que pudéssemos ser bem-sucedidos se o Exército não tivesse cultivado uma atmosfera de confiança em que se pudesse ouvir livremente um ao outro. Os membros daquela comunidade poderiam ter encarado nossa insistência na política do Exército como apenas mais um capítulo da disputa por feudos dentro da organização. Entretanto, a afinidade dos moradores com os programas do Exército permitiu-lhes ver como trabalhamos, o que nos livrou de toda e qualquer suspeita em relação aos motivos por nós alegados. O objetivo de todos era o mesmo.

Para os executivos céticos, toda essa história sobre a necessidade de ouvir parece perda de tempo ou muita conversa e pouca ação. Isso é o que mata a maior parte das empresas que se pautam pelo consenso: muitas reuniões, muita discussão, muito respeito pela opinião alheia. Parece que se levaria a vida inteira para realizar alguma coisa. As oportunidades passam. As pessoas criativas ficam frustradas e partem para outra atividade. A organização entra em processo de estagnação. Será que é isso que estamos defendendo aqui?

No Exército de Salvação, a maior parte de nossas operações tem o sentido implícito de urgência. Enquanto tomamos decisões, as pessoas estão sofrendo. Uma vez que nossos recursos limitados não permitem aos gerentes ignorar as linhas de frente, onde a ação acontece, todos somos inclinados a escutar sempre o tique-taque do relógio. Conhecemos muito bem a importância dos prazos. Uma das prioridades dos gerentes de qualquer organização é fixar limites de tempo para o desempenho dos funcionários a fim de que todos saibam não apenas o que se espera deles, mas também quando devem concluir suas tarefas.

Na maior parte das operações, ninguém discute esse conceito. Contudo, segui-lo à risca pode tornar-se um problema e tanto, já que é grande a variedade de rupturas nas redes de pessoas necessárias à produção do que quer que seja. Talvez o que falte seja um sentimento *comum* de urgência, um acordo em torno de cronogramas realistas de produção com os quais todos se sintam comprometidos. O que impede esse acordo comum é a desconfiança de que outras pessoas com as quais trabalhamos não falem nem ouçam de boa fé: gerentes que ocultem dos funcionários suas verdadeiras intenções; empregados que não passem às pessoas encarregadas das decisões as informações de que necessitam.

Num clima como esse, a pronta disposição de um gerente em ouvir, quem sabe numa reunião muito concorrida em que os funcionários são incentivados a expressar a opinião diretamente à alta gerência, será vista com ceticismo. Trata-se de uma decisão tardia e tomada apenas como reação às interrupções que ameaçam os cronogramas de produção, os lucros e os bônus dos executivos. Os empregados suspeitam nessas circunstâncias que os gerentes, sempre de olho no relógio, querem apenas que eles se abram um pouco e depois voltem a fazer o que estavam fazendo, só que desta vez com entusiasmo renovado e dispostos a cortar custos e aumentar a produção.

Esse programa de convite ao diálogo está destinado ao fracasso, visto que não passa de uma tática, e não de um meio que permita entender o relacionamento entre as pessoas da organização. Se não há interesse em influenciar quem toma as decisões, por que haveriam os funcionários de passar a seus chefes informações que estes possam vir a usar? E, se o diálogo não chega a nenhuma conclusão útil, por que haveriam os gerentes de considerá-lo mais do que um simples exercício para entreter executivos num seminário qualquer sobre liderança? Ou para agradar àqueles que contrataram uma consultoria?

Acreditamos no ouvir que se vincula a um propósito maior. Como tudo na organização, deve-se fazer isso tendo em vista a missão que nos propusemos realizar. É por isso que é tão importante tudo o que dissemos até aqui acerca de se ligar a um propósito maior que implique respeito pelas pessoas como parceiros potenciais. Se não tivermos essa vantagem a nosso favor, a promessa de ouvir com mais atenção não nos será de grande ajuda.

Vamos analisar agora uma estratégia empresarial de fora do Exército que obteve resultados criativos comprometendo-se com princípios invioláveis e em ouvir abertamente as contribuições. O arquiteto e projetista Andres Duany, diretor da Duany Plater-Zyberk (DPZ) de Miami, é um dos fundadores do movimento conhecido como Novo Urbanismo, cuja proposta é transpor para o projeto urbanístico e às novas tendências o melhor do planejamento dos bairros tradicionais. Duany faz questão de mesclar espaços residenciais com escritórios e comércio de modo que os cidadãos não sejam obrigados a ir de carro de uma zona estritamente residencial para o trabalho ou para fazer compras. A prioridade maior é para os pedestres e ciclistas. Há também projetos de parques e espaços públicos.

Embora o movimento tenha caído no agrado de muita gente, não faltam controvérsias. É preciso reavaliação cuidadosa dos líderes comunitários, sobretudo em se tratando de comunidades cujo modelo de desenvolvimento caracterizou-se pela expansão de zonas exclusivamente residenciais. O Novo Urbanismo requer espaços compactos e diversidade arquitetônica. Isso permite que se instalem lojas no andar térreo dos edifícios de escritórios, ao lado de condomínios e perto de conjuntos residenciais. Embora esse seja o estilo de vida dos bairros mais antigos que os americanos admiram na Nova Inglaterra e na Europa, não é o padrão dos bairros de classe média alta que se desenvolveram na era do automóvel. Em muitas comunidades, é preciso um plano de ação totalmente novo ou então que se modifiquem as leis de zoneamento e a regulamentação residencial imposta às regiões dos arredores da cidade.

Desse modo, a situação em que Andres Duany muitas vezes se encontra é bem conhecida por nós. Ele advoga a transformação das comunidades humanas de acordo com princípios perpétuos. As mudanças que propõe exigem dos indivíduos disciplina, concordância com códigos de comportamento que servem a um propósito mais abrangente e que honrem o relacionamento e a parceria com outras pessoas. A única maneira de tornar tudo isso realidade é chegar a um consenso acerca do tipo de comunidade que se deseja construir.

Isso pode consumir anos em reuniões sem fim. Contudo, planejadores como Duany possibilitam à comunidade limitar o processo a uma semana mais ou menos, graças a reuniões públicas especiais. Nessas reuniões, que ocorrem em alguns dias, todas as pessoas que desejam dar opinião sobre determinado projeto urbano são convidadas a fazê-lo. O acesso é aberto a todos, até para autoridades que criarão e aplicarão a lei. Todos se reúnem com o objetivo de manifestar expectativas e queixas. Paira sobre todos, porém, o senso de urgência. É fundamental que todos concordem que as conclusões decorrentes dessas sessões — que Duany limita a seis ou dez dias no máximo — tomem a forma de um projeto sobre o qual se trabalhará.

À medida que o grupo avança no processo, os desenhistas de Duany traçam esboços e depuram projetos continuamente, de modo que reflitam no papel a proposta de consenso. No final, o projeto todo bem como os documentos de apoio (leis propostas etc.) refletem o objetivo mais abrangente da comunidade, fixando regras decididas consensualmente, de tal modo que o plano possa funcionar.

Uma vez que essas reuniões têm por objetivo fazer com que um grupo variado de pessoas migre da desconfiança (ou ceticismo) para o consenso num período determinado de tempo, são elaborados modelos bem eficientes de atmosferas propícias para ouvir. Pedimos, portanto, a Andres Duany que nos falasse um pouco de alguns pontos fundamentais para a condução de reuniões públicas bem-sucedidas que os executivos pudessem aplicar em campanhas destinadas à criação de um ambiente de confiança e de planos de ação nos quais as pessoas acreditem.

Em primeiro lugar, diz Duany, "nossas reuniões têm duas etapas absolutamente explícitas". Na primeira, ele prefere concentrar-se nas idéias. Já na segunda, o foco é a produção. "Se alguém espera produzir algo durante a etapa dedicada à criatividade", prossegue, "estará, em certa medida, sufocando-a. Por outro lado, quando se tenta produzir algo enquanto as idéias ainda não estiverem organizadas, jamais chegaremos ao fim do processo".[7]

As discussões de idéias, diz Duany, devem ser inclusivas. Uma equipe avançada fica responsável pela identificação dos grupos e dos indivíduos que se tornarão responsáveis pelo sucesso do plano. Ele faz até um esforço especial para que seus oponentes se manifestem, acreditando no princípio de que "o que irrita é que produz a pérola". No entanto, toma muito cuidado para as pessoas não acabarem formando panelas ou, como ele chama, "monoculturas".

[7]Entrevista de Andres Duany a Ben Brown.

"Foi um erro que cometi durante anos", diz Duany. "Dizíamos às pessoas: 'Deixem os ambientalistas participar'. Eles faziam uma lista, e eu tinha de dizer-lhes: 'Isso não é possível e aquilo também não'. Ficavam nervosos: 'Como não é possível?'. Só porque haviam dito para mim o que desejavam, acreditavam que isso bastasse para suas idéias serem acatadas pelo projeto".

"O melhor", diz Duany, "é que os contendores se reúnam primeiro para poder dirimir as propostas contraditórias já nos primeiros estágios da discussão, evitando levá-las ao facilitador — ou ao executivo-sênior presente na sala — para que as avalie e gere com isso perdedores instantâneos num processo cuja preocupação é a construção de um consenso". Isso nos leva a outra lição que Duany aprendeu: nos encontros dedicados ao debate de idéias, o chefe estará presente para respaldar o processo, não para tomar parte da discussão.

"Creio que a coisa mais frágil do mundo é uma idéia nova, porque pode desaparecer com o silêncio", observa Duany. "Se alguém faz uma proposta e ninguém diz nada, essa idéia morre. Na verdade, é muito frágil.

"Portanto, meu papel como líder dessas reuniões consiste em tentar dar vida às idéias — em primeiro lugar, com o prestígio do meu apoio. Digo, por exemplo: 'Boa idéia! Vamos testá-la' [traçando um esboço preliminar]."

Se, todavia, você for o melhor projetista da sala — ou o chefe da empresa — sua influência poderá marginalizar outras idéias, fazendo murchar a criatividade que você tanto busca antes que ela se desenvolva. Portanto, de acordo com Duany, nos primeiros estágios de discussão das idéias, os chefes devem conservar suas idéias para si. "Lembre-se", diz ele, "o chefe é um peso-pesado no meio de pesos-pena. Qualquer coisa que ele disser será supervalorizada. É melhor, portanto, ficar de boca fechada".

Isso não significa que as sessões de troca de idéias sejam um convite a debates estéreis e infindáveis. Pelo contrário. "Na primeira reunião", diz Duany, "estabeleço uma série de princípios que acredito invioláveis. Ninguém pode burlá-los nem questioná-los. Não estamos criando o mundo do nada.

"Bem, nosso princípio [no Novo Urbanismo] reza que todo projeto criado tem de ser compacto, diversificado e conectado. No caso de uma empresa, podemos sintetizá-lo da seguinte forma: temos de ter lucro pelo menos a médio prazo. No entanto, acho que é muitíssimo importante que o chefe estabeleça princípios, que serão as regras do jogo."

Embora qualquer pessoa tenha o direito de dizer o que pensa, isso não significa que o grupo seja obrigado a valorizar todas as idéias com igual peso. Duany, por exemplo, não permite que afirmativas factuais errôneas passem despercebidas. Se alguém disser que determinado projeto vai complicar o trânsito, ou desvalorizar as casas da região, ou pôr em risco a vida silvestre do local, ele pede evidências disso.

"Estou sempre corrigindo, corrigindo, corrigindo", diz Duany. "Se não corrigirmos, se deixarmos um comentário tolo passar incólume, perderemos todos os que acreditam em nós quando dizemos que valorizamos seus comentários inteligentes. O processo acaba por se diluir."

"De igual modo", ressalta Duany, "ganha-se confiança na discussão reconhecendo abertamente os fatos incômodos. As pessoas ficam encantadas quando vêem alguém se levantar e dizer sem rodeios: 'Sim, essa idéia vai prejudicá-lo'. Quando chega minha vez de falar, digo: 'Quero que todos saibam que estes seis proprietários aqui serão prejudicados com esse projeto'.

"Há perplexidade geral porque se parte do pressuposto de que um não pode desagradar o outro. Quando, porém, alguém lhes dirige um comentário direto, ficam assustados. Normalmente, a pessoa que mais será afetada pela idéia diz mais ou menos o seguinte: 'Dá para conversar com esse sujeito, porque ele sabe que essa idéia vai prejudicar meu quintal'. Isso nos permite conversar civilizadamente sobre o assunto."

O que acabo de expor funciona do mesmo modo em empresas que, ao adotarem uma nova política mais condizente com seu propósito, interferem na vida dos que eram bons no velho método e se sentiam bem trabalhando daquele jeito. "O que se pode dizer nesse caso", observa Duany, "é que temos um princípio, e esse princípio é maior que a sua comodidade, maior até que o seu trabalho. É perfeitamente possível opor-se à existência dele, mas o princípio é correto, e disso não abrimos mão".

Existe apenas um tipo de atmosfera em que se pode fazer uma afirmativa como essa sem nenhuma conotação insultuosa ou grosseira: a atmosfera em que princípios comuns e predominantes estão claros para todos e a candura permeia o diálogo. Conseguir que as pessoas invistam nesse nível de honestidade é o retorno que se tem por dar atenção a suas preocupações nos demais níveis. É preciso ouvir para ser ouvido.

As reuniões de Duany são uma síntese do que deveria acontecer em todas as organizações. O que torna tão infrutíferas muitas reuniões de tantas empresas é o baixíssimo grau de compromisso das pessoas no nível mais elementar. Elas não sabem por que estão ali. Não confiam nos motivos dos outros presentes. Para fugir disso, é preciso haver um acordo consensual em torno da resposta a duas perguntas: "Que princípios todos consideramos mais sagrados, sejam lá quais forem? De que maneira o propósito desse projeto vincula-se a esses princípios?".

Duany responde imediatamente à primeira pergunta no primeiro dia de reunião. A segunda ele usa como parâmetro para as propostas que se seguirão. Tão logo fique claro que todos devem aliar seu desempenho a esses princípios e que ninguém trabalhará com motivos ocultos, o ato de ouvir ganhará conotação objetiva e produtiva. O processo vai da chuva de idéias inicial à produção. Todas as discussões terão como objetivo reunir elementos que permitam a consecução do propósito comum, evitando com isso ameaças imaginárias e outros fantasmas.

Tão logo surja um plano consensual, trará consigo os princípios e comprometimentos invioláveis dos colaboradores, agora transformados em seus advogados. Depois de uma semana de reuniões intensas com estranhos, Duany pode planejar uma cidade inteira. Portanto, não é ilógico imaginar que um grupo de pessoas animadas por uma mesma mentalidade possa dedicar um pouco mais de tempo à depuração de um produto ou serviço que gera valor para o cliente e orgulho para quem o executa.

CAPÍTULO SEIS

Delegue responsabilidades e compartilhe os lucros

Vamos falar agora de como dinamizar os meios quando os fins já estão estabelecidos. Veremos que as oportunidades para isso serão muitas no momento que conseguirmos responder satisfatoriamente às duas perguntas do final do último capítulo: "Que princípios você considera invioláveis? De que maneira o que você está fazendo ou pretende fazer reflete esses princípios?".

Os princípios moldam o propósito. Se em sua equipe há paixão comum pelo propósito, se as pessoas são capazes de perceber a ligação entre aquilo a que aspiram como indivíduos que buscam um significado e aquilo que a organização considera mais sagrado, sua missão consistirá em articular esses sentimentos. De repente, sair de onde você está para onde deseja ir será tarefa muito mais precisa.

É possível confiar no poder de sua missão para orientá-lo continuamente. Diversas estratégias concorrerão para isso, mas não faltarão também reveses aqui e ali. Não é preciso saber todas as respostas. Uma vez que as pessoas compreendam claramente o propósito do seu trabalho e passem a executá-lo em sintonia com tal propósito, administrar será um empreendimento voltado para a remoção de obstáculos, principalmente os que obscurecem a responsabilidade e a oportunidade.

Os funcionários precisam estar convencidos de que o êxito e o fracasso dependem em grande parte deles mesmos, de que serão responsáveis pelo não-cumprimento dos objetivos propostos e de que participarão dos benefícios decorrentes de sua realização. Isso significa que você, como gerente, deve empenhar-se para conferir autoridade a seus funcionários, permitindo-lhes inovar, proporcionando igualmente resultados justos para que se sintam em sintonia com os objetivos da empresa e responsáveis por seu desempenho.

Delegar responsabilidades e controle dessa forma tira um pouco o fôlego das hierarquias tradicionais. Desmistifica a liderança, sobretudo o tipo de liderança praticada pelo diretor-presidente na qualidade de chefe geral. Mas economiza-se com isso muita energia.

Pense no que acontece até nas empresas mais bem administradas no momento em que seus poderosos diretores-presidentes se aposentam. Imediatamente, passa-se a especular quem tomará o lugar do velho chefe e quem certamente terá de sair, já que algum nome teve de ser preterido para que outro ocupasse o posto mais alto da empresa. Há uma crença generalizada de que não resta alternativa a esse executivo altamente qualificado — que talvez tenha passado anos sendo treinado pelo antigo diretor-presidente e, portanto, teria os recursos e o conhecimento indispensáveis à função — senão sair da empresa, já que foi derrotado na competição pelo posto mais alto da organização. Que desperdício de talento! Quanto prejuízo para o bom desempenho da empresa! Como evitar isso? Tirando um pouco da atenção excessiva que se dá ao cargo mais alto e concentrando as atenções no objetivo comum da organização, não nas pessoas que momentaneamente ocupam posição de destaque na empresa.

É muito pouco provável que um oficial veterano deixe o Exército de Salvação porque se sinta diminuído em sua posição por ter sido designado para um trabalho subalterno. O fato é que não há muitas posições subalternas no Exército, embora todos tenhamos de nos reportar a diferentes instâncias ao longo da carreira. Apesar dos uniformes, do posto de oficial e de outras pompas mais, nosso estilo caracteriza-se por colaboração intensa, bem como por uma perspectiva mais horizontal do que vertical. Não se trata de uma atitude que incentivamos apenas para os mais jovens se sentirem bem no trabalho sem receber agradecimentos. Os oficiais do Exército comportam-se como se fossem todos investidos de grande autoridade, porque de fato o são.

Quando acumulam experiência suficiente para terem o nome cotado para um posto de liderança nacional ou territorial, os oficiais mais velhos já tiveram oportunidade de testar seus talentos em todo tipo de cargo de responsabilidade. Muitos deles há tempos chegaram à conclusão de que a maior de todas as recompensas consiste em ser designado para uma tarefa local ou regional que têm prazer de realizar e realizam com maestria. Muitos não se interessam pelo trabalho na sede porque não pensam em crescer na organização apenas para ter mais responsabilidades. As responsabilidades aparecem no momento que aceitamos nosso primeiro cargo. E não é preciso estar incumbido de nenhuma tarefa na sede para sentir o impacto do que fazemos na vida dos outros. Pelo contrário, os oficiais de cidades pequenas ou médias têm talvez mais contato pessoal todos os dias com pessoas que dependem diretamente deles — e fazem questão de não esconder isso — do que os comissários que dirigem os quatro territórios americanos e nossa sede nacional.

Mary West é um bom exemplo disso. Ela é major do Exército em Wooster, Ohio, cidade de doze mil habitantes numa região de cem mil pessoas. A major West não esconde de ninguém que não tem talento para a diplomacia. "Não tenho muita paciência", confessa.[1] Na verdade, ela é tão objetiva e tão preocupada com ações práticas que passaria por maus momentos se tivesse de trabalhar com uma equipe numerosa que a obrigasse a ter muito tato com os superiores e com as pessoas que se reportassem a ela. No entanto, quando trabalha sozinha, a seu modo, na elaboração de programas e no cultivo de relações comunitárias, não há dúvida de que a major West é uma força indispensável a nossa organização.

Quando assumiu Wooster, em 1996, nosso centro local tinha uma dívida de 150 mil dólares e administração precária. A major West reorganizou o conselho consultivo local, incorporando a ele sete indivíduos de destaque que faziam as coisas acontecerem na comunidade. Lançou também uma campanha de levantamento de fundos no valor de 1,45 milhão de dólares e que, como ela gosta sempre de repetir, "custou-nos apenas cinco mil dólares" em despesas gerais. "Sou do tipo que gosta de correr riscos", diz.

E são os projetos arriscados que quase sempre dão retorno. Com o passar dos anos, ela praticamente triplicou sua equipe de funcionários assalariados, passando para dezessete o número de empregados, e expandiu os serviços do Exército de tal modo que hoje compreendem abrigos para famílias, clínicas médicas gratuitas e laboratórios de informática. Em 2000, seu pessoal serviu vinte mil refeições e deu abrigo a sete mil pessoas carentes.

Antes de Wooster, a major West passou seis anos no Harlem, em Nova York, onde a força do seu carinho foi de extrema importância para nós. Ali, essa mulher branca, solteira, servia de pastora e advogada a uma comunidade predominantemente

[1]Entrevista de Mary West a Ben Brown.

negra e hispânica. Seus êxitos, diz ela, decorrem do maior uso possível de seus pontos positivos, "que são também meus pontos negativos. Jamais aceito *não* como resposta. Quero sempre uma explicação". Se alguma tarefa requer *finesse*, ela encontra um jeito de consegui-la.

"Sei quais as áreas em que tenho problemas", diz a major West, "por isso procuro me cercar de pessoas que supram minhas deficiências. Delego-lhes certas tarefas". Na verdade, esse é um dos segredos da eficiência da major West — e uma lição para os líderes dispostos a abrir mão de um pouco do controle a favor da oportunidade de realizar mais coisas ao longo da carreira.

"Sou muito ética no meu trabalho", diz a major, "mas não farei coisa alguma se puder achar outra pessoa que a faça por mim".

É preciso reconhecer que não é nem um pouco fácil abandonar o vínculo que tradicionalmente construímos entre liderança e controle. Nossa cultura valoriza muito líderes que parecem tão superiores a nós, verdadeiros heróis míticos. Os líderes carismáticos personificam a organização. Nas empresas, imprimem uma "nova visão" aos negócios; redesenham o organograma, livram-se de "pesos mortos" e trazem em sua companhia indivíduos de ação muito parecidos com eles mesmos. Mesmo quando as grandes mudanças representam inovações de fato, trata-se de inovações que ocorrem de cima para baixo — em que se inclui, ironicamente, a intenção anunciada de um líder visionário amortecida por uma cadeia de gerentes que acabará colhendo idéias na base da hierarquia.

No momento que tudo estiver perfeitamente alinhado, as estratégias em funcionamento, esse tipo de operação revelará sua eficácia. O sucesso reforça a aura de onipotência dos super-diretores-presidentes. Como as coisas vão bem, basta à organização aguardar confortavelmente a próxima visão e a ordem de seguir adiante vinda da sede, em vez de formular, por conta própria, inovações e estratégias de adaptação. Como não podia deixar de ser, o chefe cometerá erros aqui e ali. A aura de invencibilidade se dissolverá, e a empresa ficará abalada. A mágica acabou, porém continua a pressão para surgir um novo herói com outra nova visão.[2]

William Booth foi forjado nesse molde de heroísmo. Seu estilo personalista levou o Exército de Salvação, na virada para o século XX, a optar por determinada linha de ação. Como, porém, nossa clientela já aceitara a dupla missão do Exército, de salvar e servir — e como os efeitos disso sobre os gerentes e a administração de terceiro escalão eram altamente positivos —, seguiu-se outra linha de ação que privilegiava a flexibilidade e a capacidade de adaptação.

Já mostramos que a abertura de mais e mais corpos por nossos oficiais levou a linha de frente do Exército a transpor os limites possíveis da microgestão. Com exceção do compromisso espiritual que compartilhavam com outros salvacionistas, esses oficiais operavam normalmente sós. Eram como a major West. Tinham de angariar fundos e recrutar pessoas. Viam-se ainda na contingência de desenvolver estratégias que lhes permitissem gerir orçamentos, comprar e manter imóveis, recrutar e treinar pessoas, dirigir escritórios e formar coalizões com grupos locais e indivíduos influentes — além de cumprir seus deveres pastorais para com congregações em crescimento.

[2]Peter Senge refere-se a isso como "o mito do líder-herói". O único problema, diz Senge, é que "o mito do líder-herói cria uma espiral perversa que reforça as mudanças drásticas impostas de cima, reduzindo a capacidade de liderança da organização, levando, por fim, a novas crises e a líderes ainda mais heróicos. O culto de adoração ao líder-herói é um método infalível de preservação das instituições avessas a mudanças. Na verdade, é difícil imaginar outro meio de alcançar precisamente esse objetivo" (*A dança das mudanças*, Rio de Janeiro: Campus, 2001).

No léxico das organizações verticais, isso significa construir de baixo para cima. Não havia, entretanto, muito a que recorrer na parte de cima. Na verdade, esta era praticamente nula. Se quisessem manter e expandir seus programas, esses oficiais tinham de levá-los adiante com as próprias mãos, imprimindo estratégias em conformidade com as necessidades detectadas, não apenas consoante as obrigações a eles impostas. A teia de relações desses salvacionistas crescia mais depressa e de modo mais eficaz que sua capacidade de comandar. Em conseqüência de toda essa flexibilidade, os corpos do Exército, desde o início de suas operações nos EUA, adquiriram um traço característico de individualidade e auto-sustentação. Os oficiais responsáveis por esses corpos orgulhavam-se da desenvoltura de suas operações.

É bem provável que muitas organizações tenham começado da mesma forma. Contudo, em dado momento, talvez quando um concorrente mostrou a existência de pontos fracos nos processos de produção e de distribuição, cresceu a pressão para consolidar as operações e esclarecer as responsabilidades de cima para baixo em nome da eficiência. As organizações verticais parecem as mais eficientes, sobretudo quando administradas por um líder visionário capaz de inspirar os empregados a fazer milagres. Quando não há clareza de visão, comandar e controlar parecem ser dois elementos indispensáveis à estratégia de retirada. São hábitos difíceis de vencer. Todavia, como o peso excessivo do primeiro escalão o torna intrinsecamente instável, acaba dando ensejo a algum tipo de revolta.

O que aconteceu no início do século XX ao Exército de Salvação foi que muitos salvacionistas veteranos — entre eles a filha de William Booth, Evangeline, chefe nacional dos EUA durante trinta anos a partir de 1904 — experimentaram um pouco do que significa ter um líder visionário encarregado de uma operação rigorosamente horizontal. Tornaram-se por isso cada vez mais avessos a esse esquema, principalmente porque jamais alcançariam o posto de comandante supremo.

William Booth jamais imaginou que não lhe coubesse o direito de escolher seu sucessor. Na verdade, ele achava que era seu dever fazer isso, para assegurar que sua visão tivesse continuidade e fosse coerente com os programas do Exército. Já em 1890, o fundador apontou seu filho mais velho, Bramwell, para sucedê-lo, embora a mudança de comando só fosse acontecer com a morte do general, em 1912.

O estilo autocrático de liderança de Bramwell era muito parecido com o do pai. Ele, porém, não dispunha das vantagens que permitiram ao velho Booth cometer os excessos que cometeu. Não tinha o *status* de primeiro-visionário, tampouco a oratória inspirada de William Booth. Sua autoridade absoluta decorria de sua linhagem. No momento em que ficou claro que Bramwell pretendia nomear a filha para o posto do próximo general do Exército, muitos consideraram a decisão inaceitável, mesmo os salvacionistas mais leais a ele.

Como sempre acontece nas famílias reais, a rivalidade entre irmãos desempenhou papel importante no enfraquecimento do poder da corte. Mesmo quando o pai deles ainda era vivo e Bramwell era chefe do estado-maior, já era grande a tensão entre Evangeline, nos EUA, e Bramwell, na Inglaterra. A influência de Evangeline dentro e fora da organização mundial cresceu juntamente com a expansão da base do Exército nos EUA, o que tornou impossível para Bramwell nomear a irmã para algum novo cargo — como já havia feito com outros irmãos — sem se expor ao risco de insurreição dos oficiais que se reportavam a ela e, ao mesmo tempo, sem despertar a ira dos patrocinadores americanos que ela havia atraído para a causa.

Quando ficou claro que Bramwell não tinha intenção alguma de consultar ninguém sobre o processo sucessório, nem mesmo sobre a instituição de métodos de tomada de decisão mais democráticos, oficiais veteranos do Exército aproveitaram-se de problemas de saúde de Bramwell, bem como de uma cláusula obscura da documentação organizacional do Exército, para convocar um Alto Conselho de oficiais e substituí-lo em 1929. Evangeline talvez achasse que seus colegas oficiais fossem elegê-la líder. Entretanto, cansados dos Booths, pelo menos naquele momento, elegeram Edward J. Higgins, chefe do estado-maior de Bramwell. Evangeline teria de esperar até 1934 pela oportunidade de tornar-se general. Já nessa época, a autoridade absoluta do cargo havia sido quebrada e o processo de tomada de decisão tornara-se mais democrático.

Até 1931, uma Comissão de Comissários havia instituído três reformas cruciais: a responsabilidade pela escolha do sucessor passava do general para um Alto Conselho de eleitores; a instituição de uma idade obrigatória para a aposentadoria evitaria que um general dirigisse a organização indefinidamente; e, em vez de o comandante internacional possuir ativos em seu nome, uma companhia curadora teria a posse legal das propriedades do Exército.

Foi assim que o Exército modificou sua constituição, instituindo uma estrutura de gerenciamento que refletia suas operações com mais fidelidade. Admiramos e tentamos inspirar qualidades de liderança em nossa gente, porém não somos uma organização que se pauta pela ação de um líder. E, embora modifiquemos nossas estratégias a fim de atender às necessidades de nossos clientes, também não somos guiados pelo mercado. Somos impulsionados por uma *missão*. Nosso propósito é maior que qualquer programa, qualquer processo e qualquer oficial — mesmo o que temporariamente ocupa o cargo de diretor-presidente.

Em vez de inibir a ação do líder, essa estratégia é na verdade libertadora. Quando se sabe que a organização inteira não aguarda ansiosa a palavra de ordem do líder, pode-se agir com liberdade, desde que as decisões estejam em harmonia com seu propósito transcendente. Nem mesmo os insucessos esporádicos levarão à ruína da causa, tampouco seus sócios a abandonarão por causa disso.

Precisei muito da consolação dessa verdade quando fui nomeado chefe nacional em 1995 pelo general internacional. Quando veio a nomeação, eu ainda estava de cama, convalescendo de uma cirurgia. Quatro meses antes, havia-me ferido em Atlanta, quando o piso da casa onde eu me encontrava cedeu, precipitando-me numa queda de seis metros. Minha reabilitação física foi complicada porque o ferimento fora muito próximo da coluna vertebral. Mesmo depois de várias semanas de terapia, eu estava tão fraco que não podia sequer sentar-me para escovar os dentes. Como então, perguntava-me, seria capaz de assumir as responsabilidades de chefe nacional?

Parecia que os demais membros da organização estavam ainda mais perplexos. A decisão do general era muito arriscada. O Exército de Salvação nos EUA é uma empresa com receitas anuais de dois bilhões de dólares, milhares de empregados e milhões de assistidos. Certamente é preciso ter muita disposição e vigor da parte do executivo encarregado de "fazê-lo andar".

Em nossa estrutura organizacional, porém, "fazê-la andar" não é tarefa que cabe a uma pessoa apenas. Nossa causa é maior que qualquer indivíduo. E, uma vez que estamos todos nos movendo na mesma direção, fica fácil apoiar-nos mutuamente. Há sempre um esquema alternativo, um "plano B". Por isso, não era tão grande o risco que o general se dispunha a correr. Se minha recuperação não progredisse a ponto de me permitir assumir as funções, outra pessoa assumiria. O Exército seguiria adiante sem perder o ritmo.

Nos dias que se seguiram a minha nomeação, continuei de cama. Lembrei-me, então, de que podia contar com o apoio de toda a organização. Voltei ao escritório de cadeira de rodas. Pouco tempo depois, porém, recuperei as forças e comecei a dedicar-me à missão que me fora confiada com toda a energia que eu imaginara aplicar. Jamais me esquecerei, entretanto, de como me senti frágil e dependente dos outros no momento em que fui nomeado chefe nacional do Exército de Salvação nos EUA. Foi uma lição de humildade e confiança. Olhando para trás, essa experiência parece ter sido ideal para quem assumia uma tarefa em que o indivíduo é tentado a pensar que tudo depende dele. Nos anos todos que servi nas diferentes comunidades e equipes do Exército, aprendi que autoridade de fato e ação de verdade só existem onde as pessoas são servidas.

A maior parte dos nossos programas e projetos é criada no momento em que alguém da comunidade ligado ao Exército enxerga oportunidade num problema. Talvez a situação dos sem-teto esteja cada vez pior em decorrência de alguma mudança na economia básica da região. Talvez muitas crianças não tenham o que fazer depois das aulas e por isso se metam em vários tipos de problemas. Quem sabe os idosos, dada a inexistência de recursos, tenham-se exilado em casa, perdendo o contato com o mundo.

Nossas equipes locais reúnem-se, consultam especialistas da comunidade e pedem conselho a membros de outros corpos do Exército. Elabora-se em seguida uma estratégia que muitas vezes toma emprestadas algumas características interessantes de projetos semelhantes do Exército em outras regiões do país, mas adaptadas às necessidades específicas da área. Por fim, geralmente depois de ouvido o conselho consultivo local, formula-se uma estratégia de financiamento.

Essa estratégia quase sempre requer um toque empreendedor das pessoas comuns. Estamos sempre em busca de programas auto-sustentáveis, quer semelhantes ao Campus Corner Café, destinado aos sem-teto de Las Vegas, já mencionado no capítulo 3, quer algum outro que traga consigo uma doação específica, como o do centro comunitário de San Diego, tornado possível graças à oferta de Joan Kroc.

A autonomia financeira local não somente é algo a que damos preferência, mas também é esperada. Não existe possibilidade de recorrer à sede em busca de respaldo financeiro contínuo, porque não é daí que provém nosso sustento principal. Nós nos organizamos de modo que equipes e recursos financeiros jamais entrem em processo de estagnação na sede regional ou nacional (lembre-se: em nossa sede nacional, no norte da Virgínia, temos menos de cem funcionários e oficiais em tempo integral responsáveis pela "supervisão" de mais de 5 mil oficiais, 43 mil funcionários e 3,3 milhões de voluntários em todo o país). Com exceção de parte do dinheiro destinado ao sustento dos serviços de nossas sedes divisionais, territoriais e nacional, todo dinheiro angariado em determinada comunidade pela equipe local do Exército permanece nessa comunidade. Esse dinheiro inclui o dinheiro depositado nas panelas da campanha de Natal, fundos angariados por correio e donativos para as principais campanhas da organização. Vale a pena repetir o que já dissemos no primeiro capítulo sobre aplicar o dinheiro onde ele é mais necessário: de acordo com os últimos relatórios do Exército, 17% de nossas receitas operacionais são gastas em custos administrativos e de levantamento de fundos. Isso significa que, de cada dólar doado, 83 centavos são alocados a serviços que beneficiam diretamente as pessoas necessitadas.

Essa é a razão por que não poderíamos comandar da sede os programas locais, mesmo que quiséssemos. Embora possamos recorrer a patrocinadores dispostos a investir no Exército ou angariar fundos temporariamente de outras fontes, tudo é sempre provisório. Cabe aos salvacionistas locais encontrar pessoas e fundos para respaldar suas idéias.

Essa obrigatoriedade não apenas tem efeito disciplinador, porque exige dos líderes extrema seriedade no uso cauteloso dos recursos obtidos, mas também dinâmico, uma vez que desperta o espírito empreendedor da comunidade e gera sentimento de orgulho pela posse do bem obtido. Todos — oficiais, funcionários e voluntários — participam do processo.

É claro que, em algum momento, sobretudo se o plano exigir que os empréstimos sejam garantidos ou se for preciso fazer algum investimento especial, os líderes divisionais e territoriais entram em cena. Recorremos ao auxílio de especialistas em direito, imóveis, finanças, construção civil, serviço social e *marketing*. Dependendo da ambição do projeto e das exigências de receita, os oficiais mais graduados terão de aprovar os diversos estágios do projeto. Não há dúvida, porém, quanto a quem é de fato seu "dono".

Cabe aos oficiais, funcionários e voluntários locais depurar o plano a ser posto em funcionamento e cuidar para que seja administrado com eficiência. E eles obterão a maior parte do retorno — que consiste não somente na maior parte das receitas provenientes das idéias que apresentaram, mas também no retorno dos investimentos feitos uns nos outros e nas pessoas de suas comunidades.

É o caso, por exemplo, de um programa implementado em Tulsa, em Oklahoma, que ajuda estudantes a se prepararem para o exame de ACT [American College Test, espécie de vestibular], exigido por várias faculdades. O programa foi desenvolvido em conformidade com o padrão característico do Exército de Salvação. Alguém de nosso pessoal detectou a necessidade e assumiu a responsabilidade de supri-la.[3]

Jo Bright é diretora veterana dos Clubes para Meninos e Meninas North Mabee, situados numa das áreas mais pobres de Tulsa. Em 1993, um dos jovens que freqüentavam regularmente o centro destacou-se como atleta e foi premiado com uma bolsa na Oklahoma State University, onde faria parte do

[3]Entrevista de Jo Bright a Ben Brown.

time de futebol local. Mas o jovem disse a Jo que receava jamais ser aprovado no ACT.

Profissional formada em educação, Jo decidiu ajudar. Porém, depois de passar por três escolas em busca de um programa que ajudasse esse jovem, percebeu que teria de elaborar seu próprio programa. Então pesquisou técnicas de preparo de testes, foi às empresas da região em busca de fundos e recrutou voluntários para ajudá-la nas aulas. No primeiro ano, havia 120 alunos matriculados. Hoje, mais de trezentos fazem os testes prévios, estudam acompanhados por monitores e assistem às aulas de preparação — tudo isso sem custo algum para os jovens e sem utilizar nenhuma verba destinada a outros programas do Clube.

"Começamos com atletas", diz Jo. "Agora, ajudamos a todos que nos procuram." Estima que cerca de duzentos alunos já passaram pelo programa e hoje estudam em alguma faculdade. Vários deles, incluindo-se alguns que hoje jogam na Liga Nacional de Futebol, voltam para agradecer a Jo e incentivar os alunos dela.

Jamais poderíamos tirar proveito do espírito empresarial de gente como Jo Bright se bloqueássemos de algum modo não somente a oportunidade de ajuda que descobriu, mas também a oportunidade que ela proporcionou a si e à comunidade de poder experimentar a recompensa pelo esforço despendido. O sucesso deles, em todos os aspectos, é também sucesso nosso como organização.

Algumas empresas são boas para delegar responsabilidade, mas não tão boas a ponto de permitir que os que assumiram alguma responsabilidade desfrutem o retorno dela. Geralmente, quando o pessoal local consegue algum feito marcante, o dinheiro obtido na operação é remetido à sede. Os líderes do projeto, autores da idéia e responsáveis por sua implementação, são promovidos a cargos fora de seu território — ou, pior, são ignorados. Isso funciona tão bem para fomentar o ceticismo e sufocar a produtividade quanto para pedir às pessoas que trabalhem de acordo com o roteiro fornecido pela empresa. Por que as unidades de campo teriam de continuar desenvolvendo idéias criativas, que geram receitas, se todo o dinheiro — mesmo o dinheiro de que precisam para implementar da melhor maneira possível suas idéias — não fica na comunidade local? Por que o indivíduo deve abandonar um trabalho que faz tão bem, assim como as pessoas que tanto o apreciam, se quiser progredir e melhorar o salário? Por que não recompensá-lo deixando ficar onde está para que multiplique seus sucessos?

Dando tanto destaque à tomada de decisão local, damos abertura a algumas ineficiências, pelo menos do ponto de vista da alta gerência. Em primeiro lugar, nosso "produto" não é exatamente o mesmo em todos os mercados. Em Tulsa, pergunte às famílias onde ficam os Clubes para Meninos e Meninas dirigidos por Jo Bright, em Los Angeles, onde fica o centro de Irene Lewis, e terá como resposta uma explicação animada dos programas de recreação e dos clubes. Em Portland, no Oregon, o Exército de Salvação tem um programa muito respeitado para adolescentes fugidos de casa. Na Flórida, fizemos um acordo com as autoridades judiciais que nos permite supervisionar a transferência de delinqüentes de uma prisão para outra. São vários os tipos de programas. Com mais de nove mil centros em operação nos EUA, temos quase o mesmo número de programas. Como se constrói uma marca nacional como essa?

Essa é uma pergunta que chega ao âmago da discussão sobre o que é de fato o núcleo de um negócio. Cremos que é preciso muito cuidado para não confundir o produto, que é um *efeito* temporário dos esforços de uma organização, com sua missão, que é a *causa* que a leva a produzir.

Produtos e processos têm de estar afinados com a missão da organização. Caso contrário, faltará integridade a seu funcionamento, além do que a empresa correrá o risco de perder sua identidade perante clientes e empregados. Mas na sintonia com o propósito não se pode ignorar o fato de que os produtos mudam com o tempo. Podem ser modificados, atualizados e até sair de linha. A missão, porém, alicerça-se nos valores fundamentais da organização e em suas convicções, que são eternas e invioláveis.

Quando dizemos que estamos aqui para salvar e servir, queremos dizer que esse é o nosso compromisso, o que pretendemos fazer, e disso estamos dispostos a prestar contas. Todos os nossos programas — nossos produtos — são fruto dessa consciência de missão, e é com base nela que mensuramos nosso sucesso. Isso, porém, não significa que sejamos definidos por esses programas. Nosso negócio não se restringe a recuperar viciados, a fazer dos jovens astros de futebol nem a atrair idosos para as atividades do centro. Queremos ser julgados pela forma que honramos nosso compromisso maior, que é transmitir a mensagem de salvação de Cristo e prestar serviço aos que sofrem, sem discriminação. Todo o resto se resume num meio temporário para a consecução desses fins últimos. Investimos em nossa missão a energia que empregamos na construção da marca do Exército.

A prova de que essa estratégia funciona aparece em pesquisas como as que foram discutidas no capítulo 4. O Exército de Salvação usufrui de respeito e reconhecimento praticamente universais, mesmo quando as pessoas têm dificuldade em identificar nossos programas. Isso nos deixa à vontade para correr riscos com programas diversificados.

Aqui entra em cena outra questão de eficiência prática: não há dúvida de que, em alguns casos, o Exército sacrifica a eficiência máxima apoiando operações repetidas. Cada território, por exemplo, mantém seu próprio colégio de cadetes. Cada um gerencia seu fundo de investimentos particular. Será que não economizaríamos mais se concentrássemos essas operações e puséssemos fim às duplicidades?

Isso é algo sobre o que conversamos sempre na organização. Podíamos estar nos tornando horizontais demais, tão descentralizados que funcionaríamos como franquias independentes. Sempre nos perguntamos se algum aspecto específico de nossa organização, constituído com o propósito de preservar nossa autonomia local ou regional, prejudica nosso trabalho geral. A prova decisiva disso é o que ganhamos permanentemente para nossa missão permitindo o entrelaçamento de pessoas e propriedades em nossos investimentos. Sabemos, pela história do Exército e pela experiência de outras organizações, o que significa obedecer à compulsão de controlar. Isso provavelmente significa que estaríamos mais propensos a errar se tomássemos partido da descentralização.

Talvez exista alguma diferença entre eficiência organizacional de longo prazo e eficiência programática de curto prazo. Se medíssemos o sucesso de alguns de nossos esforços em vista das horas neles investidas por nossos oficiais, funcionários e voluntários, chegaríamos à conclusão de que deve haver um meio de obter resultados semelhantes com menos esforço. Contudo, o impacto desses programas pode ser extraordinário em decorrência dos efeitos multiplicadores já discutidos anteriormente neste livro. O impacto de um projeto específico não se limita a seus efeitos imediatos sobre o público a que se destina, os clientes para os quais os programas foram criados. Existe também a influência contagiante do projeto sobre as pessoas engajadas nos serviços, entre eles voluntários tão inspirados pela participação nos programas que acabam dedicando tempo e dinheiro ao Exército, atraindo outros para sua esfera de influência. Comunidades inteiras podem ser contagiadas pelo entusiasmo resultante de um projeto bem-sucedido. O efeito cumulativo de vários desses projetos, em funcionamento por todo o país, é responsável pela construção de nossa marca.

Se eliminássemos parte dos encargos locais — levantamento de fundos, por exemplo, ou a elaboração de orçamentos — e os transferíssemos a especialistas da sede, estaríamos com isso montando uma infra-estrutura distante das linhas de frente, o que seria um fardo extra para nossas despesas gerais. Ao mesmo tempo, tiraríamos um pouco do sentimento de propriedade dos programas locais e diminuindo-lhes o impacto potencial. Preferimos correr o risco oposto, isto é, expor nossas ineficiências momentâneas em troca de um lance que poderá gerar dividendos mais altos no futuro.

Há outros riscos mais complexos e preocupantes inerentes à tarefa de descentralização. O que impediria os corpos locais, tão orgulhosos de sua competência empresarial, de inovar seus processos a ponto de ser inevitável a falência? Ou, ainda, por que haveriam de comprometer gente e dinheiro em excesso se no fim das contas só um empréstimo de urgência poderia salvá-los?

Como grande parte de nossos recursos humanos e financeiros acha-se espalhada por várias regiões e nas próprias comunidades, a escassez de recursos num lugar permite tomar emprestado de outro a fim de superar a crise do momento. Esses oficiais dedicados, que assumem tantas responsabilidades, poderiam facilmente prometer mais do que são capazes de cumprir. Os orçamentos que com tanto orgulho gerimos localmente podem tornar-se peças caóticas nas mãos de gerentes sem experiência ou de pessoas que não sabem dizer "não".

Assim como a marca nacional foi construída graças a sucessos individuais, as falhas constrangedoras podem pô-la a perder. Dissemos que estamos preparados para correr esse risco.

Como, porém, ter certeza de que os erros de nossos parceiros mais jovens não porão tudo a perder? O receio de que isso aconteça leva, na maior parte das organizações, à exigência de mais controle e mais missões heróicas de salvamento.

A maneira prática que lidamos com essa ameaça é a inovação incremental, sobretudo quando isso significa expandir a obra para novos territórios e comprometer novos recursos. Temos uma estratégia pronta, por exemplo, para a abertura de novos corpos. Se há necessidades em determinada comunidade que julgamos poder atender, inauguramos uma unidade de serviço com voluntários locais dirigidos por oficiais e funcionários do corpo ou sede mais próxima. Isso cria de imediato uma base de apoio. Em seguida, fazemos um levantamento formal das necessidades, contratando talvez uma consultoria externa. Queremos saber não apenas o que podemos fazer pelas pessoas dessa nova comunidade, mas também até que ponto elas estão dispostas a receber o Exército de Salvação.

Se o trabalho voluntário se mostrar promissor e se houver o apoio claro a um empreendimento maior, estabelecemos uma avançada (congregação) do Exército naquele local, com um escritório ou centro contando com um oficial de tempo integral ou funcionário. Um de nossos novos oficiais comissionados poderá dirigir essa operação. Em seguida, se a avançada se transformar numa base forte o bastante para os programas do Exército, identificando e organizando um grupo de voluntários que lhe dêem apoio, poderá vir a ser um corpo em sentido pleno. Sempre damos um passo de cada vez.

Mesmo com estratégias bem planejadas como essa, jamais conseguimos eliminar completamente os riscos de uma tomada de decisão descentralizada. Não podemos subestimar os perigos que até as organizações mais criativas e responsáveis enfrentam quando procuram descobrir a combinação ideal entre autonomia local e confiabilidade global. Será, entretanto, que o verdadeiro problema não é uma questão de foco, de não permitir que partes da organização percam o controle em vez de nos preocupar com o fato de que ela possa vir a perder o espírito de propósito compartilhado?

Cremos que a forma de lidar com desafios e ameaças à eficiência é reafirmar o compromisso da organização com princípios transcendentais. Nossa vantagem — que poderá ser também a de outras organizações — consiste na convicção compartilhada de que nosso propósito é sagrado. Estamos unidos na crença de que nossa organização existe *apenas* para ajudar as pessoas a encontrar-se com Deus e servir umas às outras. Todos concordamos que nossos programas devem ser avaliados de acordo com esse propósito. Usamos todos o mesmo uniforme e trabalhamos com o objetivo de chegar ao mesmo destino. Portanto, é pouco provável que algum indivíduo ou mesmo alguma equipe se desvie muito da trajetória sem ser alertado — prontamente, seja pelos colegas, seja pelos administradores mais graduados — de que está se afastando da esfera de proteção garantida por nosso propósito.

A exemplo de toda organização preocupada com a formação de seus futuros líderes, temos todo tipo de programa de treinamento para que nossos oficiais estejam sempre atualizados com as estratégias mais recentes. Contudo, gastamos também muito tempo em retiros e seminários discutindo o significado de nossa missão, como ela se relaciona com a fé e com a responsabilidade que temos como cristãos e, no caso dos oficiais, como ministros ordenados. Logo, não trabalhamos o tempo todo apenas com os meios de que dispomos, também reciclamos constantemente nossa compreensão dos fins, de como nosso propósito como organização se relaciona com o que somos como indivíduos.

Enquanto compartilharmos desse compromisso com a missão e enquanto oferecermos amplas oportunidades de usufruir sua recompensa, contamos com certa dose de tolerância — até mesmo da parte de nosso pessoal mais independente e criativo — no que se refere à necessidade de supervisão. Assim como os líderes nacionais e regionais do Exército não devem sentir-se ameaçados pela diversidade de estratégias empregadas nos programas das comunidades locais, os líderes salvacionistas das comunidades locais não devem sentir-se desanimados com o questionamento de seus supervisores acerca de estratégias específicas e dos padrões de contabilidade empregados.

Às vezes, isso se parece muito com uma hierarquia tradicional, principalmente quando a sede solicita mais informações de algum projeto específico muito importante para determinado oficial de corpo. Todavia, o modelo de que estamos falando é uma rede. O Exército de Salvação consiste numa rede de diversas empresas e pessoas de talento unidas por um propósito claramente definido.

As vantagens das redes em relação às hierarquias tradicionais explica-se pela dupla ligação implícita em sua estrutura. Uma rede não funciona se as linhas de comunicação não funcionam em ambos os sentidos. Compartilhamos idéias e preocupações com nossa rede. Esta por sua vez nos dá o retorno, oferecendo inspiração e informação. Essa informação normalmente inclui vínculos com outras redes que ampliam nosso conhecimento para a solução de problemas.

Toda organização procura unir pessoas que fazem coisas semelhantes em suas divisões. O pessoal de recursos humanos, por exemplo, pode reunir-se com outros que atuam na mesma área. O setor técnico participa de seminários de apoio técnico. Os especialistas em finanças são estimulados a dialogar com outros que atuam nesse mesmo setor. São formas preciosas de compartilhar conhecimento e suscitar novas estratégias. No entanto, jamais obteremos os efeitos reais de multiplicação das redes se não estimularmos os elos mais informais e espontâneos que geram trajetórias de aprendizado não-previstas.

De modo geral, isso significa formar alianças fora da organização. Em todas as nossas unidades, por exemplo, os profissionais do serviço social acabam conhecendo pessoas nas agências governamentais, nas instituições acadêmicas e em outras organizações sem fins lucrativos. Isso lhes permite tomar conhecimento de novas oportunidades; receber conselhos sempre que se candidatarem a novas subvenções; descobrir onde estão os voluntários mais preparados e tomar conhecimento de novas leis ou regulamentos que influenciarão seus programas. Além disso, ganham perspectiva.

Nosso programa de correção na Flórida começou dessa forma, em meados de 1970, quando o estado cancelou a verba que os municípios utilizavam para supervisionar a suspensão condicional de infratores autuados por delitos leves. Um juiz da área de Jack-sonville, sabendo do nosso trabalho de aconselhamento e impressionado com o histórico de eficiência alcançado, pediu nossa ajuda. A assembléia legislativa aprovou uma lei, batizada com o nome do Exército de Salvação, para podermos participar legalmente do processo. Logo que começamos a trabalhar juntos, surgiram outros programas resultantes dos diferentes relacionamentos mantidos pelas autoridades de correção. Hoje, trabalhamos anualmente com cerca de 50 mil infratores em 22 municípios, ajudando na difícil transição de volta à comunidade com aconselhamento, treinamento e colocação profissional, tudo financiado, diga-se de passagem, por meio de contratos ou taxas pagas pelos próprios infratores, sem ônus para o orçamento dos centros do Exército na região.

Além disso, a rede de correções está entrando agora em outra fase. O governo canadense procurou-nos, solicitando ajuda para os cidadãos do país presos na Flórida. Embora antes de serem presos muitos prisioneiros canadenses residissem há tempos nos EUA, eram deportados para o Canadá tão logo saíam da prisão, o que gerava imensos problemas de adaptação. As autoridades canadenses pediram que usássemos nossa experiência para ajudá-los na transição.

A estrutura de rede ajuda-nos no cumprimento da promessa já discutida no capítulo 5, isto é, ouvir. O único contexto em que essa promessa funciona de fato é aquele em que tudo o que os empregados dizem é ouvido pela administração. O único meio de criar esse tipo de ambiente é adotar uma estrutura de gestão flexível, responsiva e que inspire confiança.

Para os administradores habituados a dar ordens e acompanhar a realização das tarefas, ter de construir redes e incentivar sua expansão talvez seja uma experiência um tanto incômoda. Já aos que tendem ao heroísmo, essa atitude em nada se parece com o tipo de liderança a que estão acostumados. É preciso certa dose de comedimento.

Quando eu era chefe nacional, participava de reuniões informais e ocasiões cerimoniais em diferentes centros do país simplesmente para ouvir que tipo de preocupação tinha nosso pessoal de linha de frente. Nem sempre isso ficava evidente nas palavras deles; muitas vezes estava na paixão que se podia detectar na voz deles quando falavam de assuntos que lhe tocavam o coração. Foi para isso que aprendi a ouvir. Contudo, jamais teria conseguido ouvir tudo isso se não tivesse controlado o ímpeto de dar conselhos ou expedir ordens. Se quisesse aproveitar ao máximo a oportunidade de trabalhar em rede, melhor seria deixar que os salvacionistas mais jovens extraíssem minha opinião. Mesmo assim, procurava conduzir a conversa de forma que eles não tivessem a impressão de que eu estava querendo dar as ordens. As redes reagem aos catalisadores mais prontamente que aos que gostam de dar ordens.

Com base em anos de pesquisa do Instituto Gallup acerca das qualidades típicas do bom gerente, Marcus Buckingham e Curt Coffman afirmam que muitas organizações subestimam esse papel catalisador porque se acham por demais preocupadas com a glorificação da liderança visionária. Um gerente, de acordo com esse método distorcido de pensamento, "é um profissional confiável, ao passo que o líder é o executivo sofisticado, que mapeia o horizonte em busca de estratégias".[4] A maior parte das pessoas se vê deste modo, não do primeiro.

Buckingham e Coffman argumentam que "as atividades principais de um gerente e de um líder são muito diferentes [...] Se uma empresa confunde os dois papéis, esperando que todo gerente seja líder, ou define 'líder' como uma etapa mais avançada de 'gerente', o importantíssimo papel de catalisador será marginalizado, malcompreendido e maldesempenhado".

Ao supervalorizar os dons externos dos líderes visionários, de acordo com Buckingham e Coffman, as empresas não conseguem desenvolver as capacidades internas de seus gerentes, cujas responsabilidades principais em nada se relacionam com planejamentos de longo prazo, e sim em saber escolher as pessoas certas para a realização de trabalhos específicos, determinando expectativas de desempenho, motivando-as e capacitando-as para assumirem outras responsabilidades.

Na operação em rede, todas essas funções dependem da participação ativa do funcionário, principalmente depois de concluída a fase de recrutamento. Não se pode ordenar que os empregados tenham expectativas ou motivações nem que se desenvolvam profissionalmente. É preciso conspirar com o pessoal a fim de que todos esses requisitos se materializem. Quando tudo estiver funcionando perfeitamente, a melhor tática é sempre deixar o caminho livre.

Embora muitos executivos discorram sobre a necessidade de delegar responsabilidades e conceder oportunidades em todos os níveis da organização, muitos acham difícil afrouxar

[4] *First break all the rules*, p. 63.

as rédeas do comando. E não é para menos. Os diretores-presidentes são incentivados pela cobertura da mídia e pelos pacotes de compensações a se verem como comandantes heróicos. No entanto, alguns dos mais eficientes entre eles têm levado as empresas a níveis recordes de desempenho compartilhando o comando, transferindo o controle e as responsabilidades para as áreas mais próximas do cliente.

Um bom exemplo disso é Don Fites, amigo de longa data do Exército de Salvação. Ele é um dos membros mais ativos e inspirados de nosso Conselho Consultivo Nacional. No mundo dos negócios, porém, as pessoas o conhecem pela reputação que conquistou como presidente e diretor geral da Caterpillar, a maior fabricante mundial de maquinário agrícola, de mineração e de motores à turbina movidos a diesel e a gás comercial.

Fites foi o principal executivo da Caterpillar de 1990 até o início de 1999. No primeiro ano depois que se tornou diretor geral da empresa, supervisionou a reformulação total de sua estrutura organizacional, mudando a disposição vertical clássica, administrada por um escritório central, para uma rede de divisões autônomas. "Transferimos toda a prestação de contas e toda a responsabilidade para esses níveis", observa Fites, "criando, na verdade, cerca de vinte empresas, cada uma com um comando operacional".[5]

Em vez de ter objetivos e alvos de receita impostos às divisões de cima para baixo, as divisões — em sintonia com os principais executivos da empresa — fixavam seus próprios objetivos. Era óbvio que seriam responsáveis pela obtenção de resultados em conformidade com o que haviam prometido e que seriam recompensadas à medida que houvessem satisfeito ou excedido as expectativas estabelecidas.

[5]Entrevista de Don Fites aos autores.

As divisões dispunham de bastante margem de manobra, o que lhes permitia escolher o método de trabalho bem como seus objetivos. Podiam escolher, por exemplo, realizar fora da empresa serviços que a Caterpillar costumava fazer internamente, se essa fosse a melhor forma de otimizar o desempenho. Esse tipo de liberdade tinha duplo efeito sobre o desempenho: eliminava as desculpas dos gerentes de divisão, que lançariam a culpa pelo mau desempenho sobre os outros; ao mesmo tempo, servia de incentivo aos que prestavam serviços internos, impulsionando-os a valorizar mais ainda o trabalho.

"É o caso dos serviços jurídicos", diz Fites. "Todos sempre se queixavam dos advogados da empresa. Por isso eu disse que contratassem os serviços de outros advogados de fora. Descobrimos que nossos profissionais eram capazes de realizar um trabalho melhor por um preço menor. Com isso, todos passaram a respeitá-los. Esse foi um dos meios de nossa área jurídica avaliar o desempenho deles, mostrando que eram capazes de satisfazer os clientes internos da empresa."

Fites acredita em resultados mensuráveis. "Se não se marcam gols", costuma dizer, "é porque se está apenas treinando". Qual foi a pontuação da Caterpillar na época em que ele estava no comando da empresa? Nos nove anos em que foi diretor geral, as vendas mundiais e as receitas anuais aumentaram 83%, saltando para 20,9 bilhões de dólares. Os lucros aumentaram sete vezes, atingindo o patamar de 1,5 bilhão.

Quando Fites assumiu a empresa, a Caterpillar tinha 61 fábricas e centros de serviço. Quando se aposentou, eram 240. O número de modelos e configurações dos produtos da empresa passou de 81 para 325. Foi a época de crescimento mais acelerado da empresa nos 75 anos de sua história.

Essa é uma das melhores demonstrações de como é vantajoso para a empresa delegar poder em troca de prestação de contas. Ninguém pode acusar a Caterpillar e Don Fites de desperdiçar a oportunidade de melhorar o desempenho da empresa simplesmente porque decidiram conferir às pessoas "maior autoridade". Não foi preciso sacrificar coisa alguma. Na verdade, uma vez que foi possível aos gerentes e empregados assumirem ao mesmo tempo o controle e a responsabilidade de seu trabalho, a empresa e o diretor geral obtiveram resultados recordes.

CAPÍTULO SETE

Organize-se para improvisar

Lidar com mudanças, prevê-las e comandar — são esses os grandes tópicos que hoje determinam o sucesso de uma liderança. Qualquer indivíduo pode produzir resultados compatíveis quando é possível enxergar quilômetros à frente. Mas e quando as tempestades toldam o horizonte? É preciso aprender a adaptar-se para sobreviver e aproveitar as oportunidades de prosperidade que a mudança oferece.

Os gerentes de hoje dirão que sabem quanto o ritmo atual das mudanças exige rever os velhos pressupostos. Sabem que toda estratégia construída sobre a confiança de que o futuro será como o passado está fadada ao fracasso. Contudo, quando se trata de instilar no trabalho um pouco dessa perspectiva de mudança, a maior parte dos líderes parece pouco disposta a fazê-lo, e a maioria das organizações opta por depurar velhas técnicas em vez de criar novas.

O que permite à maior parte das organizações adiar as implicações dos novos desafios é o ritmo gradual de mudanças de seu ambiente. Quando a mudança é incremental, os gerentes, isolados por camadas de burocracia, constroem a carreira sem nunca se dar conta das rachaduras nas estruturas que lhes proporcionam tanto conforto. Não seria interessante se houvesse um tipo de laboratório de mudança, um ambiente em que o tempo fosse comprimido e a verdadeira percepção de urgência fosse acelerada, em que velhas balizas fossem derrubadas e novas paisagens demandassem perspectivas inéditas e respostas criativas? Nessas circunstâncias, poderíamos construir um modelo próprio à adaptação e à inovação que nos daria sustentação independentemente da mudança que nos pudesse sobrevir enquanto estivéssemos à frente de uma organização.

Vejamos, então, quais são as lições que esse tipo de experiência tem a nos ensinar. De repente, do nada, um furacão varre a paisagem, arrancando tudo o que encontra pelo caminho. Em questão de minutos, casas vêm abaixo e pontos de referência são destruídos. A vida das pessoas muda completamente.

Muito tempo depois dessa ocorrência trágica, outro tipo de ansie-dade aflige os sobreviventes. Sentem-se entorpecidos e deslocados. Antes, podiam tomar como referência pontos físicos, como edifícios, estradas — até as árvores do quintal. Esses objetos os ajudavam a orientar-se e a ratificar a continuidade da vida. Depois, em poucos minutos, tudo desaparece. A comunidade, no sentido mais pleno da palavra, evapora-se.

É uma situação que transcende as metáforas que a maior parte das pessoas imagina quando ouve falar de mudanças súbitas e destruidoras. No entanto, mostra muito bem as experiências pelas quais o Exército de Salvação passa o tempo todo. Atuamos no socorro a vítimas de catástrofes desde 1900, quando a cidade de Galveston, no Texas, foi atingida por um furacão que matou cinco mil pessoas. O Exército montou uma rede nacional de apoio às vítimas. Seis anos depois, Evangeline Booth autorizava a transferência de quatro milhões de dólares — o que praticamente esvaziou os cofres do Exército na época — para auxiliar na reconstrução e recuperação de São

Francisco depois que um terremoto de grandes proporções sacudiu a cidade. Desde essa época, a ajuda a vítimas de desastres tornou-se característica fundamental de nossa identidade.

Em 1999, o Exército nos EUA deu assistência a 2,3 milhões de pessoas vitimadas por catástrofes, de tornados e furacões a acidentes aéreos e episódios de violência que abalaram profundamente várias comunidades.[1] Em situações como essas, as pessoas precisam de ajuda não apenas para restabelecer os sistemas de sustento físico —como moradia, água, alimentação, energia elétrica, sistemas de comunicação —, mas também necessitam de ajuda para retomar sua ligação com algo que lhes permita transcender o trauma. Precisam de outros referenciais, de novas evidências de seu vínculo com o propósito de Deus e com a comunidade em geral. Uma vez que as vítimas são diferentes umas das outras, pois sofreram perdas que só elas podem avaliar, o trabalho de recuperação tem de ser necessariamente individual.

Esse tipo de desafio parece conhecido? Pois devia ser. Trata-se da versão compacta da atmosfera que descrevemos nos primeiros capítulos deste livro — um cenário de alienação, onde as pessoas sentem-se agredidas por forças além de seu controle ou compreensão. Chamamos isso de crise espiritual, e a expressão vem a calhar também no presente contexto, só que o cenário de desolação já não é mais metafórico. Em situações de tragédias, temos um microcosmo dos desafios com que deparamos no mundo da cultura de modo geral, com a diferença de que aqui eles aparecem em ritmo muito mais acelerado e marcante.

Não há laboratório melhor que o socorro às vítimas de tragédias para nos mostrar de que modo podemos nos organizar de maneira eficaz, de forma que as pessoas percebam diferença

[1]Relatório Anual do Exército de Salvação, 1999.

na vida num contexto em que mudanças rápidas — e terríveis — põem abaixo antigas estratégias de negócios. É um verdadeiro teste para nossa capacidade de adaptação.

Podemos afirmar, depois de cem anos de experiência nessa área, que a melhor maneira de fazer diferença na vida de pessoas abaladas por ventos fortes é a mesma de quando tudo está calmo. Podemos ainda — e devemos — buscar orientação num propósito maior. Se nos mantivermos concentrados nessa orientação, bastará conservar nosso equipamento sintonizado e nossa tática em dia para jamais sair do curso.

Quem quiser ser sempre eficiente, independentemente das condições, terá de reconhecer duas necessidades de imediato. Em primeiro lugar, é preciso respeitar a força da mudança. A mudança humilha o presunçoso. Exige um alto preço quando não lhe damos a devida atenção, quando não nos concentramos no que está de fato acontecendo, já que preferimos nos apegar ao que gostaríamos que fosse verdade. A mudança traz à tona a realidade.

Também é preciso aceitar o fato de que a mudança a tudo permeia; portanto, é inevitável. O que acontece durante uma enchente ou furacão pode parecer uma aberração das mais radicais, uma interrupção trágica da vida cotidiana, mas o que de fato muda com tudo isso é a perspectiva que a vida de agora em diante exige das pessoas, além da percepção de urgência.

Se não estivermos atentos, os efeitos cumulativos das alterações constantes e sutis do meio em que operamos diariamente podem ser tão devastadores quanto a mudança que chega de uma só vez. Logo, é necessário aproveitar ao máximo essas experiências com acontecimentos trágicos, porque, se conseguirmos aprender a trabalhar com eficiência nessas circunstâncias, muito provavelmente teremos mais condições de nos adaptar às mudanças cotidianas.

Declaramos a nosso pessoal que a única coisa certa que podemos dizer com antecedência acerca desses desastres é que eles ocorrerão. Não podemos esperar que o próximo furacão se comporte exatamente como o anterior. Jamais saberemos de antemão em que clima, em que estação do ano ou em que terreno ocorrerá a próxima emergência. Tampouco podemos dispor de informações prévias sobre as principais características da próxima comunidade a ser atingida. Isso significa que não podemos prever quantas pessoas serão afetadas, muito menos que tipo de estruturas continuarão de pé, nem se haverá instalações médicas em funcionamento nas proximidades da tragédia, em que estado ficarão as estradas, se a rede elétrica funcionará, tampouco se haverá acesso a água potável.

Em face de tantas incertezas, na ausência de antigas referências e das autoridades outrora constituídas, haverá quem nos queira fazer acreditar que cada um deve preocupar-se exclusivamente consigo mesmo. Há muita ficção por aí que glorifica o potencial heróico da ação individual diante do impossível. Isso só é verdade nos filmes, porque a realidade mostra bem depressa a insensatez de quem se deixa guiar por esse tipo de raciocínio.

O verdadeiro desastre acontece quando ficamos isolados da comunidade que nos dá apoio. Esse isolamento é parte do problema, não da solução. Um ou dois indivíduos poderão sobreviver às conseqüências da catástrofe agindo inteiramente por conta própria. Todavia, a conservação da vida e da propriedade em escala significativa depende do esforço harmônico de gente que trabalha em conjunto.

Confrontar as mudanças, portanto, ensina-nos uma lição de extrema importância: a necessidade de organização é tão imperativa quanto a mudança em si. Se nosso trabalho de socorro em catástrofes para nada mais servisse, serviria ao menos para mostrar que é preciso ter um plano. É imprescindível a existência de sistemas que nos ajudem a implementar esse plano, ainda que sob pressão. Além disso, é fundamental que estejamos plenamente convictos do motivo por que estamos ali e que confiemos inteiramente nas pessoas que estão ao nosso lado para podermos substituir o plano antigo pelo novo no momento em que as condições assim o exigirem.

Para vencer a confusão que toda tragédia traz consigo, vale a pena desmontar suas partes constituintes em elementos que possam ser trabalhados. O Exército de Salvação divide as situações de emergência em três fases distintas. Cada estágio pode apresentar diferentes exigências, o que requer, portanto, diferentes estratégias. Podemos, porém, aplicar o ciclo aqui apresentado a todos esses tipos de tragédias.

Em primeiro lugar, temos a fase da resposta. A equipe de resgate desloca-se imediatamente para o local da tragédia. Os sistemas de apoio de campo são montados rapidamente. A única preocupação nesse momento é salvar vidas e preservá-las.

Freqüentemente, o melhor a fazer nessa fase é alimentar as pessoas, tanto as sobreviventes quanto as que participam das equipes de salvamento. Nas primeiras horas e nos dias seguintes ao desastre, não há nada mais bem-vindo que um prato quente ou um simples copo de café. Criamos um sistema de socorro móvel — com cantinas sobre rodas e cozinha de campo autônoma — que nos permite chegar prontamente ao local da tragédia. Vinte minutos depois da explosão de uma bomba colocada por um terrorista num edifício do governo federal, na cidade de Oklahoma, em 1995, tínhamos três cantinas instaladas no local para atender às equipes de resgate.

Em segundo lugar, temos a fase da recuperação. Logo após o choque inicial do acontecimento, começamos a avaliar o estrago para nos inteirar do que deverá ser feito. Prosseguimos com os serviços regulares de alimentação e com outras medidas destinadas a sanar as necessidades mais imediatas, como roupas, abrigo e despesas de moradia. Meses depois que as enchentes devastaram Grand Forks, na Dakota do Norte, em 1997, o Exército continuava servindo três mil refeições diárias aos trabalhadores e sobreviventes.

Em alguns lugares, atuamos como uma espécie de base de apoio para as iniciativas de outros. No Texas, por exemplo, o Exército foi nomeado coordenador oficial de todas as operações particulares de socorro às vítimas de tragédias.

A última etapa é a restauração e reconstrução da área destruída, o que pode durar meses, até anos, depois do acontecido. Removidos os escombros e atendidas as necessidades do momento, temos de pensar no que virá em seguida, como juntar tudo o que foi destruído para criar um novo fundamento para o futuro.

Se perguntarmos à maior parte das pessoas o que elas fariam numa situação de crise, é provável que se fixem apenas na primeira fase, isto é, no salvamento. Não há dúvida de que é aí que devemos concentrar nossa energia e nossos recursos iniciais. Contudo, se traçássemos numa linha de tempo os efeitos dos desastres, veríamos que a fase inicial, de socorro e alívio imediato, é relativamente curta. A maior parte dos efeitos, sobretudo o impacto emocional da experiência, estende-se prolongadamente após a tragédia. O que é necessário nessa fase pouco se relaciona com reações heróicas. O que vale mesmo é a existência de um apoio confiável e um trabalho eficiente de rede com outras organizações e agências governamentais.

Vejamos, por exemplo, o rastro de destruição que o furacão Floyd deixou na região intermediária da costa atlântica em setembro de 1999. A equipe de resgate do Exército de Salvação ajudou cerca de dezoito mil pessoas nas primeiras doze horas da tempestade. Mas isso foi só o começo. Diferentemente de outros furacões que se concentram por breves períodos nas cidades costeiras, o Floyd continuou alterando a paisagem um bom tempo depois que os ventos se aquietaram.[2]

[2]Relatório Anual do Exército de Salvação, 1999.

Durante mais de dois meses, os rios transbordaram, fazendo submergir comunidades agrícolas e poluindo outros rios e reservatórios de água com detritos. Antes do fim de 1999, o Exército de Salvação havia contribuído com duzentas mil horas de serviço em socorro a vítimas e em reconstrução. Estima-se que o Exército deva prosseguir com a ajuda às comunidades afetadas pela tragédia provocada pelo Floyd durante mais alguns anos. Elas precisam ser reconstruídas praticamente do nada.

Numa pequena comunidade perto de Newark, em New Jersey, Floyd e suas conseqüências deixaram arrasadas as casas de famílias de baixa renda, às quais faltavam recursos para consertar ou reconstruir a moradia. Designamos um oficial nosso para permanecer no local a fim de coordenar a execução de um programa baseado em doações e dinheiro concedido pelo governo, além da ajuda de um instrutor de um programa federal de moradia para recuperação de cerca de 25 residências. Antes do furacão, não tínhamos nenhum centro na área, mas, depois de trabalhar com moradores da região por mais de um ano após a catástrofe, contávamos com apoio suficiente para inaugurar um novo corpo.

Eis um ponto que vale a pena salientar: o Exército de Salvação não precisa incutir nas pessoas a idéia de reconstrução da comunidade. Como já mencionamos diversas vezes, existe um impulso poderoso em todos nós que nos impele em direção à reconciliação e à reintegração e persiste mesmo depois de rompidos os laços familia-res. Garantida a sobrevivência física, o indivíduo procura recuperar seu bem-estar psicológico e social. Não é preciso convencê-lo de que deve recompor-se emocionalmente e passar à reconstrução. As pessoas fazem isso naturalmente assim que se sentem capazes. Para isso, basta que alguém se disponha a ajudá-las um pouco que seja.

Essa é uma lição importante para qualquer pessoa que enfrente a confusão trazida por mudanças rápidas demais. O mergulho no caos total é tão ilusório quanto a previsibilidade absoluta. Os momentos mais desesperadores de uma emergência passarão, deixando as vítimas e seus salvadores diante de desafios mais duradouros de recuperação e reconstrução. Até a mais intensa campanha de auxílio às vítimas de tragédias, do tipo que talvez exija toda espécie de técnicas e estratégias especiais, tem como preocupação principal ajudar as pessoas a retomar o contato com o propósito maior. Voltamos à *grande idéia* da ligação espiritual, a mesma idéia que norteia nossa missão diária.

Não há dúvida de que é reconfortante saber disso. Não temos de reinventar nossa missão toda vez que ocorre uma mudança — não se tivermos seguido a orientação correta desde o início. As mudanças põem em evidência os erros de cálculo, exigem ajustes, mas não invalidam em momento algum as leis do universo.

O que possuímos temporariamente não é o que somos. Os processos e programas devem refletir nossa luta, não nosso propósito. Produtos e processos vêm e vão, mas a missão permanece. É o fundamento sobre o qual podemos construir tantas vezes quanto for necessário, não importando o grau de destruição trazido pelos ventos da mudança.

Contudo, uma vez que as pessoas e as organizações se acham fortemente ligadas aos bens que possuem e a suas atividades, sua primeira reação natural diante da ameaça do inesperado é negá-lo. Todos resistimos ao desconhecido. Temos receio do caos. Portanto, nosso primeiro instinto é, de modo geral, tentar manter o controle fazendo o que estamos habituados a fazer, só que com maior intensidade. Trabalhamos, enfim, com mais afinco.

Quando empresas muito tradicionais, sobretudo as mais bem-sucedidas, são desafiadas por condições imprevistas, a primeira tática a que normalmente recorrem é pressionar o antigo modelo organizacional para torná-lo mais produtivo. Os gerentes cortam despesas, demitem parte da equipe e até põem de lado objetivos ambiciosos de longo prazo. Advertem seus funcionários para produzir mais, mais depressa e cada vez com menos recursos.

Mesmo que essas táticas de defesa funcionem durante algum tempo, não passam de técnicas temporárias de sobrevivência. Se uma empresa sobrevive à tempestade inicial tentando ocultar-se dela, quando sair da toca verá que o mundo que a espera mudou completamente. Essa atitude serviu apenas para adiar os desafios que a esperam.

Dificultar ainda mais a vida dos gerentes nesse contexto, comportando-se de maneira exatamente oposta — antecipando-se e reagindo com exagero — também pode colocar a organização em perigo. Se mantiverem os olhos fixos unicamente no horizonte, vigiando sem cessar à espera de possíveis desastres, as empresas correm o risco de desviar-se de seu negócio principal, o que as levaria a exaurir os recursos em soluções incompatíveis e maldirecionadas.

Essa situação na verdade requer uma estratégia sensível e flexível o bastante para que haja improvisação no plano individual. Contudo, deverá ser também suficientemente calculada e abrangente para ter ampla eficácia. No Exército de Salvação, esse enfoque se dá da maneira que descrevemos abaixo.

Nos primeiros dias de uma situação de emergência, há necessidade imediata de dinheiro. Precisamos alugar ou adquirir instalações que possam ser usadas como centros distribuidores de alimentação, vestuário e outros artigos indispensáveis ao funcionamento de uma casa. Precisamos de combustível; temos de comprar suprimentos para nossas cantinas móveis e reabastecer as cozinhas de campo. À medida que migramos para as fases de recuperação e reconstrução, há necessidade de mais dinheiro para o sustento de famílias em situação desesperadora até que seja liberado o seguro ou outros benefícios. Não é incomum nos comprometermos com doações no valor de 250 mil dólares no dia seguinte a uma catástrofe sem saber exatamente de onde o dinheiro virá.

Procuramos ter sempre fundos de emergência em nível territorial, de modo que as divisões e comunidades possam usá-los caso necessitem de dinheiro em situações de urgência. Todavia, nunca há bastante para os primeiros serviços de socorro no caso de grandes tragédias. Todo dinheiro tomado emprestado dessas contas tem de ser reposto, para ser novamente utilizado em caso de novas emergências.

Trata-se de uma situação que pode gerar um clima de pânico nos oficiais encarregados dos esforços de resgate, já que passaram a vida profissional inteira prestando contas de cada centavo gasto e de cada item discriminado em seus orçamentos. Até para algo tão trivial quanto o conserto de um veículo do centro comunitário é preciso informar qual foi o fundo utilizado. Imagine a situação quando se vêem obrigados a comprometer-se com quantias que podem levá-los à falência.

Temos, por conseguinte, esse conflito de estratégias financeiras,[3] que são testadas pelo bom senso e pela realidade. As emergências exigem muita flexibilidade. A sobrevivência da instituição requer níveis elevados de prestação de contas. Temos de ter as duas coisas ao mesmo tempo. Não podemos optar pela flexibilidade e pela negligência a um só tempo, tampouco pela prestação de contas e pela indiferença. É preciso combinar as duas abordagens, o que nos obriga a ser vários tipos diferentes de organização a um só tempo.

[3]Este é um dos "novos paradigmas" da administração citados por Peter Drucker: "Em vez de procurar a organização certa, é preciso que a gerência busque, desenvolva e teste *a organização para que ela se adapte à tarefa que se tem em vista*" (grifo do autor) (*Desafios gerenciais para o século 21*, São Paulo: Pioneira, 1999).

No caso da estratégia financeira a ser adotada em situações de emergência, a reputação que o Exército de Salvação construiu no dia-a-dia como entidade que presta contas de seus atos e apresenta resultados ajuda-nos a angariar o dinheiro extra de que necessitamos nos momentos de crise. Basta fazer o apelo que o dinheiro aparece. "Nunca falhou", observa o major David Dalberg, coordenador dos serviços nacionais do Exército para desastres. "Jamais participei de uma grande operação em que o público em geral não compreendesse e não nos desse apoio."[4]

Portanto, podemos usar nossa experiência em situações de tragédia para criar o tipo de estrutura própria para o imediato levantamento e alocação de fundos que nos darão tranqüilidade no caso de talvez estarmos ultrapassando os limites do nosso compromisso. Contudo, para preservar essa reputação que nos permite atrair o apoio que necessitamos para sustentar nosso compromisso, temos de continuar cumprindo o que prometemos. Isso significa que precisamos continuar criando sistemas e adaptando-os a fim de que haja sempre bons resultados. É aí que entra a integração de nossas estratégias.

Embora os acontecimentos marcados por mudanças rápidas requeiram flexibilidade capaz de pôr nossa fé à prova, também requerem — ao menos durante algum tempo — uma estrutura de comando mais rígida que a que empregaríamos no dia-a-dia. É fundamental que as pessoas saibam a quem se dirigir durante uma emergência.

Para saber com certeza que nossas operações ajustam-se perfeitamente a outras em situações de emergência, organizamo-nos de acordo com o Modelo de Comando de Incidentes adotado pelas agências do governo e por outras organizações de prestação de socorro. Até um indivíduo que nada conhece do

[4]Entrevista de David Dalberg a Ben Brown.

Exército de Salvação saberá sem dificuldade quem de nossa estrutura organizacional tem responsabilidades equivalentes às do modelo de comando e que pode facilmente coordenar as ações necessárias.

Temos manuais que detalham precisamente quem fala à mídia, quem é responsável pelos estoques de suprimentos, quem se encarrega de fazer contatos com outras agências, quem comanda o grupo de voluntários e até quem deve redigir as notas de agradecimento após o encerramento das operações. Se estivermos perfeitamente posicionados, a elaboração de listas, a atribuição de funções e a prestação de contas às instâncias superiores jamais acabam. A organização é o antídoto contra o caos.

Contudo, embora o modelo de comando nos mantenha flexíveis e coerentes em determinadas circunstâncias, em outras seremos mais bem servidos por um enfoque de cunho mais empresarial. Durante as enchentes no alto Meio-Oeste em 1997, por exemplo, o major Dalberg recrutou salvacionistas do Território Sul especializados em imóveis. Deu-lhes as principais diretrizes por seguir e os enviou para identificar quais propriedades estavam à venda e quais estavam para alugar com o objetivo de fazer delas centros de distribuição. Não havia tempo para os superiores visitarem todas as propriedades identificadas. Precisávamos daqueles locais imediatamente. Por isso, os especialistas em imóveis do major Dalberg tinham autoridade para negociar e fechar contratos por conta própria, desde que esses contratos obedecessem ao modelo com o qual todos haviam concordado anteriormente.

Nessa mesma ocorrência de socorro aos flagelados da enchente, outras equipes do Exército concentraram-se exclusivamente em estratégias financeiras horizontais. Como membros de redes que eram, procuravam formas de ampliar nossos serviços através de contatos com outras partes. Um dos elos mais eficazes nessa ocasião foi com o Wal-Mart. Os executivos regionais do Wal-Mart ajudaram-nos a avaliar nossas necessidades logísticas, depois enviaram 26 de seus almoxarifes mais experientes para nos orientarem na organização e distribuição de alimentos, roupas e utilidades domésticas. Com a ajuda deles, reduzimos a espera em nossos centros de distribuição de duas horas e meia para 45 minutos. Em conseqüência dessa experiência, adotamos em todo o país o estilo de gestão de almoxarifado do Wal-Mart nos casos de socorro a vítimas de tragédias.

Temos, portanto, pessoas trabalhando simultaneamente em todos os tipos de estruturas organizacionais. Elas operam independentemente como conselheiras ou como especialistas em informação. Podem também fazer parte das equipes de limpeza das casas, de preparo de alimentos ou de estocagem de produtos nos centros de distribuição. Podem ainda trabalhar na seção administrativa dos escritórios, processando formulários, acompanhando o cumprimento de cronogramas e o emprego do dinheiro, o que não é diferente de suas atividades do dia-a-dia quando não estão envolvidas no socorro às vítimas de tragédias. Empreendedores, equipes, redes, hierarquias tradicionais: não importa o nome, contanto que dêem resultados. Um propósito, inúmeros enfoques. A forma acompanha a função.

Vamos falar das lições práticas de operar nesse contexto instável. A primeira e mais óbvia nos mostra que, no momento em que aprendemos um pouco sobre o ciclo de reação e restauração e sobre as exigências de longo prazo do trabalho, fica mais fácil escolher futuros líderes e treiná-los. É fundamental que sejam impulsionados pela missão do grupo, não pela adrenalina.

Os líderes que se preocupam exclusivamente com o estágio de resgate e desfrutam do sucesso dessa etapa ficarão atentos à busca de oportunidades que lhes permitam repetir a experiência. São os candidatos mais prováveis ao papel de herói, conforme demonstramos no capítulo anterior. Estão, portanto, sempre atentos, prevendo crises em que possam interferir. Isso faz com que dêem pouca atenção à prevenção de conflitos e aos ajustes que ajudam a organização a adaptar-se às exigências do cotidiano. Alguns até criarão desastres — ou, no mínimo, permitirão que ocorram — só para intervir no último minuto e salvar o dia.

A maior parte das organizações tem pelo menos alguns gerentes que trabalham dessa maneira. Eles têm pouco interesse em atividades de planejamento e no crescimento das equipes. Não gastam muito tempo relacionando estratégias imediatas com objetivos de longo prazo. Adiam sempre a tomada de decisão, seja a aquisição de um novo *software* de contabilidade, seja a elaboração do programa de férias. A pilha de processos cresce em cima da mesa deles como as águas de um rio represado. Como é previsível, a barragem um dia se rompe e nesse momento eles acordam, disparam ordens para todo lado e salvam as equipes submersas numa fração de segundo. Demonstram grande talento para gerir crises que, em grande parte, foram criadas por eles mesmos — embora poucas vezes nos demos conta disso.

As *verdadeiras* crises, porém, são pouco condescendentes. Nas ocasiões em que o Exército se envolve em situações de calamidade, a protelação, o mau planejamento e a execução caótica de tarefas têm conseqüências óbvias e imediatas — às vezes trágicas. Se não houver sintonia no trabalho das equipes destacadas para ajudar as vítimas das conseqüências deixadas por um furacão ou por inundações, a dor dos atingidos se mostrará em toda a sua crueza perante seus salvadores. É algo tão terrível que toda a organização procurará disciplinar-se para que isso não se repita. Ninguém quer trabalhar com indivíduos que preferem ser heróis a ser elementos aglutinadores.

Todo líder que perde a confiança dos clientes e dos colegas não dura muito.

Na verdade, a experiência nos ensina a esperar até que uma emergência comprove nossas suspeitas em relação a pessoas que prezam muito mais a emoção do momento que o serviço. Por isso buscamos outras funções para elas.

Temos voluntários, por exemplo, que gostam de estar no centro da batalha o tempo todo. Eles querem ser os primeiros a ouvir as últimas notícias nas freqüências de rádio da polícia e dos bombeiros, por isso nós os designamos para tarefas de acompanhamento. São trabalhadores incansáveis, ficam acordados a noite toda para não correr o risco de perder nenhum novo acontecimento ou crise. Como organização, utilizamos essas informações, mas apenas se pudermos tê-las dentro do contexto da missão do Exército e dos nossos recursos imediatos. Se essas "sentinelas" pudessem expedir ordens com base unicamente nas informações obtidas, acabariam por esgotar todos os nossos recursos, deixando frustrado nosso pessoal mais capacitado. Enfim, seria o caos. Todavia, muitas organizações arriscam mergulhar nesse tipo de confusão quando toleram, e até recompensam, gerentes que comandam missões de salvamento sem organização.

Trataremos mais detalhadamente no próximo capítulo sobre a necessidade de agir com coragem, de correr riscos. No entanto, é importante lembrar aqui a necessidade de desenvolver meios de fazer negócios que eliminem a possibilidade de riscos a longo prazo, que mitiguem a necessidade de atitudes salvadoras heróicas — mesmo quando os objetivos são extraordinariamente ambíguos.

Gary Hamel e C. K. Prahalad resumem esse pensamento: "Achamos interessante que muitas empresas equiparem inovação e crescimento com empreendimentos arriscados. Claro que o risco calculado é aceitável, mas chegar primeiro ao futuro não é simples questão de aumentar o número de pessoas dispostas a correr riscos. Chegar primeiro ao futuro tem menos a ver com investimentos heróicos e mais com a demolição de ambições heróicas".[5]

O processo de demolição dessas ambições requer o "emprego de ferramentas de nivelamento de recursos", assinalam Hamel e Prahalad. Isso significa que, a partir do momento que tivermos um propósito maior, uma direção para onde dirigir nossos esforços, o sucesso dependerá de nossa capacidade de descomplicar o progresso da organização rumo a esse propósito.

Quando compreendemos o ciclo de vida das crises e observamos como é relativamente curto o espaço de tempo concedido ao indivíduo para estar apto a participar das equipes de resgate, é bem provável que moldemos nossos esforços de forma que seu impacto se dê a longo prazo. Um bom meio de investir essa energia é a depuração das técnicas de ouvir.

Dedicamos um capítulo inteiro à atitude de ouvir como componente fundamental da administração eficiente. Contudo, sua importância torna-se ainda maior quando o ouvir encontra-se sob pressão, pois, apesar de a necessidade emocional de conversar com outra pessoa ser maior em situações de emergência, os ouvidos disponíveis não são muitos. Todos estão com pressa, impelidos pela necessidade de fazer alguma coisa, quando o serviço de edificação comunitária mais importante que poderiam prestar nesse momento seria diminuir um pouco o ritmo e se solidarizar com as vítimas.

É sem dúvida uma oportunidade sem igual de alavancar recursos. Passada a emergência, todos se lembram de quem esteve a seu lado, ouvindo-os derramar o coração, mesmo que

[5] *Competindo pelo futuro*, Rio de Janeiro: Campus, 1998.

não houvesse nada que pudesse ser feito no momento para reparar a situação. "Essa atividade tornou-se uma marca registrada do Exército", observa o major Dalberg.

"Se você não sofreu esse tipo de experiência, será difícil compreender os prejuízos resultantes. Não estamos nos referindo somente às perdas físicas. As pessoas são alcançadas em sua tristeza. Estão atordoadas pela experiência. Ser um bom ouvinte, abraçar alguém e se solidarizar com determinada pessoa — até mesmo chorar com ela — é mais importante que qualquer outra coisa que façamos. Nessas situações, o Exército torna-se o ouvinte por excelência de muita gente."

Não esperamos que as vítimas venham até nós. Mobilizamos nossos esforços levando as cantinas móveis a lugares onde as equipes de resgate possam fazer uma pausa para tomar um café e comer um lanche. Nos lugares onde nossos equipamentos são instalados, improvisamos escritórios de campo em veículos especialmente adaptados, que conduzimos pelas regiões afetadas por tempestades ou furacões. Esses veículos podem permanecer nas áreas afetadas por vários meses, tornando-se parte do tecido que integra o processo de reconstrução da comunidade.

Se permanecermos fiéis ao nosso compromisso e insistirmos, mesmo em face de embaraços logísticos variados, em oferecer serviços com a marca indelével da empatia e de alcance específico, veremos que essa atitude influencia diretamente nossa capacidade de atrair patrocinadores. Mesmo nas crises — ou melhor, *principalmente* nas crises — criar uma relação caracterizada pelo ouvir tem um impacto decisivo, não somente pelo que pode oferecer a seus clientes.

Assim como os desafios aumentam nas crises, também aumentam os sentimentos de realização e as oportunidades de alcance. Muitos de nossos oficiais começam a carreira como voluntários em situações de catástrofe. Cidadãos influentes tornam-se membros ativos de conselhos consultivos por causa de nossa atuação nessas tragédias. Autoridades estaduais e locais, que antes de nos conhecerem podem ter resistido à participação de um órgão particular ao lado de suas equipes de resgate, tornam-se aliados permanentes do Exército.

Semeamos o potencial de toda essa boa vontade por meio do treinamento cruzado. Fazemos isso por necessidade. Nenhuma organização pode dar-se ao luxo de ter uma rede de especialistas e dispor de inúmeros recursos em várias regiões à espera do próximo desastre. Temos de contar com pessoas que tenham outras obrigações diárias. Lembra-se de nossa discussão no capítulo 3 sobre a obtenção de efeitos multiplicadores "convertendo" pessoas e recursos a novos propósitos? Então, o socorro às vítimas de desastres requer conversão imediata.

Praticamente todas as pessoas em quem confiamos nessas emergências têm outros afazeres, seja no Exército, seja, no caso dos voluntários, no setor privado. Um aspecto decisivo — talvez o *mais* decisivo — de nossa missão de socorro é o dom que temos de despertar instantaneamente esse "exército" dentro do Exército no momento em que as tragédias acontecem. Quando essas pessoas voltam ao trabalho cotidiano, sentem-se mais capacitadas a adaptar-se às exigências imediatas dos clientes onde quer que estejam. Além disso, sentem-se renovadas por esse espírito de serviço.

O impacto sobre os voluntários é formidável. Por causa do abrigo limitado de que dispunham as equipes de resgate durante as enchentes de 1997 nas imediações de Grand Forks, na Dakota do Norte, trouxemos voluntários de outras cidades em vôos franqueados pela Northwest Airlines. Vieram cerca de 250 voluntários. A maioria passava o dia com as equipes de limpeza, ajudando os moradores a retirar diversos objetos de dentro de casa, removendo ao mesmo tempo a lama e a água do assoalho e das paredes. Depois, à noite, retornavam de avião para a cidade deles.

Foi um trabalho exaustivo do ponto de vista emocional. Todos os dias, os voluntários viam pessoas muito parecidas com eles mesmos — gente com família, emprego, animais de estimação e bens acumulados ao longo de toda a vida. Em questão de poucas horas, a inundação tinha colocado tudo isso em risco. Lidar com os sobreviventes em situações desse tipo pode abalar a segurança das equipes de resgate.

Entretanto, o que se ouvia entre os voluntários nos vôos da Northwest de volta para casa estava longe de configurar um quadro de possível depressão causada pelo trabalho exaustivo do dia. Pelo contrário, comentavam como sua vida tinha mudado para melhor graças à oportunidade que tiveram de poder ajudar.

"É o que se ouve o tempo todo", observa o major Dalberg. "Não sei como alguém pode passar por um desastre de grandes proporções e não mudar com a experiência."

Isso também se aplica ao pessoal do Exército. Durante as enchentes de 1993 no Meio-Oeste, recrutamos 250 oficiais de outras áreas. Quatro anos depois, quando as enchentes devastaram a área de Grand Forks, requisitamos seiscentos oficiais de outras regiões. Todos voltaram para casa com lições úteis para o dia-a-dia e com inspiração suficiente para anos a fio.

Muitas vezes, oficiais comprometidos com a obra do Exército, mas não necessariamente inflamados pelo papel que desempenhavam em suas funções, saíram das atividades de socorro com a ambição renovada. Talvez não soubessem até então do que eram capazes. Tampouco o sabiam, é verdade, os oficiais mais graduados a quem se reportavam. A oportunidade de influir de maneira tão importante em condições de tamanho estresse mudou-lhes a atitude — e talvez a carreira.

Durante muito tempo, o Exército colheu benefícios como esses sem nunca fazer nenhum esforço especial para formalizá-los nem ampliar. Agora, porém, estamos procurando usar a experiência de socorro em acontecimentos trágicos como parte de nosso programa de desenvolvimento de líderes. Queremos aproveitar ao máximo esse laboratório.

Constatamos, na verdade, que esse tipo de oportunidade prática pode ser a chave para o recrutamento e a conservação de nossos jovens líderes mais capacitados. Sabemos que o desempenho do Exército durante todo o longo período subseqüente à tragédia, na restauração e recuperação, estimula nosso crescimento nas regiões afetadas.

Não é curioso? Essas crises não somente testam nossa capacidade de sobrevivência, assim como a capacidade de todas as instituições que delas participam, mas também proporcionam oportunidades bem concretas para o crescimento organizacional — contanto que nosso desempenho faça justiça a nossas promessas.

Cremos que nossas experiências de laboratório têm lições para todo tipo de organização. Existem aquelas que são óbvias: já que não é possível impedir a mudança, por que, então, não ter um plano para lidar com ela?

O caos aparente, o estágio de mudança radical mais assustador, ocupa o segmento mais breve da cronologia de qualquer crise. Por que, então, orientar a operação inteira por essa fase? É ótimo ser resgatado — melhor ainda ser resgatador —, mas não podemos nos organizar para períodos mais longos se ficarmos pensando em oportunidades de praticar atos de heroísmo. O objetivo deve ser a criação de uma atmosfera que permita mudanças sem a necessidade da intervenção de heróis.

Não deixe que o senso de urgência destrua a melhor ferramenta de geração de recursos que você possui: seu compromisso de ouvir atentamente a clientes e a funcionários. Quanto mais difícil a situação, maior o valor da empatia e mais duradouro o efeito dos momentos reservados para ouvir as pessoas em meio à confusão.

Trataremos agora da lição mais sutil e de maior impacto do laboratório proporcionado pelas crises. O que deixa nervosos os maníacos por controle, não importa quanto sua atuação tenha sido positiva em situações de calamidade, é a falta de um modelo de gestão que lhes permita lidar com a mudança ou mesmo comandá-la. Não há meio de se organizar que garanta sua sobrevivência, muito menos seu crescimento. Não há nada a que se possa apegar, exceto o propósito.

O propósito que nos orienta da melhor maneira possível nas emergências é o mesmo que nos orienta nas circunstâncias mais previsíveis. Quando a mudança força adaptações, somos obrigados a reformular as estratégias, estabelecer múltiplas estruturas e remover as várias camadas de burocracia. Mas devem permanecer intocáveis os princípios fundamentais tratados ao longo destas páginas.

Nossas iniciativas devem refletir a necessidade de ligação com algo que transcenda o trauma imediato, algo maior que tudo e que resista às ameaças de qualquer furacão, metafórico ou real. Devem também promover a integração dos indivíduos numa comunidade solidária. Se essas idéias não forem honradas de algum modo no enunciado da declaração de missão de sua empresa, em sua visão, nos seus valores mais fundamentais, ou seja lá qual for o nome que você dê ao seu propósito, não espere nenhuma crise para que sua miopia organizacional se revele.

Em última análise, o que nos dá a esperança de poder influir não é o fato de o mundo ser previsível e poder ser controlado e, portanto, precisarmos apenas lançar mão da estratégia correta. Sabemos que isso não é verdade. Para que nossa influência seja real, é preciso nos adaptarmos continuamente aos acontecimentos em constante mutação de modo que estejamos sempre sintonizados com esses princípios imutáveis e soberanos.

Fé no propósito e confiança naqueles que se comprometeram, como nós, a agir de acordo com o propósito estabelecido, eis a recompensa que temos quando uma mudança radical ameaça nossa organização. Isso mostra como esses mesmos princípios são úteis em situações muito menos graves.

Se quisermos observar a aplicação de algumas dessas idéias em áreas que pouco se relacionam com a atuação do Exército de Salvação em situações de tragédias, nada melhor que recorrer a um campo rico em metáforas para o mundo dos negócios: o esporte. Escolhemos um esporte em que se percebe com muita clareza como as estratégias são postas continuamente à prova no contexto de mudanças drásticas no decorrer de todo o jogo.

O futebol americano nos oferece um excelente contexto porque, como há onze jogadores em cada time, cada um responsável por alguns papéis muito bem definidos, isso os obriga a atuar de acordo com um sistema de gestão clássico. Os técnicos são por natureza maníacos por controle. Ao longo da carreira, acumularam várias lembranças ingratas de vitórias perdidas: *se* o jogador Fulano não tivesse desperdiçado aquela oportunidade, *se* houvesse alguém ali no momento certo, aquela oportunidade jamais nos teria escapado. Portanto, estão sempre pensando em alguma estratégia que reduza as variáveis, por isso treinam os jogadores para que a função de cada um no time acabe se transformando na sua segunda natureza.

Todavia, ao mesmo tempo, os técnicos vêem-se obrigados a aceitar os limites do controle. A vitória depende quase sempre de ajustes feitos no calor da batalha. Portanto, é fundamental que eles se preparem e preparem também o time para adaptações rápidas à mudança súbita.

Bobby Bowden, técnico do time de futebol da Florida State University, fez carreira combinando controle e improvisação. Desde que assumiu o time, em 1976, o estado da Flórida só perdeu uma temporada. Nos catorze anos que precederam a temporada de 2001, as equipes treinadas por Bowden conquistaram dois campeonatos nacionais e acabaram entre as cinco melhores em catorze temporadas seguidas, recorde sem paralelo na história do futebol universitário da primeira divisão.

No início, quando o time começou a participar dos campeonatos, ninguém dava nada por ele, mas Bowden aos poucos tornou-se famoso pelas jogadas engenhosas com que seu time pegava desprevenido o adversário. Ele jamais abandonou completamente essa tática. À medida, porém, que sua estratégia ia ficando conhecida, perdia-se a vantagem da surpresa. Atualmente, os times que disputam jogos com o time da universidade da Flórida treinam com o pensamento fixo em estratégias que lhes permitam derrotar o adversário e com isso construir *sua* fama.

Bowden, portanto, enfrenta o mesmo dilema de outras organizações maduras e bem-sucedidas. Ele tem de convencer continuamente sua equipe de que o passado não representa nenhuma garantia em relação ao futuro. Tem de recrutar e treinar pessoas que honrem uma tradição de padrões elevados, mas tem igualmente de prever prováveis desafios para os quais não estavam preparados. Seu time tem de ser disciplinado o bastante para não abandonar suas funções em meio a rumores e confusão. No entanto, esses homens devem também estar preparados, quando lhes for solicitado, para mudar rapidamente de estratégia, conforme a exigência de novas realidades.

"As pessoas não se dão conta", diz Bowden, "de que muitas vezes trabalhamos a semana inteira com determinada estratégia de jogo e, quando chega a hora da partida no sábado, basta uns poucos movimentos em campo para percebermos que aquele plano não era bom. É preciso, portanto, flexibilidade para fazer os ajustes necessários".[6]

[6]Entrevista de Bobby Bowden a Ben Brown.

Só se consegue isso, diz Bowden, criando flexibilidade em seu pessoal e em suas estratégias. Se você acha que isso é um desafio grande demais para sua organização, imagine como deve ser para um time de futebol como o de Bobby Bowden.

Como o time da universidade da Flórida ocupa lugar permanente no Olimpo esportivo, pode escolher a dedo os mais talentosos jogadores das escolas de ensino médio de todo o país. Muitos de seus contratados tornaram-se astros ainda muito jovens, e muitas vezes em mais de um esporte. Os times foram montados tomando-os por base. Cabia aos demais — técnicos, outros jogadores e até seus pais — adaptarem-se ao estilo e às preferências deles.

Quando, porém, chegavam aos campos de treinamento da universidade, esses jogadores viam-se rodeados por atletas iguais a eles. Todos eram estrelas. De repente, eram eles que tinham de se adaptar para formar um time vencedor. "É preciso canalizar o talento desse pessoal", diz Bowden, "caso contrário eles se dispersarão em diversas direções".

O sistema a que têm de se submeter só perde em severidade para o sistema militar. As equipes são divididas em unidades ofensivas e defensivas, as quais, por sua vez, são divididas conforme as várias posições dos jogadores em campo. Todas as técnicas de jogo — bloqueio, arremesso, passes etc. — são desmembradas nos movimentos que as constituem, e os jogadores são treinados continuamente em cada um desses movimentos.

Seguem-se então as jogadas. No manual dos atacantes, elas ocupam pelo menos setenta páginas. Cada jogada pode ter diversas variações, dependendo de como a defesa se comporta. O papel de cada um dos onze jogadores é coreografado com uma precisão que lembra muito o trabalho de uma companhia de dança.

Quando chega finalmente o sábado, os jogadores já conviveram pelo menos dezoito horas, assistiram a vários filmes e participaram de muitos treinos. Os técnicos passaram no mínimo três ou quatro vezes mais esse tempo planejando. E, conforme diz Bowden, talvez tenham de se desfazer de quase tudo ou de tudo o que prepararam se o jogo tomar um rumo inesperado.

Os imprevistos são uma constante decorrente da estratégia escolhida pelo time adversário. Diferentemente de uma catástrofe, capaz de frustrar até os planos mais bem elaborados por causa do caráter aleatório de seu poder de destruição, esportes como o futebol, por exemplo, são um convite à participação do comportamento intencionalmente destruidor, o que intensifica o potencial de confusão. Assim como nas situações de emergência, quando as pessoas pensam que a única saída é a ação heróica individual, as estrelas de Bowden podem se ver tentadas a tomar o controle de uma partida ruim, abandonando suas funções e tentando um lance individual que talvez salve o jogo.

Cabe a Bowden e a seus assistentes preparar os jogadores para resistir a essa tentação a fim de que toda improvisação se dê sempre em contexto de equipe. Como isso é possível? Em parte, treinando a adaptação.

"É o caso, por exemplo", diz Bowden, "do nosso plano de assalto. Digamos que o zagueiro recue para passar. Nesse caso ele é perseguido e fechado, mas consegue avançar. Isso significa que o bloqueio foi furado, o que nos obriga a abandonar nosso plano".

Contudo, em vez de permitir que os jogadores saiam criando opções próprias, correndo o risco de ser interceptados ou de cometer falta, existe um plano B que entra automaticamente em ação. "Quando os jogadores incumbidos de receber a bola viram-se e vêem o que está ocorrendo", diz Bowden, "sabem exatamente para onde devem correr. Os que estavam mais adiantados recuam em direção ao zagueiro; os que estavam mais atrás correm para a frente. Quem estava na direita corre para a esquerda, e vice-versa". Isso dá ao zagueiro novas opções e impede que os recebedores façam improvisações não-previstas.

Nos treinos, os técnicos inventam situações que injetem certa urgência na partida, como se fosse um jogo de verdade. É tudo ou nada. Numa partida ofensiva, joga-se para marcar pontos. Num jogo defensivo, joga-se para barrar o adversário.

"Todo técnico tem um plano que sobrecarrega de estresse e pressão o time durante os treinos", diz Bowden, "de modo que os jogadores não estranharão muito na hora que estiverem jogando de verdade". Esses treinos com diferentes possibilidades são o laboratório de crises do técnico.

O desafio fundamental para Bowden e sua equipe, porém, não se resolve com treinos e planos alternativos. É o mesmo desafio que enfrentam os líderes de uma organização que deve estar preparada para agir com rapidez diante de uma mudança radical. O técnico requer que seus jogadores comprometam a mente e o coração totalmente com desdobramentos imprevistos durante a partida.

"É possível conseguir isso", observa o técnico, "mas só depois que houver fé e confiança no trabalho. Temos de transmitir a nossos jogadores a idéia de que nosso plano é bom para eles individualmente e para a equipe como um todo. É fundamental que creiam nisso.

"Não posso simplesmente dizer-lhes que façam o que mandei só porque sou o técnico. Há alguns anos isso era possível, agora não. Eles querem saber por quê, e temos de dar-lhes as devidas explicações. É preciso que eles acreditem e tenham confiança em nós. Isso será necessário no momento em que for preciso agir, porque se evita muita discussão.

"A confiança, porém, é cada vez mais rara em nossa sociedade, sobretudo para muitos jovens que chegam a nós. Muitos provêm de lares cujo pai é figura ausente. Outros vêm de uma situação de muita pobreza, em que a confiança não é exatamente uma virtude muito cultivada.

"Jamais conseguiremos ganhar a confiança deles se não acreditarem que vamos fazer exatamente o que dissemos. Não se pode dizer uma coisa e fazer outra.

"Há uma última coisa que eu gostaria de mencionar acerca da confiança. Você, como técnico, tem de mostrar que também confia nos jogadores. Digo aos meus que jamais mentirei para eles e que podem confiar no que digo. Digo-lhes também que confiarei neles, desde que nunca mintam para mim. É uma via de mão dupla.

"Por fim, se conseguir que acreditem na sua palavra, ganhará a confiança deles. Se houver confiança, haverá comprometimento, e havendo comprometimento o time está preparado para enfrentar qualquer situação que surja pela frente."

CAPÍTULO OITO

Aprenda a agir com ousadia

Em 1997, em pleno Dia de Ação de Graças, no intervalo entre o primeiro e o segundo tempo de uma partida da Liga Nacional de Futebol (LNF) entre o Dallas Cowboys e o Tennessee Oilers, a NBC levou ao ar um programa que entrou para a história da televisão. Apresentou-se na ocasião a cantora *country* Reba McEntire, juntamente com um grupo de dança acompanhado de vários outros artistas. Durante cerca de dez minutos, a apresentação foi transmitida sem interrupção para cerca de 75 milhões de pessoas.

Dificilmente uma rede nacional de televisão transmite as apresentações de artistas no estádio entre o primeiro e o segundo tempo do jogo, porque teme que os telespectadores mudem de canal no meio da partida. Nas principais partidas entre times universitários, assim como no Super Bowl, os *shows* do intervalo são quase sempre transmitidos. Mas, durante a temporada de jogos da LNF, as redes transmissoras normalmente recorrem a programas do próprio estúdio e a seus astros, que falam ao vivo aos espectadores até o início do segundo tempo. Para prender a atenção desse público, o *show* do estádio tem de ser muito bom.

O fato mais excepcional desse *show* de 1997 foi o tema. Festejava-se na ocasião a obra do Exército de Salvação e o lançamento oficial da campanha nacional das panelas de Natal.

Nos dias que antecederam e que se seguiram ao Dia de Ação de Graças, as equipes locais do Exército de Salvação colocaram cerca de vinte mil panelas em tripés instalados em esquinas e *shopping centers* de todo o país. Perto do Natal, as contribuições depositadas nas panelas correspondiam a cerca de 5% do nosso total anual de receitas. Mas o impacto de *marketing* dessa campanha e a exposição que conseguimos para a nossa marca contam muito mais que todo o dinheiro arrecadado. Há anos, o Natal tem sido um período de levantamento de fundos que desempenha papel importante na conscientização de um público que, em geral, pouco sabe sobre as atividades do Exército de Salvação. É um momento em que podemos informar sobre nossa gente e nossos programas.

Em consonância com nosso estilo de *marketing*, que privilegia mais os detalhes, a conscientização nacional da marca do Exército, mesmo no Natal, decorre muito mais do efeito cumulativo de todos os nossos empreendimentos comunitários individuais do que de uma mensagem coordenada da instituição em geral. Cada uma das vinte mil panelas representa um discurso individual de apoio ao Exército naquela comunidade.

Sempre fizemos questão de alicerçar a campanha de panelas nas comunidades a que servimos. Em meados da década de noventa, porém, começamos a procurar meios de aprofundar esse impacto, saímos em busca de algo que despertasse as atenções para a missão integral do Exército e assim fortalecesse a marca da instituição. Havíamos tentado usar os lançamentos regionais da campanha de panelas para conseguir mais atenção, mas o que precisávamos de fato era algo mais ambicioso, algo que tivesse repercussão nacional.

As redes de TV, presentes em todos os lares do país, têm ampla penetração e são muito eficientes. Pode-se alcançar uma audiência enorme com uma única transmissão. Mas, para que isso aconteça, é preciso que a inserção seja feita em programas de grande audiência. Para uma organização como a nossa, isso gera um conflito de identidade. Podemos continuar a ser o que somos e, ao mesmo tempo, "vender" nossa mensagem a milhões de pessoas de uma só vez?

Se William Booth fosse vivo, talvez não tivesse dificuldade para responder a essa pergunta. Booth era dotado de talento especial para o *marketing*. Acreditava que é preciso fazer algum barulho, seja literalmente, tocando bumbo, seja de modo figurado. O general incentivava as tropas a levar o Exército a todos os locais possíveis. Os primeiros salvacionistas oravam e cantavam em bares e esquinas, não apenas dentro das igrejas. Eles convertiam tudo, de prédios comerciais a músicas populares, em instrumentos úteis ao Exército de Salvação, transformando continuamente o secular em sagrado. Temos, portanto, essa tradição de ousadia em nossas veias.

Apesar disso, o Exército de Salvação atualmente depende muito do apoio de pessoas, tanto de dentro quanto de fora da organização, que nos vejam como portadores tradicionais de um serviço de misericórdia que ocorre no nível pessoal e de modo pouco explícito. A recompensa por nosso trabalho é a humildade e a gratidão, que nos ensinam a honrar a verdadeira fonte de nosso sucesso: o poder de Deus na vida das pessoas.

Tínhamos, portanto, um dilema no momento em que considerávamos a oportunidade de colocar o Exército sob os holofotes de uma rede de TV durante o intervalo de um jogo da LNF num feriado nacional. Se, por um lado, levássemos ao ar um programa muito refinado, com destaque exagerado para o Exército, poderíamos prejudicar a reputação de cordialidade e simplicidade da organização. Como haveríamos de preservar nossa imagem de instituição modesta e sempre dedicada ao trabalho nas linhas de frente se levássemos ao ar um programa hollywoodiano cuja produção nos custasse centenas de milhares de dólares? Poderíamos com isso constranger até nosso povo, justamente aqueles a quem buscávamos dar nosso apoio.

Por outro lado, se produzíssemos algo simples demais, teríamos problemas com as redes, sobretudo se o programa tivesse um caráter muito moralista. Mesmo que as emissoras concordassem em levar ao ar um programa com essas características, poderíamos passar aos telespectadores a impressão de que nossa organização seria algo muito distante de sua realidade para poder ter algum impacto na vida do homem contemporâneo. Isso seria o oposto da mensagem que estávamos tentando transmitir.

A estratégia mais segura era evitar o desafio. As contribuições não estavam ameaçadas por crise de espécie alguma. Nossa forma de trabalho tradicional continuava fluindo bem, as contribuições depositadas nas panelas aumentavam gradativamente todo ano. Por que pisar em território desconhecido?

Por fim, decidimos dar mais atenção a nossa herança do que a nossos temores. Afinal, temos alguma experiência em montar apresentações. Somos um Exército repleto de músicos. Conhecemos mais do que ninguém o poder da música e o entusiasmo capaz de gerar uma produção inspirada. Portanto, bastava ouvir o coração e manter a coerência da mensagem para não desapontar nossos colaboradores nem a nós mesmos.

Essa era uma daquelas ocasiões em que cabia também à administração tomar uma decisão rapidamente, sem muitas consultas. Se fôssemos esperar o consenso de toda a organização quanto à melhor forma de montar a produção que pretendíamos levar ao ar, talvez ainda estivéssemos reunidos, deliberando sobre o assunto. Dentre os que teríamos de convencer sobre a eficácia dessa oportunidade, havia vários de nossos membros que atuam no campo. A melhor maneira de fazer isso era mostrar a eles nossa idéia. Portanto, essa foi uma decisão tomada pela liderança nacional do Exército, apoiada pelo Conselho Consultivo Nacional, sob a direção, na época, de Steve Reinemund.

Reinemund, depois disso, tornou-se presidente e diretor geral da Pepsi. Em 1997, era presidente e diretor geral da divisão Frito-Lay da empresa. Steve teve papel de destaque na apresentação da idéia do *show* do intervalo e também nos ajudou a realizá-la. Isso mostra quanto são importantes nossos laços com líderes nacionais e comunitários que incentivam a inovação em vez de inibi-la.

Graças a Reinemund, desenvolvemos um relacionamento com os Dallas Cowboys e com o dono da equipe, Jerry Jones, que nos ajudou a contatar profissionais especializados para a produção do *show*. Pepsi, Frito-Lay, American Express, Wal-Mart, a organização dos Cowboys e outras empresas amigas contribuíram com doações em volume suficiente para que não tivéssemos de mexer em nossos orçamentos operacionais. Chegado o Dia de Ação de Graças de 1997, o *show* foi ao ar com sucesso maior do que o esperado.

Reba McEntire, uma das cantoras de música *country* mais populares do mundo, dedicou uma canção — *What if* [*E se*] — ao Exército e cantou-a pela primeira vez no *show*. As outras músicas, a dança, todos os aspectos da produção davam mostras do profissionalismo do *show*, mas, ao mesmo tempo, passavam também a mensagem de solidariedade típica do Exército. Conseguimos, até, que os jogadores do Cowboys depositassem as primeiras contribuições simbólicas numa panela, dando início a nossa campanha de Natal.

Os salvacionistas de todo o país receberam com entusiasmo o *show*. Os oficiais, funcionários e voluntários que passaram boa parte do tempo trabalhando nas diversas campanhas de Natal por todo o país viram seu trabalho prestigiado em rede nacional de televisão. Isso os deixou muito orgulhosos e fez com que se sentissem felizes de pertencer ao Exército.

Houve outros desdobramentos positivos além desses: a experiência teve um impacto tão grande sobre os Cowboys que eles se dispuseram a participar todos os anos, desde que a rede detentora dos direitos de transmissão dos jogos concordasse com a idéia. Jerry Jones entrou para o nosso Conselho Consultivo Nacional.

Qual foi o resultado da campanha de panelas? As contribuições cresciam a taxas de cerca de 3% ao ano na primeira metade da década de noventa. Em 1997, o aumento foi de surpreendentes 15%, o mais espetacular de toda a história do Exército. Algumas comunidades mais hábeis na criação de programas vinculados ao lançamento televisionado da campanha tiveram aumentos de até 100% em relação às contribuições de anos anteriores.

Os Cowboys vêm ajudando-nos a lançar a campanha das panelas de Natal desde esse Dia de Ação de Graças de 1997. Desde esse primeiro ano até o Natal de 1999, as contribuições nessa época de festas aumentaram mais de 50%.

Hoje, ir à televisão em rede nacional para promover nossa mais conhecida campanha de levantamento de fundos parece natural. Contudo, jamais havíamos tentado fazer algo semelhante. Embora nos orgulhemos da maneira audaciosa que levamos adiante nosso propósito desde a fundação do Exército, somos tão vulneráveis quanto qualquer outra instituição — principalmente aquelas mais bem-sucedidas — quando se trata de entrar por caminhos com os quais não estamos familiarizados. Com o aumento da folha de pagamento, dos ativos de capital e de outras receitas, aumentam também os riscos concretos de tentar algo novo. A inércia torna-se cada vez mais presente. Se não tomarem o devido cuidado, os líderes podem acabar distanciando-se da necessidade de tomar decisões ousadas. Os melhores, porém, procuram essas oportunidades.

Conversamos com H. Ross Perot sobre o processo de tomada de decisões corajosas, tema que ele conhece bem por causa da missão particular de resgate que empreendeu no Irã em 1979 para libertar dois de seus empregados tomados como reféns. Como saber a diferença, perguntamos a ele, entre temeridade e coragem? Como decidir antecipadamente em que condições correr os maiores riscos tendo em vista um objetivo difícil de alcançar?

"Não tenho certeza", disse. "Se eu fosse analisar minhas possibilidades naquela missão de resgate, em 1979, talvez não tivesse corrido o risco.

"Minha mãe me disse uma coisa quando lhe contei que pretendia ir ao Irã. Ela estava morrendo de câncer e era grande a possibilidade de que eu não a visse de novo, pois havia o perigo de eu não poder sair daquele país. Contei-lhe meu plano. Ela me disse: 'Filho, aqueles homens são seus empregados. Você os mandou para lá. Eles não fizeram nada de errado. É sua responsabilidade tirá-los de lá!'. Isso era tudo o que eu precisava ouvir."[1]

Em outras palavras, o que para muitos de fora parecia uma missão heróica, que extrapolava suas obrigações, era para Perot uma extensão do seu dever para com a comunidade de funcionários de sua empresa. Ele teria de tentar se quisesse preservar o relacionamento que dizia manter com seu pessoal.

Isso naturalmente não leva em conta a coragem física que Perot e sua equipe seriam obrigados a demonstrar. Poucos líderes empresariais vêem-se na contingência de arriscar-se dessa forma. Todavia, o raciocínio de Perot demonstra uma forma sadia de avaliar a tomada de uma decisão particularmente difícil: temos de estar preparados para agir com ousadia a fim de preservar nosso propósito e levar adiante nossa causa.

De que maneira isso se harmoniza com a discussão do capítulo anterior sobre eliminar os possíveis riscos futuros? Depois

[1]Entrevista de H. Ross Perot aos autores.

de gastar um tempo enorme argumentando sobre a necessidade de eliminar o processo que leva ao comportamento heróico, será que vamos nos contradizer agora exaltando efusivamente os heróis?

Não é bem assim. O que estamos discutindo aqui é a disposição de fazer escolhas coerentes com nosso propósito, mesmo quando parece mais seguro não fazer nada. Num contexto em que inexista uma penalidade óbvia e imediata para as indecisões — onde, talvez, a indecisão seja até recompensada —, escolher é um ato de ousadia.

No laboratório das tragédias, onde a crise traz consigo a percepção da urgência, a opção de nada fazer simplesmente desaparece. Todavia, nas operações cotidianas da maior parte das organizações, a pressão segue na direção oposta: "não se deve balançar o barco".

Há uma boa razão para isso. Sempre que as organizações transformam processos em rotinas, concretizam atos cuja eficácia dinamiza os resultados obtidos. Se todo o resto permanecer inalterado, quanto mais eficazes forem as rotinas, melhores os resultados e maiores os lucros. Portanto, fazer as mesmas coisas todos os dias parece a maneira correta de promover a produtividade. Esse é o modelo "científico" de gestão que ajudou a fazer a Revolução Industrial e que prevalece, de uma forma ou de outra, na maior parte das organizações de hoje: produtividade é resultado da uniformidade. Quanto mais previsíveis forem os suprimentos e a qualidade das matérias-primas — do material que vem de fora — mais fácil será drenar as deficiências do sistema do lado de dentro. Se controlarmos as variáveis, baixaremos os custos e aumentaremos a produção, o que significa mais lucros.

O problema, é claro, consiste em controlar as variáveis externas. Não se pode fazer com que o mundo se acomode ao nosso modelo; é o modelo que precisa adequar-se à realidade variável. O ambiente de trabalho talvez não mude tão rapidamente quanto o céu durante um furacão ou um tufão, mas está sempre mudando, sempre produzindo novos desafios e oportunidades. Conforme salientamos no capítulo anterior, com o tempo essas mudanças poderão muito bem influenciar de maneira drástica a organização, tal qual uma tempestade, sobretudo se os gerentes esperarem tempo demais para se adaptar.

Em muitos casos, mesmo quando evidências contrárias penetram os filtros internos da organização, mesmo quando os resultados começam a mostrar tendência de queda, a inércia persiste. É perturbador contemplar a mudança; muito mais, as escolhas a serem feitas. Nenhum gerente quer ver o barco balançando.

Os lapsos comuns no processo de adaptação às mudanças originam-se de uma ou duas desculpas. A gerência prefere adiar qualquer decisão até que tenha em mãos "todos os dados". Fica, portanto, à espera de um sinal do "pessoal lá de cima". Ambos acham-se atrelados ao problema mais fundamental de tomada de decisão: a recusa em assumir responsabilidades.

Stephen Covey faz da *pró-atividade* o primeiro dos "sete hábitos das pessoas altamente eficazes". A palavra, segundo Covey, "significa mais do que meramente tomar a iniciativa de fazer algo. Significa que, como seres humanos, somos responsáveis por nossa vida [...] Temos a iniciativa e a responsabilidade de fazer as coisas acontecerem".[2]

"Somos, por natureza, pró-ativos", diz Covey. "Se nossa vida se dá em razão de condicionamentos e condições, isso ocorre porque, consciente ou inconscientemente, decidimos que isso tenha controle sobre nós." Isso é o que os gerentes permitem que ocorra quando esperam até ter "todos os dados em mãos". Com isso, passam o controle de suas decisões para

[2]*Os 7 hábitos das pessoas altamente eficazes*, São Paulo: Círculo do Livro, 1993.

outras instâncias. A verdade é que eles jamais terão todos os dados. Podemos fazer milhares de simulações no computador e levantar as preferências de um milhão de clientes, porém as condições jamais nos dirão o que fazer. Não importa quanto desejemos que as coisas sejam diferentes, nós, seres humanos, é que temos de interpretar as condições e escolher as respostas mais convenientes. Não há escapatória. Até quando decidimos não escolher, estamos decidindo.

A segunda grande desculpa, ficar à espera dos sinais de fumaça da diretoria ou da comissão executiva, é igualmente comum e perigosa. É sintoma de uma hierarquia disfuncional. Se o pessoal de linha não se acha responsável pelo atendimento às demandas dos clientes ou não crê que deva lidar com as mudanças que surgem em seu ambiente operacional, a operação ficará paralisada.

Já discutimos a respeito das limitações dos modelos organizacionais autocráticos. Eles conspiram contra o processo de tomada de decisão ao pregar que a única forma de os sistemas hierárquicos de gestão funcionarem com eficiência é aproximar ao máximo o que as pessoas de linha de frente vêem e o que a gerência sabe. É por isso que as estruturas de comando e controle funcionam bem nos campos de batalha e durante a fase inicial de resgate a vítimas de tragédias, quando as necessidades são óbvias. É por isso que essas mesmas estruturas constituem desvantagem competitiva em qualquer outra situação.

Em qualquer organização cujos participantes fiquem sem contato uns com os outros por muito tempo, seja devido a um corredor, seja devido a um oceano, a distribuição de informações será desigual. Desse modo, para que se tome uma decisão com base nas informações necessárias, para que se tenha algum tipo de resposta significativa ao que ocorre fora das quatro paredes da organização, é preciso que os gerentes disponham de um método confiável de coleta, autenticação e processamento dos dados recebidos. Trata-se de um expediente lógico.

Há, porém, algo que não é tão óbvio assim: a única maneira de tornar confiável esse sistema de processamento de informações é confrontá-lo com a realidade. Esse confronto começa com a tomada de uma decisão. Escolhemos *fazer* alguma coisa. Em seguida, observamos se os efeitos de nossa escolha são os pretendidos. Prosseguimos com a depuração do processo de informações e com as respostas obtidas para que não haja desvios.

Gary Hamel recorre a uma metáfora semelhante quando trata do risco inerente às novas oportunidades. "Na era da revolução", diz ele, "toda empresa tem de se transformar num míssil rastreador de oportunidades, cujo sistema direcional indica o que é possível realizar, não o que já se realizou".[3]

Se você, porém, não toma decisões, se não mira e atira em algo de vez em quando, saiba que está sabotando seu sistema direcional. Se você não testa suas decisões, jamais saberá se suas concepções estão corretas nem se as respostas que tem em mente acertam em cheio o alvo ou dele se desviam. É como estar cego e surdo para a realidade.

Isso significa que estamos próximos de uma conclusão que deixará perplexos muitos gerentes cautelosos: às vezes — talvez até com muita freqüência — é melhor tomar uma decisão errada do que não tomar decisão nenhuma.

"Pouco importa quanto você se julga esperto. É impossível decidir corretamente o tempo todo", assinalam Jim Collins e William Lazier. "Grande parte de suas decisões será apenas regular; a vida é assim. Se esperar até ter certeza absoluta de que fará a escolha certa, muito provavelmente acabará atolado num pântano de indecisões."[4]

[3]*Leading the revolution*, p. 57.
[4]*Beyond entrepreneurship*, p. 13.

Organizações dirigidas exclusivamente pelo modelo de comando e controle — entre elas a maioria das que camuflam verdadeiras cadeias de comando com retiros terapêuticos ou espetáculos de decisões consensuais — *instilam* indecisão e irresponsabilidade em seus sistemas. Em organizações como essas, não importa o que diga o manual do empregado, todos sabem de fato como as decisões são tomadas. O chefe e seus subordinados têm de aprovar tudo o que se discute. Isso faz com que todos abaixo do diretor geral se preocupem mais com a obediência que com os resultados.

Para se manterem nas boas graças dos supervisores, os empregados evitam observar coisas que exijam escolhas que não estão autorizados a fazer. Os gerentes evitam decisões pelas quais serão responsáveis e para as quais contarão com apoio limitado caso decidam implementar. A indecisão passa, portanto, a ser não somente permitida, mas também obrigatória. O mesmo se aplica à irresponsabilidade. Por que deveriam os funcionários pensar em outra coisa a não ser "isso não é função minha", se não têm autoridade para fazer nada a não ser o que lhes pedem?

Quando em 1997 decidimos produzir o lançamento da campanha de panelas pela TV, será que não impusemos a vontade do quartel-general sobre as tropas? Se é tão importante evitar o estilo personalista de gestão, por que então tomar uma decisão dessas?

Apresentamos no capítulo anterior argumentos para uma estratégia multiestrutural de como fazer as coisas. Uma empresa, sobretudo uma organização com diversas divisões e produtos variados, tem necessariamente de operar em vários estilos — comando e controle verticais, redes horizontais, agentes empresariais livres. É preciso que a liderança transite confortavelmente entre modelos estruturais, adaptando o papel que melhor responda às demandas da situação.

A organização como um todo fica tolhida se o diretor geral se dedica em tempo integral ao estilo personalista de gestão. Haverá, porém, momentos em que uma ordem diretamente do chefe será o meio mais eficaz de manter a organização em movimento rumo a um objetivo lógico. Se para nada mais servir, ao menos enviará um sinal de expectativa às tropas. Nossa decisão de produzir um especial de TV no Dia de Ação de Graças pode ser entendida dessa forma. O êxito da escolha dependia da repercussão do *show* não somente entre o público da TV, mas também entre o nosso pessoal. O fato de termos feito algo na expectativa de atender aos anseios de nossa organização mostra claramente nossa fé na limitação do personalismo.

Tínhamos consciência de que não podíamos exigir de nossa gente a aprovação a uma estratégia de *marketing* que lhe parecesse estranha. Vimos, porém, uma pequena nesga na janela da oportunidade que nos permitiria provar a nosso pessoal que nossa idéia poderia dar certo. O que nos possibilitou pô-la em execução foi o vínculo de confiança que temos uns com os outros. Nosso sistema de gestão depende de um pressuposto coletivo, a saber, que todos trabalhemos juntos em prol de um propósito transcendente e, enquanto estivermos unidos nesse propósito, tenhamos liberdade para pôr em prática estratégias que correm o risco de não dar certo.

Uma vez que não lhes pedimos para fazer nada — pelo menos inicialmente — a não ser procurar vincular sua campanha ao lançamento nacional pela TV, podíamos pelo menos contar com a tolerância de líderes territoriais e divisionais no que se refere à experiência levada ao ar pela televisão. Conseguimos ajuda financeira de patrocinadores corporativos, o que nos permitiu cobrir as despesas de produção da primeira apresentação. Contudo, para transformar o evento em tradição do Dia de Ação de Graças, teríamos enfim de pedir aos territórios que incluíssem em seu orçamento a contribuição necessária a sua realização. Isso significava que, além da tolerância, pedíamos agora a participação direta deles. Isso implicava uma tomada de decisão muito mais abrangente.

Aquela era, portanto, uma situação que pedia uma estratégia vertical — uma ordem expedida de cima para baixo — de modo que a organização caminhasse numa direção que as estruturas mais horizontais acabariam tendo de aprovar. Para expedir ordens diretamente do quartel-general do Exército de Salvação, é preciso provar que elas não contrariam o objetivo da organização. Exceto em crises que exijam tomadas de decisões regidas expressamente por estruturas de comando e controle, cremos que a maior parte dos líderes da maioria das organizações tem a mesma obrigação.

Existem, porém, questões muito mais básicas que vinculam os métodos operacionais do Exército a teorias modernas do comportamento individual e organizacional. Em primeiro lugar, no Exército de Salvação não concordamos meramente com a idéia de que todo ser humano deve ser responsável por seus atos; temos isso no centro de nossa teologia e como fator de êxito de nossos programas. Cremos que as pessoas, com a ajuda de Deus e com o apoio da comunidade solidária, podem mudar para melhor, não importa quão desesperadora seja a situação. As circunstâncias não definem quem são essas pessoas; elas podem — e devem — definir a si mesmas.

É por isso que nossos programas não são concebidos como meros substitutos ao sofrimento, e sim como processos que apóiam e recompensam níveis cada vez maiores de responsabilidade. Somos, na verdade, "capitalistas de risco" no momento que proporcionamos às pessoas um contexto que lhes permita ser bem-sucedidas.

Embora seja improvável que esta palavra tenha ocorrido a William Booth, é difícil imaginar um líder mais *pró-ativo* na determinação de construir uma organização que reconhecia não somente a responsabilidade dos beneficiários dos serviços de participar de sua própria redenção, mas também a responsabilidade de uma comunidade generosa disposta a ajudá-los. Embora tenhamos explorado com detalhes os pontos negativos do estilo personalista de liderança de Booth, não há dúvida de que o Exército no início foi um "míssil rastreador de oportunidades", tendo à frente um fundador que jamais adiava as decisões.

Será que todas as decisões foram acertadas? Claro que não. Todavia, mesmo os fracassos ofereceram a oportunidade de reavaliar a estratégia e concentrar-se na verdadeira missão da instituição. É o caso, por exemplo, das primeiras experiências do Exército com as colônias agrícolas.

Uma das prioridades mais destacadas de Booth na batalha a favor dos perdidos da Londres vitoriana, imersos "nas mais profundas trevas da Inglaterra", era a esperança de reverter, pelo menos parcialmente, a migração de populações pobres do campo para a cidade desencadeada pela Revolução Industrial. A exemplo de vários de seus contemporâneos — e de muitos modernos — Booth acreditava, de acordo com o historiador do Exército, Edward H. McKinley, que "a vida urbana era intrinsecamente artificial e corrupta".[5] Por isso, Booth imaginou colônias agrícolas, tanto na Inglaterra quanto no exterior, colônias onde muitos aflitos das aglomerações pobres das cidades poderiam ir morar com a família. Nessas colônias, aprenderiam técnicas agrícolas que não apenas reverteriam em sustento para as famílias, mas também se transformariam em bênção financeira para o Exército em geral, uma vez que os excedentes agrícolas proporcionariam receitas que permitiriam pôr outros programas em funcionamento.

[5] *Marching to glory*, p. 89.

Não foi pequeno o apoio popular à idéia, sobretudo nos EUA, onde o Exército tinha até um *slogan* muito interessante para as colônias agrícolas: "O homem sem terra para a terra sem homem". Os políticos das cidades gostavam do plano porque prometia aliviar a pressão de uma classe cada vez maior de desempregados e de sem-teto. As autoridades dos locais pouco povoados viam nisso um modo de recrutar cidadãos para o fomento da economia local. Parece que os potenciais colonos também abraçaram a idéia. Foram muitos os que se candidataram quando o Exército anunciou as inscrições para três colônias nos Estados Unidos — uma próxima de Cleveland, outra no leste do Colorado e a última próxima da baía de Monterey, na Califórnia.

Aproximadamente nos cinco primeiros anos do século XX, quando as colônias agrícolas americanas estavam "no auge de sua modesta e breve prosperidade", observa McKinley, as três comunidades haviam se tornado o lar de cinco mil pessoas numa área de 1 200 hectares. Mas até 1910 as três já haviam falido.

Os problemas eram previsíveis. A terra era pequena para acomodar todas as famílias que haviam embarcado nessa aventura. Havia necessidade de mais trabalho, mais dinheiro e mais tempo do que se imaginava para transformar trabalhadores urbanos inexperientes em agricultores familiares capazes de se auto-sustentar.

As colônias fracassaram, diz McKinley, "não por falta de zelo no projeto, [mas porque] o cultivo bem-sucedido da terra exigia técnica e experiência que os pobres desempregados da cidade, dignos ou não, não tinham. As colônias de nada adiantaram para aplacar a pobreza urbana, tampouco prestaram assistência às vítimas mais sofridas".[6]

[6]Ibid., p. 93.

Portanto, como estratégia de serviço à clientela do Exército, o esquema de colônia agrícola foi um fracasso. É importante, porém, não confundir seu *status* estratégico com o propósito maior a que se propunha servir. Nosso propósito, nossa missão, era e continua sendo pregar o evangelho e ajudar, sem discriminação, os que sofrem. Durante algum tempo, os líderes do Exército de Salvação acharam que tirar as pessoas das cidades e levá-las para o campo fosse uma boa estratégia. A organização abraçou a idéia com paixão. Quando, porém, viu-se o erro, a estratégia foi abandonada e saiu-se em busca de outra solução. Nosso sistema direcional corrigiu-se; nossa missão teria de seguir por outro caminho.

Ao reavaliar a experiência das colônias, percebemos que foi uma decisão ruim que gerou resultados bons. Em primeiro lugar, estava de acordo com nosso estilo pró-ativo. Booth e seu pessoal não se limitaram a recostar comodamente na poltrona enquanto analisavam as causas da pobreza urbana; eles tentaram *fazer* alguma coisa.

A decisão que tomaram pôs a prova um dos pressupostos de seu tempo, isto é, que o ambiente urbano em si mesmo era a causa do sofrimento humano. Se fosse esse o caso, uma forma de amenizar o sofrimento seria reverter a maré da urbanização. Os primeiros salvacionistas "não encararam o fato de que a vida urbana chegara para ficar em grande escala: para eles, nenhum sistema meramente humano podia ser definitivo",[7] diz McKinley. "Se era mais fácil salvar o homem fora da cidade superpovoada de influências malignas, então tirá-lo de lá, dar-lhe vida nova no campo e conquistá-lo para Jesus apressaria o dia em que as cidades e suas influências malignas chegariam definitivamente ao fim. O objetivo era escape e salvação, não reforma."

[7]Ibid., p. 89.

O fracasso da estratégia indicava a existência de uma falha de visão. Representava, na verdade, um equívoco na compreensão do papel da cidade no futuro trabalho do Exército. Esse era um mal-entendido que tinha de ser reparado caso o Exército de Salvação quisesse seguir adiante.

O ajuste do sistema de orientação começou com essa conclusão inescapável da experiência com as colônias agrícolas: fugir não é a resposta. "A pobreza da cidade tinha de ser resolvida na própria cidade, caso contrário não se resolveria de forma alguma",[8] assinala McKinley. "Mesmo que um número suficiente de famílias pobres fosse dotado de habilidades agrícolas suficientes para fazer a colônia funcionar, faltavam ao Exército os recursos financeiros para a aquisição de áreas maiores capazes de abrigar indivíduos vindos da cidade e desejosos de se tornar pequenos proprietários rurais. Os mercados agrícolas locais tampouco poderiam sustentar toda essa gente."

Desse modo, uma decisão cara, que nos havia levado a um beco sem saída no início do século XX, acabou tornando-se um meio de reavaliar nossas estratégias, de tal modo que até o final desse século já éramos considerados, no entender de Diane Winston, uma "religião urbana".[9] Por isso, não receamos optar, sempre que preciso, por escolhas que impliquem algum grau de risco.

Consideremos o que teria acontecido se nossos primeiros líderes tivessem ignorado o retorno que lhes dava o mundo real e tivessem empenhado toda a sua força e todo o seu caráter num esforço de resistência e não de mudança. Isso também é uma forma de coragem, não é? Afinal, não incentivamos a firmeza e a persistência?

[8]Ibid., p. 93.

[9]*Red-hot and righteous:* the urban religion of The Salvation Army.

É verdade, mas a persistência em face de evidências contrárias tem outro nome: teimosia. Além disso, é sintoma de letargia organizacional e de degradação, nunca sinal de força.

Discutimos num dos capítulos anteriores o conceito de "abandono organizado",[10] de Peter Drucker. Segundo esse conceito, os líderes são incentivados a perguntar: "Se não fizemos isso até agora, será que, sabendo o que sabemos agora, ainda faríamos?". Se a resposta for negativa, é preciso pensar numa saída estratégica.

No caso das colônias agrícolas, o Exército inicialmente investiu dinheiro e prestígio no programa. Contraiu empréstimos para pôr em funcionamento algumas comunidades. Líderes do Exército haviam dado entrevistas coletivas e depoimentos à imprensa, falando muito bem da estratégia e das maravilhas que proporcionaria aos pobres da cidade e das comunidades rurais isoladas. Portanto, abandonar um empreendimento desses significava arcar com prejuízos financeiros, submeter-se a grande constrangimento e até expor-se ao ridículo.

Dado o contexto da época, houve oficiais que foram sem dúvida elogiados por insistir em que as colônias recebessem mais recursos e por se dedicar com grande energia ao projeto. Na verdade, tratava-se de uma oportunidade que viera a calhar para o tipo de gerente salvador, que necessitava de uma crise para sobressair. Foi preciso, portanto, ousadia equivalente à coragem que levaria as colônias a reconhecer que não tinham saída, evitando ao mesmo tempo que esse fracasso prejudicasse o entusiasmo por outros projetos audaciosos.

Menos de dez anos depois que as três colônias encerraram as atividades e foram convertidas em outro projeto, o Exército de Salvação enviava jovens às linhas de frente da Primeira Guerra

[10] *Desafios gerenciais para o século 21*, São Paulo: Pioneira, 1999.

Mundial para cuidarem dos soldados americanos. Essa estratégia também foi inspirada por nossa missão e trazia em seu bojo risco ainda maior de fracasso. Não era apenas a imagem da instituição que estava em jogo — havia vidas em risco também. Todavia, no caso das "Sallies", um gesto audacioso compensou décadas à frente.

Dar cobertura a projetos que implicam riscos e testam estratégias ousadas em sintonia com o propósito da empresa é uma das responsabilidades mais importantes de um gerente. Nenhum funcionário deve recear o fracasso, principalmente o tipo de fracasso que, embora produza maus resultados, é gerado por ambições dignas e tentativas honestas de realização. São esses os tipos de erros úteis à correção do sistema de orientação.

Os erros que não ajudam são os que resultam de iniciativas que não deveriam ser empreendidas em primeiro lugar porque não estão em sintonia com os princípios da empresa ou aqueles resultantes de iniciativas insinceras. Se não dermos o melhor de nós na execução de uma idéia, como saberemos se o problema foi conseqüência da própria idéia ou de sua execução?

É preciso coragem para eliminar erros resultantes de compromissos insatisfatórios. É impossível dizer quantas vezes já houve gente batendo a nossa porta, seja na sede nacional, seja em sedes territoriais, propondo esquemas de multiplicação da renda que reservamos para os investimentos. Se aplicarmos nosso dinheiro no fundo de ações deles, dizem, o investimento duplicará, triplicará ou quadruplicará praticamente da noite para o dia. Devíamos pensar seriamente nisso, dizem, porque é um meio infalível de aumentar o dinheiro que usamos para ajudar as pessoas. Seria esse um procedimento perfeitamente em sintonia com nossa missão?

Não, se nos fizer parceiros em práticas comerciais irresponsáveis ou se nossos recursos forem aplicados em arriscados esquemas que visam unicamente à especulação financeira. Estamos dispostos a correr riscos com pessoas e programas em que acreditamos. Mas não estamos interessados em arriscar o dinheiro que as pessoas investiram em nós na expectativa de que o empregássemos para ajudar quem dele necessita. Somos até muito conservadores no que se refere à especulação imobiliária, que hoje é parte das estratégias de investimento de muitas empresas. Um grande revés num negócio que pareça questionável para nossos patrocinadores daria claramente a entender que deixamos em segundo plano nosso negócio principal por causa de ganhos financeiros.

Atualmente, o Exército de Salvação e outras organizações religiosas que oferecem serviços sociais têm pela frente outro desafio que porá a prova nossa coragem. Ao que tudo indica, caminhamos para uma nova etapa da relação entre instituições de caridade religiosas e o governo federal. O presidente George W. Bush diz que quer dar mais oportunidades a organizações como a nossa, concedendo mais fundos para ser empregados em programas com os sem-teto, com os viciados e com outros necessitados de amparo social. O Exército já está recebendo cerca de 250 milhões de dólares anualmente em contratos do governo para esse tipo de serviço. A perspectiva de mais dinheiro para programas essenciais é algo de que nos aproximamos com muita esperança — e com grande cautela.

Nas conversas que tivemos com Peter Drucker, ele foi específico nas advertências: "Vejo que há cada vez mais dinheiro saindo do governo e indo para agências não-governamentais e sem fins lucrativos, para a execução de trabalhos comunitários. Existe um problema muito concreto: a preservação da identidade e da essência da organização.

"O governo como pagador é um pagador desleal, pois acha que, porque paga a orquestra, pode tocar o instrumento que quiser. Assim, em vez de fixar objetivos, fixa procedimentos.

Por isso, acho muito difícil, por um lado, dizer *não* ao dinheiro federal, mas também acho difícil, por outro lado, aceitá-lo sem abrir mão da essência da organização, de seus valores e compromissos. Trata-se, sem dúvida, de um equilíbrio muito delicado."[11]

Nossa experiência ensina que devemos ter ousadia em nossas transações com parceiros potenciais — entre eles, parceiros do governo — o suficiente para traçar limites que não serão transpostos em hipótese alguma, não importa o montante de dinheiro que esteja em risco. Temos de ser capazes de dizer *não* e nos manter firmes nesse propósito. É preciso que estejamos preparados, na verdade, para perder dinheiro se nossa missão assim o exigir.

Isso já ocorreu em diversos casos em que agências do governo ou talvez apenas um indivíduo muito zeloso de uma agência insistiram que excluíssemos de nosso programa as referências religiosas. Já mencionamos como nosso estilo evangélico é diferente do de várias outras denominações, como estamos determinados a representar nossas convicções cristãs "vivendo a vida" em vez de ficar apontando o dedo para as pessoas. Não deixamos, porém, de ser uma igreja evangélica. Nossos oficiais são ministros ordenados. Nossa dupla missão consiste em servir ao próximo *e* pregar o evangelho de Jesus Cristo. Não podemos ser quem somos se renegarmos nossa orientação religiosa, mesmo que seja com o objetivo de expandir nossos serviços a mais pessoas. Por isso mesmo recusamos subvenções e contratos que nos exigiam negar nossa perspectiva religiosa.

Outras empresas obviamente não compartilham dos mesmos limites por nós estabelecidos. Cremos, porém, que toda organização disposta a estabelecer contato com algo maior do

[11]Entrevista de Peter Drucker aos autores.

que o mero ganho material descobrirá que terá de traçar alguns limites mesmo por uma questão de princípios. Se não houver nenhum limite, nenhuma estratégia nem tática a seguir, como poderá a organização afirmar que se deixa guiar e se definir por um propósito determinado? Qual é sua âncora?

É natural evitar o momento em que o líder se vê obrigado a dizer: "Olhe, isso é algo que não fazemos aqui, pouco importa quanto você ache que ganharíamos se o fizéssemos". É preciso muita coragem, principalmente quando se trata de negócios altamente competitivos. Parece tão pouco prático fazer isso, tão fora da realidade. A verdade, porém, é que uma decisão desse porte pode ser um momento decisivo para sua organização. Poderá diferenciá-la de todas as demais e servir de inspiração a todos os envolvidos em suas operações. O que, então, poderia ser mais prático e competitivo?

Fazer o que, no fundo, se sabe que está correto é sua própria recompensa. Mire-se, porém, em nosso exemplo: agir com ousadia, tendo os olhos sempre fixos em seu objetivo, pode proporcionar mais que simples satisfação pessoal. Se as pessoas souberem que podem contar com você para viver sempre em sintonia com seus princípios, não haverá limites para o que se poderá pedir delas.

Quando as pessoas falam da coragem de arriscar-se em busca de um objetivo que de fato valha a pena, geralmente recorrem à imagem de uma montanha a ser escalada. Histórias que narram como os indivíduos alcançaram o pico mais elevado de uma montanha, como resistiram aos ventos frios das alturas, como venceram o cansaço e os efeitos adversos da altitude elevada são tão fascinantes que não podem deixar de ser mencionadas. Os oradores especializados em motivação pessoal convidam-nos a nos imaginar no topo do mundo, com os braços levantados em sinal de triunfo depois de conquistar a montanha.

O mais engraçado disso tudo é que os que escalam montanhas de verdade e são bem-sucedidos jamais falam desse jeito. A palavra *conquista* não faz parte de seu vocabulário. De modo geral, essas pessoas referem-se à escalada como uma jornada baseada em princípios, em que o sucesso não está condicionado apenas a alcançar o pico, mas também ao retorno seguro ao ponto de partida. Falam também de disciplina, dos meses de treinamento e de preparação que servem para reduzir os riscos decorrentes da exposição dos aventureiros durante semanas na montanha. Se acaso tivermos a oportunidade de estar com alguém que tenha liderado um grupo de escalada, ouviremos essa pessoa dizer que muitas vezes é preciso ter a coragem de dizer "não", de dar meia-volta ou mesmo cancelar a expedição se o bom senso disser que prosseguir pode pôr em perigo o empreendimento.

"É uma viagem de ida e volta", observa Ed Viesturs, talvez o mais bem-sucedido alpinista americano de todos os tempos. "Sempre dizemos que chegar ao topo é opcional, mas descer é obrigatório."[12]

Ed Viesturs tem duas décadas de experiência na prática do alpinismo. Primeiro, nos picos do noroeste do Pacífico; depois, no Nepal, Tibete e Paquistão. Na tentativa de se tornar o primeiro americano e um dos poucos alpinistas da história a alcançar o pico das catorze montanhas mais altas do mundo, Viesturs escalou o Everest cinco vezes. Atuou no famoso documentário *Everest*, da IMAX, em 1996. Doze pessoas morreram na tentativa de escalar o Everest naquela época, marcando um dos mais trágicos episódios do alpinismo himalaio. Foi baseado nessas aventuras que Jon Krakauer escreveu *No ar rarefeito*.

[12]Ben Brown, Peak performance, *Breakaway*, VSJ, Sept. 27, 1999, p. 10.

Muito mais gente teria morrido nas tempestades que mataram aquelas doze pessoas nesse ano se Viesturs e seus companheiros, acampados no alto da montanha, não tivessem adiado os planos de escalar o Everest para, em vez disso, ajudar a socorrer os alpinistas com dificuldades. A lição aprendida em 1996 serviu para ressaltar o que Viesturs aprendera no passado sobre cautela e coragem.

Uma das regras de Viesturs diz que não se deve confundir uma estratégia específica com a missão geral, uma etapa temporária com a linha do tempo inteira.

Em 1996, enquanto aguardava com sua equipe, nas partes mais baixas do Everest, que as tempestades passassem, outros passaram por eles decididos a persistir apesar do mau tempo. Alguns dos doze que jamais desceram da montanha haviam estabelecido como alvo alcançar o pico do Everest. Conseguiram. Todavia, as tempestades desabaram sobre eles enquanto desciam, justamente quando se achavam mais debilitados depois do esforço para alcançar o topo da montanha.

Como sempre acontece no momento em que se tem de tomar uma decisão crucial, era impossível saber ao certo que rumo tomar na montanha. Olhando para trás, achamos que as condições daquele momento talvez exigissem que os alpinistas voltassem e aguardassem a tempestade passar. As condições, porém, não decidem coisa alguma. São os seres humanos que tomam decisões. Avaliam o que enxergam de acordo com seu talento e sua experiência; em seguida fazem suas escolhas. Nada os livra — tampouco a nós — dessa responsabilidade.

A experiência de Viesturs e seu bom senso levaram-no a fazer uma escolha: esperar. Os outros alpinistas tiveram acesso às mesmas informações, avaliaram-nas de modo diferente ou as desprezaram por completo, optando por outra solução. Isso faz do bom senso — a capacidade de avaliar as informações disponíveis — elemento essencial para o emprego eficiente da coragem. Ninguém duvidava da coragem dos alpinistas que perderam a vida no Everest; duvidava-se de seu bom senso. Apuramos o bom senso aprendendo com as lições da experiência.

O que complica esse processo de aprendizado, diz Viesturs, é achar, de tempos em tempos, que as decisões erradas estão corretas e tudo acabará bem no final. "Em 1992, quando escalei a K2", diz o alpinista, "as nuvens começaram a emparelhar-se conosco no dia em que atingimos o pico da montanha. Então pensei: 'Hoje não será um bom dia para descer'. Mas adiei o mais que pude a decisão de voltar. Por fim, já voltando, passamos maus pedaços. Pensei comigo: 'Ed, você cometeu seu último erro. Chegou sua hora'".

Ele desceu em segurança, mas resistiu à tentação que acomete a maior parte dos aventureiros: "A gente se acha invencível", diz Viesturs. "Contudo, pode-se não ter a mesma sorte da próxima vez. A experiência deve nos deixar mais espertos e melhores. Tomei uma decisão ruim, mas não pretendo repetir o mesmo erro. Foi uma escalada bem-sucedida, mas cometi um erro enorme."

Viesturs aplica as lições que aprendeu nas expedições em que lidera grupos de alpinistas menos experientes. Nessas ocasiões, ele também é responsável pela escolha das formas de gestão que possam adaptar-se às circunstâncias.

Os clientes pagam-lhe cinqüenta mil dólares ou mais pelos serviços de guia e planejamento de expedições. Os indivíduos que têm dinheiro, resistência física e a determinação de tentar escalar o Himalaia não são nada passivos. "Muita gente que participa da escalada", observa Viesturs, "são pessoas bem-sucedidas, acostumadas a fazer as coisas do seu jeito. São teimosas e têm o ego enorme".

Ele faz com que todos os alpinistas participem do planejamento e assumam responsabilidades que não afetem a segurança dos indivíduos nem da equipe em geral. Dessa forma eles se tornam, em vários aspectos, parceiros de risco. Quando, porém, estão na montanha, em plena execução de técnicas específicas, muitas vezes acontece de Viesturs dar ordens que devem ser simplesmente obedecidas.

Peter Drucker diz que os líderes, mesmo em estruturas de gestão descentralizada, têm a responsabilidade de fixar padrões e "pisar no freio" sempre que a empresa corre o risco de sair do curso.[13] É o que fazemos. É o que também faz Ed Viesturs.

Em primeiro lugar, observa Viesturs, ele procura fazer com que os membros da equipe reconheçam suas limitações e se afastem das áreas de perigo. Quando, porém, isso não é possível, "eu dito as regras", diz. "Se lhes digo que chegou o momento de dar meia-volta, damos meia-volta. Sou pago também para isso."

[13]Entrevista de Peter Drucker aos autores.

CAPÍTULO NOVE

Não se esqueça da alegria

Lembra-se da brincadeira de criança "quente ou frio"? Geralmente havia um prêmio escondido que tínhamos de achar, às vezes de olhos vendados. O objetivo do jogo era localizar o objeto por tentativa e erro. Fazia-se de conta que esse objeto emitia calor. Para ajudar o companheiro a achá-lo, dizíamos que estava "frio" ou "quente" à medida que a criança se afastava ou se aproximava do local onde o prêmio estava. Por fim, seguindo a orientação de pistas como "quente", "mais quente", por exemplo, e evitando as dicas de "frio" e "gelado", a criança acabava localizando o objeto procurado.

Essa é uma maneira simples e instrutiva de pensar em estratégias humanas básicas de encontrar realização, de descobrir os presentes ocultos da vida. Mesmo que nossa visão esteja obscurecida, sabemos que estamos mais próximos ou mais distantes do alvo de acordo com a informação de nosso "termômetro" interno. Movemo-nos instintivamente em direção àquilo que nos aquece o coração e dá alegria. Evitamos o que nos esfria.

É claro que nós, seres humanos, aprendemos a desconfiar de nossos impulsos. Instintos indisciplinados podem desviar-nos da alegria mais intensa que procuramos e levar-nos por caminhos que causem dor e confusão. Temos de aperfeiçoar nosso sistema de orientação para saber distinguir entre o prazer temporário e a satisfação duradoura. Todavia, ao mesmo tempo, é preciso tomar cuidado para não nos desviar para outra direção, para não ficar tão desconfiados de nossa bússola interna a ponto de jamais localizar as bênçãos que a alegria nos quer mostrar.

A profunda satisfação interior resultante do trabalho em harmonia com o propósito espiritual não pode ser superestimada como incentivo para o melhor desempenho. Ao longo das páginas deste livro, discorremos sobre as realizações de salvacionistas e voluntários motivados principalmente por esse mesmo tipo de alegria. É por isso que as pessoas se dispõem a trabalhar em situações de tragédia e por isso também doam bondosamente tanto de seu tempo e recursos a sua comunidade. A alegria de servir é uma das principais ferramentas de recrutamento e conservação de pessoal que o Exército possui.

Kenneth Hodder é um salvacionista de sexta geração. Seu pai foi meu antecessor imediato no comando nacional do Exército. Contudo, além de seu amor pelo Senhor e pelo Exército, Hodder também amava de coração o direito. Terminado o ensino médio, ingressou no curso de direito, formando-se em 1983. Começou uma carreira meteórica no segmento do direito comercial, saindo-se muito bem na prática imobiliária na Califórnia. Um dia, no escritório, em 1986, parou para pensar um pouco no futuro — não nos cinco ou dez anos seguintes, mas no resto de sua vida.

Tinha 29 anos nessa época. "De repente, pensei onde estaria dali a quarenta anos", diz. "Minha vida talvez se resumisse a pilhas e mais pilhas de documentos.

"Eu gostava do meu trabalho, mas representava clientes cujos interesses eram meramente financeiros. Eu achava que não causava impacto nenhum na vida deles, por isso comecei a pensar que podia fazer melhor uso de minha especialização."

Foi assim que Hodder e a mulher decidiram candidatar-se ao colégio de cadetes do Território Oeste. Atualmente, trabalham na área de Los Angeles. Kenneth é capitão e secretário-geral do quartel-general daquela divisão.

"Estou mais feliz do que imaginava", diz, "porque agora mais portas se abrem para mim. As pessoas ouvem com mais atenção porque sabem que represento o Exército de Salvação". Os ex-colegas advogados ficaram "surpresos de início, depois passaram a me incentivar", observa Hodder. "As pessoas me dizem que, para elas, eu sou o Exército de Salvação. Isso é fantástico. Algumas talvez digam isso achando que eu devo ter desistido de alguma outra coisa para fazer o que faço. Mas estou muito satisfeito."

O dinheiro que deixou de ganhar não o preocupa, diz Hodder. Diferentemente de muitos advogados jovens que lutam pela carreira em empresas privadas, "não fico acordado até tarde da noite pensando no futuro. O Exército supre todas as minhas necessidades básicas. Temos, portanto, ampla liberdade para concentrar toda a nossa energia nas necessidades da comunidade.

"Os desafios são enormes. Mas todo dia há algo novo. Todo dia acho que é ótimo estar aqui e ver em primeira mão como Deus trabalha na vida das pessoas."[1]

Mesmo sendo parte óbvia de nossa constituição humana, desfrutar a vida alegremente costuma ser algo malvisto porque as pessoas associam isso a falta de seriedade. Como podemos alcançar metas dignas se somos "distraídos" pela necessidade de desfrutar de nossas realizações?

[1]Entrevista com Kenneth Hodder.

Podemos entender esse tipo de atitude se remontarmos à fonte de tantos conceitos errados que hoje temos sobre o trabalho: a Revolução Industrial. Se a produtividade depende de um comportamento mecânico, semelhante ao desempenho de uma máquina, não é de admirar que alguns especialistas em eficiência tenham chegado à conclusão de que é preciso expurgar a emoção da experiência do trabalho. A idéia ganhou também o segmento do trabalho sem fins lucrativos. O trabalho, portanto, é coisa muito séria. Resultados que valem a pena exigem dor e sacrifício, certo? Logo, quem estiver sentindo-se bem com o que faz não deve estar dando tudo de si no trabalho.

A verdade, porém, é exatamente o oposto. Não estamos falando de prazer como forma de escape *ao* trabalho. Falamos de prazer *no* trabalho, da satisfação profunda que parece acompanhar o envolvimento profundo, que, por sua vez, parece relacionado ao bom desempenho.

Músicos, atletas, artistas das artes visuais, escritores e até operários de fábrica e vendedores sempre se referem a seus momentos mais criativos e produtivos como uma ocasião de pura alegria, mesmo quando o esforço despendido consumiu-lhes muita energia — talvez precisamente por isso. Essas pessoas dizem que, sempre que ficam totalmente absortas no emprego de suas habilidades e energias, o tempo parece parar. Sentemse em perfeita harmonia com o que fazem, imersas num fluxo de criação.

Fluxo, na verdade, é um termo do jargão de atletas e artistas cujo emprego foi adaptado por psicólogos como Mihaly Csikszentmihalyi para definir esse estado de transcendência produtiva. "Paradoxalmente", diz Csikszentmihalyi, "quando agimos com liberdade, pela ação em si, não por outro motivo, é que aprendemos a ser mais do que éramos. No momento em que tivermos escolhido um objetivo e investido nele toda a nossa atenção, tudo o que fizermos será agradável. Depois de experimentar essa satisfação, redobraremos nossos esforços para experimentá-la novamente".[2]

Csikszentmihalyi diz que esse nível de satisfação resulta de atividades que a maioria das pessoas consideraria altamente estressante. Trata-se de tarefas complexas que requerem conhecimentos sofisticados e exigem total concentração. Como oferecem retorno imediato — podemos perceber se estamos ficando mais "quentes" ou mais "frios" —, não há como fugir à responsabilidade dessas tarefas. A pressão é contínua. Todavia, em vez de se sentirem esgotadas quando trabalham desse jeito, as pessoas que contam a experiência do fluxo dizem que se sentem renovadas e satisfeitas.

"É assim que a personalidade cresce", observa Csikszentmihalyi. E é por isso que ele considera esse fenômeno um paradoxo: expandir o potencial do indivíduo depende, pelo menos em parte, de esquecer o próprio eu e imergir numa atividade em que ele não seja o ator principal.

A esta altura, o leitor deve estar ciente do valor que o Exército de Salvação dá à ação que se pauta pelo propósito que nos ajuda "a ser mais do que éramos". No Exército, é possível dizer se estamos mais "quentes", se estamos mais próximos do propósito de Deus para nossa vida: basta avaliar os diferentes níveis de alegria em que nos encontramos.

Para os salvacionistas, essa orientação centrada na alegria tem uma fonte de inspiração específica e divina. Ela vem de Deus e se realiza por intermédio de Jesus Cristo. Não se trata de um sentimento raro, místico, que só se pode encontrar nos santuários de adoração. É acessível como experiência prática e duradoura onde quer que estejamos. Faz parte da ligação espiritual, do sistema de orientação de que tanto já falamos. Para os salvacionistas, significa levar o sagrado ao secular e a missão

[2]*A psicologia da felicidade*, São Paulo: Saraiva, 1992.

ao mundano. Esse tipo de influência plena de alegria vai mudando sutil, mas poderosamente a cultura a sua volta.

A alegria contagia e inspira. Quando percebeu a reação de seus colegas advogados diante de sua decisão de deixar a rentável profissão de advogado para ingressar no Exército de Salvação, Kenneth Hodder recorda-se do que entendeu naquele momento: "Não apenas a minha vida estava sendo afetada pela decisão que eu tomara. Também era um testemunho para outros que talvez estivessem buscando o mesmo sentido de realização na vida. Minha atitude encorajou-os".

Eis um dos motivos por que somos capazes de fazer coisas que tocam a vida de um em cada dez americanos graças a um conjunto de administradores uniformizados que representa menos de dois décimos de 1% da população dos EUA. Convidamos nossos oficiais, leigos, empregados, voluntários e outros que nos dão apoio a dedicar a vida a favor dos outros. O retorno que obtêm desse investimento é tão satisfatório que voltam à procura de mais ação desse tipo.

O capitão Hodder é exemplo disso, assim como Marlene Klotz Collins, executiva de TV de Phoenix e membro do conselho nacional do Exército. "O Exército de Salvação", diz ela, "ocupa lugar especial entre as coisas em que acredito".

Além de suas responsabilidades como diretora de ralações comunitárias da KTVK-TV e do trabalho voluntário em outras organizações, Marlene é membro do Conselho Consultivo do Exército de Salvação tanto local quanto nacional. Em Phoenix, supervisiona nosso programa anual do Anjo do Natal e tem ajudado a torná-lo um dos mais bem-sucedidos do país.

A maior parte das pessoas não tem dificuldade em imaginar que um ex-viciado ou um ex-detento, alguém que chegou ao fundo do poço de uma vida sem esperança nenhuma, possa realizar-se quando se dedica a ajudar a outros num de nossos programas. Muitos perderam tudo o que tinham antes de se vincularem novamente a um propósito maior graças ao Exército. Mas o que dizer de pessoas como Marlene Collins e muitas outras de carreiras gratificantes e bem-sucedidas que já estão engajadas de modo muito significativo em suas comunidades? O que têm a ganhar? Na realidade, muitas dessas pessoas estão de fato pagando ao Exército de Salvação por uma experiência de satisfação no trabalho.

Dizem-nos que não se trata apenas de "dar algo em troca", como tantas vezes ouvimos. É uma questão de *obter* algo de volta. "Prefiro mil vezes fazer o que faço aqui, no Exército, a praticar algum *hobby* ou qualquer outra atividade", diz Marlene. "Não acho que esteja sacrificando nada."[3]

O modelo básico de alegria é, naturalmente, o que se vê na figura do oficial do Exército. Num corpo típico de tamanho pequeno a médio, marido e mulher, na qualidade de capitães do Exército de Salvação, dividem responsabilidades na supervisão de um centro social, de uma creche, dos programas de atividades para idosos, de bandas e corais, de ligas esportivas e de serviços ministeriais em hospitais e prisões. Também são responsáveis, é claro, pelos cultos de adoração. Além disso, reúnem-se regularmente com seu conselho consultivo e com outras pessoas da comunidade que tenham condições de estender o impacto do Exército. Supervisionam as atividades de sua equipe e elaboram projetos para datas especiais, como a campanha de panelas e os acampamentos de verão para crianças. Trabalham continuamente para levantar fundos que sustentam programas permanentes e lhes permitem lançar outros.

Por todo esse trabalho, que geralmente começa cedo e só termina no final do dia, e quase não deixa tempo de sobra para o casal, o pagamento é inferior a quatrocentos dólares

[3]Entrevista de Marlene Collins a Ben Brown.

por semana (fora os benefícios de moradia e transporte concedidos pelo Exército). Isso depois de dez anos de oficialato e incluindo a manutenção de dois filhos pequenos, cujas necessidades também devem ser levadas em consideração. Felizmente, os centros comunitários dos corpos do Exército de Salvação são um paraíso para as crianças. Ali elas encontram todo tipo de esporte, música e programas que lhes proporcionam o desenvolvimento do caráter. Essa programação exaustiva, com exigências simultâneas de habilidades variadas e de grande capacidade de concentração, parece destinada a cauterizar a sensibilidade dos oficiais. Há sempre tanto a ser feito e são tão poucos os recursos e o tempo. Mas nossos oficiais comprometem-se pela vida toda e são produtivos trabalhando felizes até a aposentadoria.

De que outra forma poderíamos compensar as pessoas por todo esse esforço, senão oferecendo-lhes acesso à profunda satisfação espiritual intrínseca ao trabalho que realizam?

Mencionamos anteriormente que um dos principais objetivos deste livro é munir o leitor contra o ceticismo. Se a alegria é o efeito secundário do alinhamento bem-sucedido dos processos com o propósito mais abrangente, o ceticismo é o subproduto do fracasso dessa empreitada. O ceticismo é um empecilho para a navegação.

Se as atitudes céticas inibem sua capacidade de ser produtivo, de ter impacto no mercado, a mudança de perspectiva que você precisa talvez exija que mude seu método de fazer negócios. Falamos sobre as medidas a ser tomadas para usufruir de alguns benefícios de que o Exército desfruta: engaje o espírito, envolva pessoas em seu propósito, vista a camisa, ouça com atenção, estenda o processo de decisão a outras pessoas, organize-se para improvisar e aja com ousadia. As mesmas obrigações, porém, podem ser vistas do ângulo oposto, isto é, como coisas que devem deixar de fazer.

Deixe de bloquear o acesso à ligação espiritual. Ponha fim à hipocrisia de métodos que contrariam seus princípios. Derrube as barreiras à comunicação. Delegue poder. Pare de se intimidar com as mudanças. Abandone a permissão de que o medo se imponha sobre suas decisões. Se eliminar essas barreiras, aumentará a possibilidade de envolvimento mais profundo de sua equipe no propósito de sua organização e expandirá as oportunidades de seus funcionários desfrutarem profunda satisfação no trabalho.

A boa notícia é que os seres humanos valorizam naturalmente as experiências que produzem essa consciência profunda de envolvimento e prazer; portanto você não precisa ensinar seu pessoal a reagir à alegria. Precisa estruturar suas operações de modo que essas experiências sejam não só permitidas, mas, também, ativamente encorajadas.

Se tivéssemos de escolher uma qualidade de nossa operação que abrange os princípios de que já tratamos em outros capítulos e que promove oportunidades de ter satisfação profunda, escolheríamos seu *aspecto enxuto*.

Uma operação com essa característica impede o acúmulo de camadas burocráticas e acentua a transparência. Obriga-nos a responsabilizar-nos de maneira objetiva por nosso produto e sua imagem. Quando tiramos toda a gordura desnecessária, observamos rapidamente o que funciona e o que não funciona. Os outros também notarão. Isso significa que não há vantagem nenhuma em mentir. Simplesmente não há lugar onde nos esconder.

A operação enxuta inspira inovação. Não podemos nos dar ao luxo de não ouvir as pessoas dentro e fora da organização, porque estamos sempre em busca de meios que nos permitam tirar mais de menos, procurando sempre efeitos multiplicadores. Não podemos desperdiçar talentos e recursos.

Trabalhar sem supérfluos nos imuniza também contra o medo. Não há o que recear quando estamos habituados a operar no limite, quando temos consciência de que podemos fechar as portas se fizermos escolhas tolas. O risco não é uma aberração numa organização enxuta — pelo contrário, sua presença é constante.

Infelizmente, em muitas conversas de negócios, falar de operação enxuta pode parecer sinônimo de crueldade — como se "redução" significasse "punição". Melhor mesmo é "menos" com "mais", sobretudo se houver franqueza e compromisso. Em essência, o que um perfil enxuto faz pela empresa é remover tudo o que interfira na percepção objetiva dos processos que a fazem funcionar. Percebe-se imediatamente a reação dos clientes e ouvem-se, com a mesma rapidez, as sugestões da equipe de funcionários para a resolução de problemas e ampliação de serviços. O sistema de orientação fica calibrado num nível de tolerância que tende a zero. Percebe-se tudo o que se passa em volta. Embora isso exija concentração absoluta e energia para permanecer ligado, quando as coisas funcionam do jeito que se prometeu e o impacto está em sintonia com o propósito, a satisfação transcende o esforço e faz com que se deseje unicamente repetir a experiência. A alegria no desempenho nos torna "viciados" em realizações.

O poder desse tipo de satisfação não passou despercebido pelos líderes das empresas inovadoras do setor comercial. Palavras como *prazer* e *alegria*, que raramente apareciam em documentos empresariais da era "científica" da administração, hoje aparecem nas declarações de missão das empresas. É o caso, por exemplo, dos nove valores e princípios essenciais de Charles Brewer para a empresa ideal, os quais ele transformou em diretrizes de trabalho da MindSpring. O quarto princípio de Brewer diz: "O trabalho é parte importante da vida; portanto deve ser prazeroso. Ser um bom executivo não significa ser formal e maçante".[4]

[4]Referência de Charles Brewer em entrevista e no capítulo 2.

Podemos tomar também o exemplo dos princípios básicos da Sony, conforme apresentados por Jim Collins e Jerry Porras em *Feitas para durar: hábitos vitoriosos de empresas visionárias*: "Usufruir do prazer genuíno resultante do progresso, da aplicação e da inovação da tecnologia que beneficia o público em geral".[5]

Outro conjunto de valores básicos que vale a pena mencionar é o da Perot Systems Corporation, de H. Ross Perot: "Finalmente, não se esqueçam de que durante o processo de construção desta grande empresa é fundamental que todos se divirtam!".[6]

Ross Perot sabia que as coisas iam bem na EDS, a empresa que mais tarde seria vendida à General Motors, pela dedicação das pessoas que já não tinham mais necessidade de dinheiro. "Havia na empresa operadores de computador multimilionários porque podiam optar por investir em ações", diz Perot. "E o mais curioso é que continuavam a trabalhar até os 65 anos, embora não precisassem."

Quando Perot e a mulher, Margot, iam embora de noite, "parávamos no centro de computação no caminho de volta para casa", diz. "Eu gostava de fazer isso, e era muito importante a minha visita para o pessoal que trabalhava no segundo e no terceiro turno. Fazíamos isso só para visitá-los.

"Mais de uma vez, um daqueles indivíduos que se deram tão bem no mercado de ações e que não precisavam estar ali trabalhando chegou para mim e disse:

— Sabe por que continuamos aqui?

— Por quê? — eu queria saber.

— Porque é muito divertido. O pessoal aqui é muito especial.[7]

[5]Rio de Janeiro: Rocco, 1995.

[6]Valores básicos da Empresa de Sistemas Perot. Tirado do *site* www.perotsystems.com.

[7]Entrevista de H. Ross Perot aos autores.

Esse tipo de compensação, alegria no próprio trabalho, deverá ter importância ainda maior na empresa do futuro. Atualmente, o choque do colapso de muitas companhias vinculadas à Internet continua repercutindo na economia. Muitos empreendedores que investiram tudo o que tinham em diferentes áreas, preocupados unicamente com negócios apressados que lhes rendessem lucros astronômicos, viram ruir seus sonhos. Engenheiros e gerentes que abandonaram a oportunidade de carreiras em grandes empresas por opções de ações em empresas iniciantes viram sua fortuna de papel desmanchar-se no ar praticamente da noite para o dia.

Durante algum tempo, toda a agitação que precedeu a ruína das empresas ".com" indicava que a tecnologia não somente operava mudanças drásticas, mas também criava organizações "virtuais" que dominariam o futuro. A "nova economia" seria dirigida por seleções temporárias de "agentes livres", que talvez se reunissem para um único projeto, porém sem vínculo — e sem nenhuma proteção — com a estrutura organizacional. Cada trabalhador seria "uma empresa autônoma".

A confiança nesse tipo de visão ficou comprometida pelo colapso dos mercados. Apesar disso, a terapia de realidade desse novo milênio, extremamente severa como se pôde ver no caso de muitos que acreditaram nas novas tecnologias, não mudou o fato de que os tempos mudaram. De modo geral, as empresas ainda resistem a indivíduos que passam de um projeto a outro, porém a organização do futuro será diferente em vista do impacto que o fenômeno do agente livre tem exercido *dentro* das estruturas corporativas tradicionais.

Apesar dos reveses do setor tecnológico, não há nenhum indício de que Peter Drucker, que cunhou o termo *trabalhador do conhecimento* para definir esse novo tipo de profissional, tenha se enganado quanto ao impacto sobre as organizações da mobilidade da força de trabalho mais bem preparada intelectualmente. Numa era em que a informação, não a autoridade, mantém coesos todos os membros da organização, os principais ativos de uma empresa estão no coração e na mente dos trabalhadores. Se partirem para algum outro lugar em busca de melhores oportunidades — entre elas, mais acesso à plena satisfação no trabalho —, os investimentos da empresa partirão com eles. Portanto, hoje, como nunca antes, a produtividade de uma empresa depende diretamente de como os trabalhadores se *sentem* em relação ao papel que exercem.

O debate sobre a nova economia, porém, exagerou muito o desaparecimento iminente de instituições cujos empregados não descartam a possibilidade de trabalhar muito tempo para a mesma empresa. Stuart Crainer, historiador da administração, cita uma previsão da Business Strategies, segundo a qual "79,2% de todos os empregados terão postos de trabalho permanentes e em tempo integral em 2005 — enquanto, em 1986, esse porcentual era de 83,9%", muito antes que as novas tecnologias de computador e de Internet liberassem os agentes livres. "A revolução foi adiada",[8] observa Crainer.

Podem-se inferir algumas conclusões semelhantes de uma pesquisa feita pela revista *Fast Company* e pelo Roper Starch Survey nos últimos dois meses de 2000. Foram entrevistadas no *site* de opiniões da AOL mil pessoas que se diziam favoráveis ao pensamento tecnológico dos agentes livres[9] — gente com grau universitário e um emprego que lhes proporciona uma renda familiar de 75 mil dólares ou mais por ano.

Como era de esperar, esses indivíduos de posses, conectados à rede mundial de computadores, adotaram a mudança, pronunciando ao mesmo tempo o desenrolar permanente de uma

[8] *The management century:* a critical review of 20th century thought & practice, Jossey-Bass, 2000, p. 219.

[9] Fast forward: Fast Company/Roper Starch Survey, Keith H. Hammonds, *Fast Company*, Mar. 2001, p. 113-20.

revolução no capitalismo americano impulsionada pela tecnologia. Apesar disso, chama a atenção o modo que responderam à pergunta "Quais são as probabilidades de você estar trabalhando daqui a cinco anos na mesma empresa em que trabalha hoje?".

Mais de 70% dos entrevistados responderam: "Pretendo ficar muito tempo aqui" (34%) ou: "É possível, mas quem pode garantir?" (37%). Conclusão da revista: "Numa época em que a maior parte das empresas da área de tecnologia perde 20% de seus profissionais *todo* ano, apenas 29% disseram que pretendiam sair da empresa onde trabalhavam nos próximos *cinco* anos. Num mundo onde o caos parece rotineiro, as pessoas andam em busca de um porto seguro".

Temos, portanto, a intersecção de duas tendências. Por um lado, com a transferência dos ativos das empresas da propriedade tangível para o plano do conhecimento e das especialidades que os trabalhadores transmitem aos projetos em que acreditam, a influência dos empregados sobre a gerência é cada vez maior. É por isso, conforme diz Peter Drucker, que devem ser tratados como se fossem voluntários. "É claro que recebem salário, mas o trabalhador do conhecimento tem mobilidade. Ele é dono de seu 'meio de produção', que é o conhecimento".[10] Pode levá-lo consigo para outro emprego.

Por outro lado, mesmo com a opção de ser leais apenas à instituição "com um só homem", isto é, eles mesmos, uma grande parte dos trabalhadores ainda espera funções que lhes permitam dedicar-se em tempo integral às organizações. E, muito mais do que nos permite suspeitar a retórica da revolução, continuam em busca de papéis permanentes. "Mesmo depois do *downsizing* [redimensionamento], da avalanche de profecias sobre a explosão demográfica e de toda a conversa sobre a ge-

[10]*Desafios gerenciais para o século 21*, São Paulo: Pioneira, 1999.

ração X,"[11] a vida profissional mantém um forte elemento de segurança",[12] assinala Crainer.

Ao que tudo indica, então, os indivíduos mais talentosos estarão dispostos a investir seus conhecimentos nas organizações, mas não em busca das compensações que buscavam seus antecessores. Sua expectativa em relação ao trabalho será maior, assim como a expectativa em relação a seu relacionamento profissional. Em vista do valor que levarão para as empresas, suas exigências não poderão ser desconsideradas.

Charles Handy, escritor e ex-professor da London Business School, observa que esse novo contexto requer um contrato inédito entre os membros de uma organização. "Os gerentes", diz ele, "são agora agenciadores dos funcionários, não chefes. Administram porque, em certo sentido, os trabalhadores fazem questão disso. Recebem a autoridade das pessoas a eles sujeitas".[13]

Embora isso deixe mais difícil o trabalho do gerente, prossegue Handy, também o torna mais legítimo: "É mais legítimo, por exemplo, que os gerentes questionem o propósito que move a organização, a estranha atração que lhe dará sentido. Não será mais possível fugir à questão afirmando pura e simplesmente que o propósito único do negócio consiste em enriquecer seus proprietários, pois não haverá proprietários, mas apenas investidores. É claro que o negócio, qualquer negócio, deve necessariamente recompensar seus investidores e garantir-lhes o futuro, mas disso sempre decorreu a seguinte pergunta: que futuro? Com que objetivo e em prol de quem vive a organização?".

Voltamos agora ao ponto inicial, que é a busca de sentido.

[11]Pessoas nascidas da metade da década de 1960 em diante. (N. do E.)

[12]*The management century*, p. 219.

[13]Unimagined futures, in: *The future of the organization*, p. 383.

Para obter a satisfação que tanto desejamos de nossas iniciativas como seres humanos, precisamos sentir diretamente os efeitos de nossa contribuição em prol de um objetivo transcendente e digno — a *grande idéia* de que falamos no primeiro capítulo. Por isso, é preciso eliminar as barreiras e limpar os vários filtros existentes entre aquilo que consome nosso tempo e o que prometemos fazer. Entretanto, banir a interferência não vai satisfazer nossa necessidade de significado, a não ser que, no fim da limpeza, reste-nos um propósito do qual possamos nos orgulhar. Todo esse trabalho — a construção da burocracia e o fomento da hipocrisia, da indecisão e do temor — pode manter-nos de tal modo ocupados que não percebamos no fundo de tudo isso um objetivo que, de tão mundano, jamais nos poderá envolver. Muitas pessoas enganam-se acreditando que o que lhes tolhe a felicidade é a dificuldade extrema de realizar suas mais altas aspirações, quando, na verdade, sua insatisfação deve-se muito mais provavelmente a expectativas modestas demais e a sua realização bastante freqüente.

Nossa experiência ensina que é possível perdoar inúmeras vezes a quem comete erros procurando salvar o mundo. As pessoas, porém, perdem rapidamente o interesse em práticas que lhes permitam aumentar a eficiência profissional se as expectativas forem modestas demais. Que satisfação há nisso?

Nós, do Exército de Salvação, sempre associamos a alegria do serviço à música. Alguns dos primeiros salvacionistas atraíam o público para a mensagem do evangelho com corais e bandas de metais. Ainda somos um Exército de músicos e cantores. Por isso, somos talvez mais entusiastas do que a maior parte das pessoas quando a conversa gira em torno do poder da música para a promoção do senso de envolvimento total e de satisfação profunda.

Tocar numa banda também transformou-se na metáfora favorita dos teóricos modernos da administração porque permite mostrar como as habilidades individuais podem ser usadas em equipe. Vamos por isso utilizar a música em nosso último exemplo de visão de liderança do Exército de Salvação em organizações diferentes da nossa.

Desde o final da década de noventa, a Bo Thorpe Band vem se destacando como uma das *big bands* mais bem-sucedidas comercialmente dos EUA. Com sede em Nashville, a banda tem freqüentado muito o circuito dos grandes bailes, tendo-se apresentado já seis vezes em bailes de posse presidencial — incluindo-se a posse de George W. Bush, em janeiro de 2001 — bem como em *shows* beneficentes de grande prestígio em Los Angeles, Nova York, Atlanta, Houston e em Washington, na capital. O grupo já fazia sucesso antes do grande renascimento do *swing* da década de noventa. Depois disso, ficou ainda mais conhecido com a adesão da geração mais jovem às melodias de Benny Goodman, Glenn Miller e outros pioneiros das *big bands* da década de quarenta.

Bo Thorpe, fundador da banda, sempre quis que seu grupo evocasse mais do que uma simples nostalgia. Por isso, recrutou seus músicos entre os mais talentosos de Nova York, Nashville e Los Angeles. Contratou arranjadores cuja missão era trabalhar com uma ampla variedade musical para agradar a clientes exigentes de qualquer época ou tendência musical. Praticamente todos os componentes, dos dezoito, da Bo Thorpe Band têm formação musical, já tocaram de tudo, do clássico ao *jazz*, e executam no palco, sem dificuldade, partituras que jamais haviam lido antes.

Rory Partin cantou e tocou trompete com o grupo no início da década de noventa, depois voltou no final da década, quando Bo Thorpe, já com a saúde debilitada, havia posto a banda à venda. Partin fez-lhe uma oferta e assumiu a direção do grupo no final de 2000. Apesar do sucesso comercial da banda ao longo de três décadas, ela não teria subsistido se

Thorpe, e agora Partin, não oferecesse a seus músicos a possibilidade de se sentirem satisfeitos com o trabalho.

"Não posso pagar-lhes o suficiente para que todos vivam só do que ganham na banda", diz Partin. "Temos na banda integrantes formados em música que poderiam estar ganhando muito mais em outra atividade da área. Mas eles preferem fazer aquilo de que gostam. Nesse negócio, não há muitas oportunidades como essa, em que dezoito músicos altamente capacitados reúnem-se regularmente para tocar.

"A sinergia que o grupo transmite quando se está com ele no palco é incrível. Às vezes, o trompetista está muito concentrado na sua parte. Então, ouve os saxofones, que aos poucos vão imprimindo *swing* à melodia. Isso o leva a tocar com mais intensidade e a alcançar o mesmo nível de execução dos colegas. Os outros instrumentistas sentem-se igualmente motivados. Parece que o som adquire vida própria e entra num crescendo cada vez mais vibrante.

"Sabe quando parece que todos estão em sintonia? É como se os dezoito sujeitos se transformassem num ser vivo independente. É como se fôssemos esse animal, essa gazela correndo a toda a velocidade, numa demonstração de força e serenidade ao mesmo tempo. É impossível descrever com palavras a alegria desse momento."[14]

Esse tipo de recompensa justifica a organização dos indivíduos numa banda. Na verdade, é claro que, qualquer que seja a recompensa que os indivíduos esperem de seu próprio talento, ela será aumentada por sua participação no grupo. "Creio que esse é o segredo de tudo", diz Partin. "Todos nos mudamos para Nashville pensando, talvez bem lá no fundo, que nos tornaríamos grandes estrelas sozinhos. Hoje, porém, sabemos

[14]Entrevista de Rory Partin a Ben Brown.

que não é possível alcançar esse sucesso sozinhos. Na verdade, fica muito mais interessante quando estamos todos reunidos."

Agora que é o líder, o papel de Partin complicou-se por causa de suas múltiplas responsabilidades. Ele tem de escolher a ordem em que as músicas serão executadas, determinar o andamento das melodias, reger o grupo e cantar a maior parte das canções. "É muita coisa em que pensar", diz, "por isso às vezes fico banhado em suor e completamente exausto".

Mas é esse tipo de estresse que o psicólogo Csikszentmihalyi classifica de canalizador da experiência de fluxo. Ele desafia as habilidades altamente desenvolvidas de Partin com uma vasta gama de complexidades. Tudo acontece num contexto em que o retorno é imediato. Partin e os outros músicos percebem instantaneamente as modulações entre o sucesso e o fracasso.

O que torna o sucesso mais provável é a contribuição de elementos já tratados anteriormente: inspiração, disciplina e compreensão. Somos inspirados pela possibilidade de experimentar a liberdade, a consciência de possibilidades sem fim e o desempenho perfeito. "Passamos por todo esse treinamento para chegar à liberdade", observa Partin.

A formação acadêmica na área de música, os anos de prática individual somados aos anos de trabalho conjunto com outros profissionais na execução de músicas variadas são todos elementos que contribuíram para refinar o talento desses indivíduos, de forma que não se sentem tolhidos por suas limitações. "Algumas pessoas", diz Partin, "pouquíssimas, na verdade, são dotadas de talento natural [que lhes permite tocar ou compor instantaneamente num nível bem sofisticado]. A maioria de nós, porém, precisa de treinamento. Precisamos de instrução e temos de nos esforçar para obtê-la.

"É como levantamento de peso. Ficamos mais fortes treinando os músculos para levantar pesos cada vez mais pesados. Quanto mais forte ficamos, mais pesos podemos levantar, o que nos deixa cada vez mais fortes."

Existe, porém, um limite além do qual a prática solitária de levantamento de peso deixa de ser gratificante. Só experimentamos de fato um salto qualitativo nos exercícios quando nos unimos a outras pessoas e trabalhamos em sintonia com elas. É aí que entra a compreensão.

"Temos de ouvir o que se passa a nossa volta", assinala Partin. Há muito espaço na música para o improviso dos solistas. No entanto, o solo tem um resultado muito melhor quando é respaldado pelo grupo. Os outros músicos fornecem a estrutura, as linhas rítmicas e melódicas da música que servem de ponto de partida e de retorno para o solista. "Se, porém, houver duas ou mais pessoas tentando improvisar ao mesmo tempo, por mais talentosas que sejam", diz Partin, "tudo o que ouviremos será um ruído desafinado que nada tem de musical."

Para conseguir o efeito da gazela ligeira, é indispensável manter-se atento ao que se passa a nossa volta — e ao público à frente.

O líder fundador da banda, Bo Thorpe, montou a estrutura de seu grupo sobre a capacidade inusitada de prever o humor da platéia. Thorpe não era músico, não sabia ler partitura, mas de algum modo sabia escolher a melhor seqüência entre as quase 250 músicas que compunham o repertório da banda. Tratando-se de uma banda de baile, esse é um dom incomparável. "Tentei aprender isso com ele", complementa Partin.

Mesmo enquanto apura sua capacidade de perceber o humor da platéia, Partin dispõe de uma vantagem que Thorpe talvez jamais tenha desenvolvido. Sua formação musical, que entre outras coisas inclui um curso de regência, permite-lhe reagir à música como músico — ele "toca" a banda, levando-a adiante do seu curso normal em direção a um território mais complexo e mais gratificante.

Partin recorda-se da primeira vez que essa experiência lhe aconteceu. Foi em janeiro de 2001, no Grove Park Inn, em

Asheville, na Carolina do Norte. Como se tratava de um concerto para fãs das *big bands*, era fundamental que o conjunto tivesse no repertório as melodias mais tradicionais da era do *swing*. Por conhecerem muito bem as músicas desse período, aquelas pessoas, diz Partin, "não aceitariam nada que não fosse muito próximo da perfeição de um CD". Portanto, era grande a pressão.

"Em determinado momento", prossegue, "meu eu natural assumiu o comando. Passei a dirigir a banda. Senti-me livre de toda a minha bagagem musical para experimentar uma porção de coisas novas. E a banda respondia à minha orientação. Foi uma daquelas noites em que estávamos perfeitamente sintonizados.

"Um dos músicos procurou-me no intervalo da apresentação e disse: 'Cara, isso é demais. Você pôs um molho diferente na coisa que está arrasando!'. Pensei: 'Isso é que é viver plenamente o momento, a música'.

"A gente dá a vida por momentos como aquele. Depois de experimentar uma sensação dessas, é impossível não procurar senti-la novamente, mesmo que para isso tenhamos de perder um tempo enorme. É como se disséssemos para nós mesmos: 'Você conseguiu daquela vez'. Mesmo que isso signifique jamais ser contratado de novo, sabemos que é isso que devemos fazer. Se for preciso, tocamos até de graça se assim pudermos experimentar de novo a mesma sensação."

Nossa própria experiência com a música reforça as palavras de Partin e acrescenta uma ligação a mais entre o prazer da execução e o compromisso com um propósito maior: é preciso tocar de coração.

Phil Smith, salvacionista de quarta geração e primeiro trompetista da Filarmônica de Nova York, diz o seguinte a esse respeito: "Minha fé traduz-se pelo relacionamento que tenho com Jesus Cristo no coração. Quem tem essa melodia no coração não pode deixar de externá-la. Faz parte de mim, não dá para desprezar; por isso tenho de transmiti-la".[15]

Na entrevista à CNN, via Internet, em que disse essas palavras, Smith falou da combinação entre técnica e emoção sincera, tão indispensável à execução no mais alto nível. "Se lhe disser para soprar desta ou daquela forma ou fazer este ou aquele movimento com a boca, o resultado de tanto esforço cairá no vazio", diz Smith. "Em primeiro lugar, é preciso ouvir mentalmente a melodia; em segundo, é preciso ouvi-la com o coração, o que permite à parte inata da alma expressar-se. A música não consiste simplesmente numa porção de pontos pretos num papel branco. Música é o que acontece quando esses pontos pretos num papel branco entram no coração e dele saem."

Esse ato de integração — que mistura inspiração com disciplina — não serve apenas para os salvacionistas e para os trompetistas. Trata-se de algo que toca o mais profundo do nosso ser. Depois de apresentar aquela longa entrevista com Phil Smith, a CNN convidou seus leitores a responder *online* à pergunta: "Em que proporção você acha que sua vida espiritual influencia sua carreira?".

É claro que era uma pesquisa informal, sem rigor científico, mas os resultados foram surpreendentes. A pesquisa propunha três repostas: "muito pouco", "um pouco" e "bastante". Dos que responderam, 63% escolheram a opção "bastante". E complementaram: "Tal como na experiência de Phil Smith, não faço distinção entre minha vida espiritual e minha vida profissional. Por isso, meu trabalho é testemunho da minha fé".

[15]cnn.com/2001/Career/Trends/02/22/nyphil.trumpet/index.html

Bibliografia

BOOTH, William. *In darkest England and the way out.* Tyler & Company, 1942, edição americana.

BROOK, Stephen. *God's Army:* the story of The Salvation Army. Great Britain: Channel 4 Books, 1998.

CIMINO, Richard & LATTIN, Don. *Shopping for faith:* American religion in the new millennium. Jossey-Bass, 1998.

COLLIER, Richard. *The general next to God.* Fontana/ Collins, 1965 (brochura, 1976).

COLLINS, James C. & LAZIER, William C. *Beyond entrepreneurship:* turning your business into an enduring great company. Prentice Hall, 1992.

COLLINS, James C. & PORRAS, Jerry L. *Feitas para durar:* hábitos vitoriosos de empresas visionárias. Rio de Janeiro: Rocco, 1995.

COUTTS, Frederick. *Bread for my neighbour:* the social influence of William Booth. London: Hodder & Stoughton, 1978.

COVEY, Stephen R. *Os 7 hábitos das pessoas altamente eficazes.* São Paulo: Círculo do Livro, 1993.

CRAINER, Stuart. *The management century:* a critical review of 20th century thought & practice. Jossey-Bass, 2000.

CSIKSZENTMIHALYI, Mihaly. *A psicologia da felicidade.* São Paulo: Saraiva, 1992.

DE GEUS, Arie. *The living company:* habits for survival in a turbulent business environment. Harvard Business School, 1997.

DRUCKER, Peter F. *Desafios gerenciais para o século 21.* São Paulo: Pioneira, 1999.

——. *Peter Drucker on the profession of management*. Harvard Business Review, 1963.

HAMEL, Gary. *Leading the revolution*. Harvard Business School, 2000.

HAMEL, Gary & PRAHALAD, C. K. *Competindo pelo futuro*. Rio de Janeiro: Campus, 1998.

HATTERSLEY, Roy. *Blood and fire:* William and Catherine Booth and their Salvation Army. Doubleday, 1999.

HESSELBEIN, Frances, GOLDSMITH, Marshall & BECKHARD, Richard, orgs. *A organização do futuro*. São Paulo: Futura, 1997.

MCKINLEY, Edward H. *Marching to glory:* the history of The Salvation Army in the United States, *1880-1980*. Harper & Row, 1980.

PETERS, Thomas J. & WATERMAN JR., Robert H. *Vencendo a crise*. São Paulo: Harper & Row do Brasil, 1983.

SANDALL, Robert. *The history of The Salvation Army*. Thomas Nelson and Sons, 1947.

SENGE, Peter M. *A dança das mudanças*. Rio de Janeiro: Campus, 2001.

——. *A quinta disciplina*. São Paulo: Círculo do Livro, 1992.

WINSTON, Diane. *Red-hot and righteous:* the urban religion of The Salvation Army. Harvard, 1999.

Glossário de termos do Exército de Salvação

Alto Conselho. Composto pelo CHEFE DO ESTADO-MAIOR, todos os comissários da ativa, exceto o cônjuge do(a) GENERAL, e todos os chefes territoriais. O Alto Conselho elege o general de acordo com os estatutos do Exército de Salvação.

Artigos de Guerra. Código de regras referentes às crenças e promessas assumidas por aquele que tenciona tornar-se soldado. Devem ser assinados pelo indivíduo antes de seu alistamento como SOLDADO.

Associação Médica do Exército de Salvação. Associação que reúne homens e mulheres da área médica com líderes salvacionistas, em todas as partes do mundo, promovendo confraternização entre eles.

avançada. Localidade em que o trabalho do Exército é conduzido periodicamente e em que se espera que um CORPO se desenvolva.

candidato. SOLDADO aceito para treinamento com vistas ao oficialato.

cadete. Salvacionista em treinamento para o oficialato.

chefe do Estado-Maior. Segundo OFICIAL no comando geral do Exército da Salvação.

comando. Tipo menor de TERRITÓRIO dirigido por um oficial de comando.

comissão. Documento outorgando autoridade a um OFICIAL ou OFICIAL LOCAL não-remunerado, como, por exemplo: secretário, tesoureiro, mestre de banda etc.

conselho consultivo. Grupo de cidadãos influentes que, acreditando no programa de melhoria e recuperação espiritual, moral e física desenvolvido pelo Exército, auxilia a promover e a dar suporte a seus projetos.

conselho de cuidado pastoral. Estabelecido em cada CORPO para o cuidado de SOLDADOs etc. e para a manutenção dos róis. Antigamente denominado *conselho de censo.*

corpo. Unidade do Exército de Salvação instalada para a pregação do evangelho e serviço à comunidade.

divisão. União de vários CORPOs sob a direção de um chefe divisional.

escudo vermelho. Símbolo que identifica ampla gama de serviços sociais e de emergência do Exército.

general. OFICIAL eleito para o supremo comando do Exército em todo o mundo. Com sua autorização, são feitas todas as nomeações e emitidos todos os regulamentos.

jovem soldado(a). Menino ou menina que, tendo professado conversão e assinado o compromisso de jovem soldado, torna-se salvacionista.

liga de misericórdia. Salvacionistas que visitam prisões, hospitais e lares necessitados, levando o evangelho e prestando ajuda prática.

oficial. Salvacionista que deixou interesses seculares em virtude do chamado de Deus. Treinado, comissionado e ordenado ao serviço e à liderança, o oficial é reconhecido como ministro religioso.

oficial local. SOLDADO nomeado a um cargo de responsabilidade e autoridade no CORPO. Ele cumpre os deveres de sua nomeação sem abandonar seu emprego e sem receber remuneração por parte do Exército.

posto (de oficial). Os postos no Exército de Salvação são: capitão, major, tenente-coronel, coronel, comissário e GENERAL.

promoção à glória. Termo empregado pelo Exército em referência à morte de salvacionistas.

Quartel Internacional. Escritórios onde se trata dos negócios ligados ao comando mundial do Exército.

sargento. OFICIAL LOCAL nomeado para um dever específico, geralmente em um CORPO.

Secretário Internacional. OFICIAL nomeado pelo GENERAL para supervisionar e representar, no QUARTEL INTERNACIONAL, o trabalho do Exército no além-mar.

soldado. Pessoa convertida que tenha pelo menos catorze anos de idade e tenha sido, com a aprovação do CONSELHO DE CUIDADO PASTORAL, alistada como membro do Exército de Salvação após assinar os *ARTIGOS DE GUERRA*.

território. País, parte de um país ou união de vários países onde se organiza o trabalho do Exército de Salvação sob a direção de um chefe territorial.

Sobre o livro

Categoria • Negócios/ Administração

Fim da execução • novembro de 2003
1.ª edição • novembro de 2003

Tiragem Ano
1 2 3 4 5 6 7 8 9 09 08 07 06 05 04 03

Formato • 14 x 21 cm
Mancha • 10,5 x 18,5 cm
Tipo e corpo/ entrelinha • AGaramond 12/ 14,6 (texto); Humanist 521 BT 22/ 26,4 (título)
Papel • Chamois fine 80 g/m² (miolo); Cartão Supremo 250 g/m² (capa)

Tiragem • 4 mil exemplares
Impressão • Imprensa da Fé

Impresso no Brasil/ *Printed in Brazil*

Equipe de realização

Produção gráfica

Supervisão
Sandra Leite

Fotolito
Imprensa da Fé

Produção editorial

Coordenação
Fabiani Medeiros

Colaboração
Rodolfo Ortiz

Normalização de texto
João Lira

Edição de texto
Lenita Ananias
Marcia Barrios

Revisão de provas
Fabiani Medeiros

Revisão técnica
Vera Sales
(Exército de Salvação)

Projeto gráfico
Sonia Peticov

Composição
Efanet Design

Capa
Alexandre Gustavo